Stephan Vajda

DIE BABENBERGER

Stephan Vajda

DIE BABENBERGER

Aufstieg einer Dynastie

Ein trend-profil-Buch
bei Orac

ISBN 3-7015-0011-8

Schutzumschlag: Ernst Pavlovic
Lektorat: Leo Mazakarini
Technik: Imprima W. Menches
Satz: Studio Peter Musil, Wien
Druck und Bindearbeiten: Wiener Verlag, Himberg bei Wien

Inhaltsverzeichnis

„Es gibt keinen endgültigen Spruch ...”

Wer weiß über Herzog Heinrich II. auf Anhieb Bescheid? Man kennt höchstens seinen schönen Beinamen Jasomirgott. Er habe seine Entschlüsse und Gelübde stets mit der wiederkehrenden Formel „Ja, so mir Gott helfe” bekräftigt. Was der historischen Tatsache nicht entspricht. Und wer kann, Hand aufs Herz, sechs Leopolde auseinanderhalten, die übrigens, als sie noch lebten und regierten, allesamt Liutpold geheißen hatten?

Im weit über die Landesgrenzen hinaus strahlenden Glanz der Habsburger–Renaissance von heute blieben die Babenberger, die Österreich geschaffen hatten, mehr oder minder nur Schatten, schemenhafte Gestalten. Man kennt sie kaum, man weiß im allgemeinen recht wenig über die Familie, die, in einem schmalen östlichen Grenzstreifen des Heiligen Römischen Reiches, eines sonderbaren Gebildes aus deutschen und italienischen Ländern, angesiedelt, zu einer achtbaren Dynastie aufstieg und dabei aus Donauufern und Urwäldern, aus spärlich bebauten Feldern und armseligen Dörfern einen angesehenen Staat gebildet hat, der zwar wesentlich kleiner war als die Republik heute, sich aber unter ihrer klugen und behutsamen Führung schon damals als lebensfähig erwies. Es war ein Staat, der durch eine Reihe von Zufällen entstanden, wohlhabend geworden war und in dem man verhältnismäßig gut und ruhig leben konnte.

Das historische Material über das Wirken der Babenberger und über das Werden Österreichs ist auf den ersten Blick eher dürftig, man muß es in zeitgenössischen Annalen, Chroniken und Urkunden mühsam suchen und wie verblaßte Mosaiksteine zusammentragen, sichten und nach ihrem Gewicht gruppieren – eine Arbeit, die dem Autor stets Freude bereitet hat. Um ein wahrheitsgetreues und nicht zuletzt auch interessantes Bild über die Babenberger und ihre Zeit zu erstellen, mußte man auch die Quellen im Ausland, mit dem die Markgrafen und Herzöge von Österreich immer wieder in Berührung kamen, laufend berücksichtigen, die Erzählungen und Unterlagen aus den Nachbarstaaten Böhmen und Ungarn, aus Norditalien, aus den deutschen Grafschaften und Herzogtümern und nicht zuletzt auch aus den päpstlichen Archiven in die Recherchen miteinbeziehen. Ohne das damalige Mitteleuropa vor

Augen zu haben, konnte man nicht versuchen, die Geschichte der Babenberger auch nur annähernd vollständig darzustellen. Dennoch fehlen eine Menge von gesicherten Daten, und es gibt noch immer zahlreiche, meist reizvolle Rätsel, die man anscheinend nicht mehr zur Gänze lösen kann, die aber wichtige Hinweise liefern, denen nachzugehen, aus ihnen Schlüsse zu ziehen, einen besonderen intellektuellen Spaß bedeuten und uns letztlich auf dem manchmal tatsächlich geheimnisvollen Weg der Babenberger doch ein Stück weiterbringen.

Es ist grundlegend falsch, die Babenberger bloß als Vorläufer, als flache Abziehbilder der österreichischen Geschichte zu betrachten, obwohl sie durch eine altmodische, von verstaubter Erhabenheit strotzende Geschichtsschreibung tatsächlich mit der Würde von steinernen Statuen auf uns herabblicken. Eine dichte Schicht von Legenden deckt sie obendrein zu. Sie davon zu befreien, hinter den zu Klischees erstarrten Figuren die Menschen, die Politiker, ja die Finanzgenies aufzuspüren, sie ins rechte Licht zu rücken, war, unter anderem, auch ein Bestreben der vorliegenden Arbeit.

Die Zeit, in der die Babenberger lebten, das Mittelalter, zwar in leichten Nebel gehüllt, war auch nicht so finster, wie es bisher oft geschildert wurde. Es war eine eher heitere, bewegte, ja geradezu farbenfrohe Zeit, in Österreich meist ausgeglichen und friedlich, deren spezifische Bedingungen den Aufstieg der ersten regierenden Familie des Landes überwiegend begünstigt hatten.

Die Babenberger verwalteten und regierten das kleine, aber schon damals schöne und mitunter reich gewordene Land Österreich rund zweihundertsiebzig Jahre lang. Nach ihnen kamen, nach einem kurzen Zwischenspiel von sechsundzwanzig Jahren des böhmischen Königs Ottokar II. Przemysl, die Habsburger. Was sie vorfanden, war schon ein sehr österreichisches Österreich. Denn die Babenberger legten zum Teil schon recht österreichisch anmutende Grundsteine einer kompromißbereiten Staatsführung. Sie betrieben, schon lange vor den Habsburgern, eine internationale Heiratspolitik, und sie hatten Charakterzüge, die man als typisch österreichisch werten kann: Sie waren, vergleicht man sie mit ihren Nachbarn, human, in ihrem Land floß viel weniger Blut, als im geopolitischen Umfeld Österreichs, sie kämpften verhältnismäßig selten mit brutaler Waffengewalt; Besitztümer für sich und für Österreich hatten sie weniger erobert als gekauft, oder durch nicht ganz saubere Transaktionen an sich gebracht. Sie waren geschickte Taktiker, und sie waren mitunter verschlagen; sie konnten warten, wechselten oft die Fronten und schreckten auch vor Erpressung nicht zurück. Sie haben manches getan, was die frühere Geschichtsschreibung schamhaft verschwieg oder verdrängte. Wir sehen sie und ihren Aufstieg mit anderen Augen. Was man früher bewußt unter den Tisch fallen ließ, teilen wir ohne jegliche Abstriche, im Interesse der Wahrheit mit, nicht zuletzt auch darum, weil es sich dabei oft um spannende Momente handelt oder um Geheimnisse, denen man gerne auf den Grund gehen möchte. Andererseits betrachten wir heute gewisse politische Entscheidungen, taktische Manöver, zielbewußte Hintergedanken als menschlich verständlich oder gar, unter den gegebenen Umständen, als das einzig Richtige.

Bei der Arbeit wurden die neuesten Ergebnisse der soziologischen und medizinischen Forschung über die Babenberger und über den Alltag des kleinen Mannes im österreichischen Mittelalter ebenso berücksichtigt, wie eine objektive, unparteiische Betrachtung des Heiligen Römischen Reiches – des Deutschen Reiches – und des mittelalterlichen, um die weltliche Macht noch erbittert kämpfenden Papsttums, ohne die der Aufstieg der Dynastie der Babenberger und die Existenz Österreichs nur schwer zu verstehen wäre. Auch die Sprache, in der dieses Buch verfaßt wurde, dient dem besseren Verständnis, sie meidet die traditionellen, fast rituellen Ausdrucksweisen und Wendungen der noch immer altmodischen österreichischen Geschichtsschreibung, die meist einen einseitigen, faden Patriotismus aufdrängen, gestelzt wirken und letztlich majestätische Langeweile verbreiten. Der Autor setzt auch nicht voraus, daß der Leser, der ja vieles in der Schule gelernt haben mußte, ohnehin schon alles weiß; so jongliert er nicht mit historischen Fachausdrücken, sondern versucht Begriffe, Fakten und Daten stets kurz zu erklären, um das Mitgehen mit der Geschichte erheblich zu erleichtern.

Als stilles Motto für unser Buch haben wir eine schlichte Feststellung des großen zeitgenössischen Schweizer Historikers, Carl Jakob Burckhardt, gewählt: „Das menschliche Urteil über Vergangenes steht nie still; alle historischen Gestalten schwanken in der Vorstellung der Nachwelt; es gibt keinen endgültigen Spruch über Gewesenes."

Markgraf Liutpold I.
– Eine unbekannte Familie, ein falscher Name

Ihre Herkunft liegt im dunkeln. Woher die Babenberger kamen, weiß man nicht. Daß sie ursprünglich auf der Feste Babenberch gesessen wären, rechtschaffen, kampflustig und treu, das christliche Abendland im Herzen, den Fehdehandschuh in der Hand, wie dies die markige Geschichtsschreibung des 19. Jahrhunderts behauptet, erwies sich bereits eindeutig als Legende. Recht vage Spuren in alten Urkunden und Chroniken lassen auf schwäbische beziehungsweise fränkische Abstammung, auf die Gegend von Tübingen oder auf die Umgebung von Fulda schließen, aber auch auf Bayern, wo die damals noch gewiß unbedeutende und vermutlich auch friedfertige Grafenfamilie tatsächlich einige Güter besaß. Namhafte Gelehrte plagen sich immer wieder mit Bruchstücken von Beweisen, die dann namhafte Gelehrte, mittels Bruchstükken von Gegenbeweisen, zu widerlegen wissen. Das genealogische Golfspiel wird unter Ausschluß der Öffentlichkeit genußvoll zelebriert; der Hinweis etwa, daß die Tochter eines Nordgrafen namens Kunigunde, deren Großvater der schwäbische Pfalzgraf Berthold war und die vermutlich einen bayerischen Markgrafen Luitpold geheiratet hatte, und ihm einen Sohn, Berthold, gebar, der aber mit ihrem Vater, dem Nordgaugrafen Berthold und auch mit ihrem Enkel, namens Berthold, nicht identisch sein kann, mit bewundernswerter Akribie in der Hoffnung geprüft, daß man dabei eine neue, brauchbare Fährte zu den Anfängen der Babenberger freilegen könnte.

Ein stichhaltiges Ergebnis brachte die mühsame Durchforstung des deutschen Stammbaumwaldes bis dato nicht. Der wahre Ursprung der Babenberger bleibt zunächst ein reizvolles Geheimnis der österreichischen Geschichte. Der Name der Familie, die knapp vor der ersten Jahrtausendwende nach Christi Geburt die Verwaltung eines schmalen Grenzstreifens des Deutschen Reichs an der Donau übernahm, ist hingegen längst geklärt: Er ist eine Fälschung.

Die Babenberger nannten sich niemals Babenberger, sie haben den Namen Babenberger nicht gekannt, auch ihre Zeitgenossen nicht; er wurde in keiner der Urkunden, Annalen, Chroniken, in keinem Brief und in keinem Gerichtsakt aus der sogenannten Babenberger-Zeit erwähnt. Der Stammvater der tüchtigen Grafen, die Österreich geschaffen haben, hieß Poppo von Grabfeld, und das ist in der Tat ein denkbar unglücklicher Name für patriotisch-nationale Begeisterung, vor allem aber für den Schulunterricht. Die Nachfahren des ersten Poppo, die zu Babenbergern umgetauften Popponen, hatten mit ihrem Familiennamen damals allerdings keinerlei Schwierigkeiten. Das Wort Poppo oder Popo besaß im Früh- und Hochmittelalter noch nicht die Bedeutung, die wir heute kennen. Der „familiäre Ausdruck für Gesäß" (Duden/Etymologie) stammt aus der sogenannten Ammensprache; er tauchte erst Anfang des 19. Jahrhunderts zusammen mit Hänsel und Gretel, mit Dornröschen und Schneewittchen, in den deutschen Kinderstuben auf.

Der Name Babenberger geht auf eine kurze Bemerkung des Bischofs Otto von Freising (1114–1158) im VI. Buch seines Geschichtwerks „Chronica" zurück, die spätere österreichische Quellen erst ab dem 15. Jahrhundert verdeutlicht und immer mehr ausgeschmückt hatten. Otto von Freising, Sohn des heilig gesprochenen Markgrafen Leopold III., also selbst ein „Babenberger", gilt als einer der größten Geschichtsschreiber des Mittelalters, dessen Berichte die Historiker im deutschen Sprachraum als hervorragende und höchst verläßliche Quellen, die sie zum Teil auch sind, immer wieder ehrfürchtig, aber auch kritiklos benützten. Sein wütender Fremdenhaß klingt bis in die Schulbücher unserer Zeit deutlich durch.

Die Markgrafen von Österreich stammten von einem edlen babenbergischen Markgrafen fränkischer Herkunft, lautet die deutsche Übersetzung der kurzen lateinischen Textstelle im Buch des gelehrten Geistlichen, der bereits mit vierzehn Jahren Probst des Stiftes Klosterneuburg, mit achtzehn Abt des Zisterzienserklosters Morimund in Burgund und mit dreiundzwanzig Bischof von Freising in Bayern war. Die Markgrafen und Herzöge von Österreich hatten die knappe Schilderung ihrer Abstammung im Werk ihres Verwandten entweder nicht gekannt oder sie hatten sie nicht interessant und gewichtig genug gefunden, denn benützt hatten sie diese nicht. Erst im 15. Jahrhundert, in der Zeit des Habsburger Kaisers Friedrich III., der die Heiligsprechung des Markgrafen Leopold III. aus wohldurchdachten politischen Gründen betrieb, wurde der von Otto von Freising noch als geographische Standortbestimmung verwendete Name Babenberg zum Namen einer regierenden Familie, dann allmählich zu einem volkstümlichen historischen Begriff, zum Allgemeingut der Geschichtsschreibung und des Schulunterrichts und hat sich mit der Zeit auch in der einschlägigen Fachliteratur vorbehaltlos eingebürgert. Er wird, da es sich doch um eine im

Grunde harmlose Fälschung handelt, die bloß dekorativen Charakter hat, auch fortan legitim und problemlos verwendet.

Auch die klingenden Beinamen der Babenberger, wie etwa Heinrich *der Starke*, Ernst *der Tapfere*, Leopold *der Tugendhafte* oder Friedrich *der Streitbare* sind nicht echt, das heißt, sie stammen nicht aus der Zeit der regierenden Markgrafen und Herzöge von Österreich, sondern aus einer späteren Periode; sie erschienen erst gegen Ende des 15. Jahrhunderts, um dann in der zweiten Hälfte des 19. Jahrhunderts, im Zeitalter des Historismus so richtig bekannt und populär zu werden. Erfunden hat sie der Wiener Domherr und Hofgenealoge des Kaisers Maximilian I., Ladislaus Sunthaym (1440–1513), ein in Ravensburg geborener tüchtiger Historiograph, der anläßlich der Heiligsprechung des Markgrafen Leopold III. vom Stift Klosterneuburg den Auftrag erhielt, einen monumentalen Babenberger-Stammbaum zu schaffen und als Ergänzung dazu eine Familienchronik der Babenberger zu schreiben. Sunthaym arbeitete vier Jahre lang; er mühte sich, was damals noch gar nicht üblich war, mit ernsthaftem und umfassendem Quellenstudium ab, wertete eine große Anzahl von Urkunden und Annalen aus, widmete seine Aufmerksamkeit aber auch den mündlich überlieferten Erzählungen und Sagen und baute aus all dem, allerdings mit viel Phantasie, ein redliches Werk, das 1491 in Klosterneuburg auf acht große Pergamentblätter geschrieben und gleichzeitig mit dem schönen Titel „Der löblichen Fürsten und des Landes Österreich Altherkommen und Regieren" in Basel gedruckt wurde.

Dem ersten Babenberger, der auf der politischen Bühne des späteren Österreich erschien, dem Markgrafen Liutpold I., gab Domherr Sunthaym den Beinamen „der Erlauchte", was ein nahezu wertfreies Prädikat und sicherlich eine Verlegenheitslösung war: er wußte von ihm so gut wie nichts. Das heißt aber nicht, daß der fleißige Historiograph, als er für den Anfang seiner Geschichte nach Daten und Fakten, nach Farben und Beiwerk suchte, fahrlässig vorgegangen wäre. Die Figur der ersten österreichischen Markgrafen ist in der Tat kaum faßbar; die wenigen Urkunden, die eher lückenhaften Stellen in den zeitgenössischen Chroniken ergeben ein bloß schemenhaftes, durch keine klaren Einzelheiten auch nur einigermaßen festumrissenes Bild. Wir wissen nicht, wann und wo Liutpold I. geboren wurde, wie alt er war, als er die Verwaltung der kleinen Grenzlandschaft im Voralpenland übernahm; wir wissen nicht, wie er ausgesehen hat, welche Eigenschaften und Charakterzüge er hatte, was er getan oder gedacht hat und wie alt er war, als er starb. Dennoch, er ist keine Legende, er ist eine nachweisbare historische

Gestalt, die am 21. Juli 976 n. Chr. in einer für das Kloster Metten in Bayern ausgestellten Urkunde als *marchio Liutpaldus*, als Markgraf Liutpold, genannt wird.

Vermutlich schon im Frühjahr 976 n. Chr. übergab ihm der erst einundzwanzig Jahre alte deutsche König und römische Kaiser Otto II. den spärlich besiedelten Landstrich, der damals im wilden Osten, am Rande des Herzogtums Bayern und somit auch am äußersten Ende des Deutschen Reiches lag und den man in den offiziellen Urkunden abwechselnd „Awarenland", „Orientalische Mark" oder einfach „Die östliche Gegend" nannte.

Liutpold I. mußte in der unmittelbaren Umgebung des deutschen Königs und römischen Kaisers Otto II. als verläßlicher und fähiger Gefolgsmann bekannt gewesen sein, denn er bekam die Mark am Ende einer schweren politischen Krise, nach einem Aufstand des Herzogs von Bayern, Heinrich des Zänkers, der, wie schon sein Beiname recht deutlich zeigt, ein böser Geselle gewesen sein mußte. Er war damals dreiundzwanzig Jahre alt, ungestüm und unberechenbar; er wollte den König und Kaiser stürzen, die Krone haben, die schöne Macht über das gesamte Reich. Doch Otto II., der Rote genannt, ein schmächtiger Jüngling von kleinem Wuchs, gebildet, feinfühlig und für die damalige Zeit erstaunlich tolerant, hatte anscheinend viel mehr und auch besser ausgerüstete Anhänger als der Herzog von Bayern: Der Aufstand brach zusammen, und auch ein Markgraf Burghard, der bis dahin von Pöchlarn aus die kleine östliche Mark verwaltet hatte, zahlte bitter drauf: er verlor sein Amt und seine Güter. Denn er hatte sich, aus welchen Gründen auch immer, Heinrich dem Zänker angeschlossen, stand somit auf der falschen Seite und ging mit der mißglückten Rebellion unter. Der Weg für den Aufstieg der Babenberger war frei.

Liutpold I. ließ sich nicht in Pöchlarn, sondern in Melk, in einem auf siebenundfünfzig Meter hohen Granitfelsen an der Donau erbauten „festen Haus", das die Babenberger im Jahr 1089 als Kloster den Benediktinern überließen, nieder. Da saß zwar schon ein Adeliger, ein gewisser Sizo, laut der Melker Chronik *Breve Chronicon Mellicense* ein *potentissimus homo*, ein sehr mächtiger Mensch. Er verschwand aber bald, vermutlich zusammen mit dem abgesetzten Burghard oder vielleicht erst auf unsanften Druck des neuen Markgrafen.

Daß der „sehr mächtige Mensch" Sizo von seinem hohen Wohnsitz weichen mußte, war allerdings zu erwarten: Der Markgraf war noch mächtiger. Denn er war, nach der damals herrschenden Rechtslage, Statthalter des ihm anvertrauten Gebietes, oberster Leiter der Verwaltung, eine Art Landeshauptmann, ausgestattet mit allen militärischen Befugnissen, Vertrauter des Königs und Kaisers und, im Fall Liutpold I., auch des neu eingesetzten Herzogs von Bayern, Otto von Schwaben, dessen Territorium die östliche Mark als eine vorgeschobene Sicherheitszone angehörte.

Das Wort Mark kommt aus der germanisch-altdeutschen Bezeichnung *marka,* was „Grenze" bedeutet hat und die dann, aus Gründen, die wir nicht kennen, immer mehr von dem, aus dem slawischen *granica* gebildeten Begriff Grenze abgelöst wurde. Mark nannte man später einen breiten Grenzstreifen, dann einen Grenzbezirk, eine Grafschaft, die an der Grenze lag, und zuletzt oft eine größere Grafschaft oder eine Landeseinheit mit weitgehender lokaler Unabhängigkeit innerhalb eines Staatsgebildes.

Die Mark, die Liutpold I. zu verwalten und zu verteidigen hatte, lag zwischen dem Fluß Enns und den westlichen Hängen des Wienerwaldes, der damals noch *Mons Comegena,* Tullner Berg, hieß. Im Süden war die Grenze noch fließend, sie verlief irgendwo in der Hügellandschaft des Voralpengebietes, im Norden, nicht weit vom linken Ufer der Donau, auch eher unbestimmt, meist am Rande der undurchdringlichen Wälder. Es war eine kleine Mark, sie gehörte gewiß nicht zu den schon damals beliebten oder gar begehrten Gebieten Mitteleuropas, hatte nicht einmal eine richtige Stadt; sie hatte auch keinen Wallfahrtsort, und die wenigen festen Plätze, wie Enns, Ybbs, Tulln oder Wilhelmsburg, waren armselige, durch einen einfachen Erdwall und durch Holzpalisaden gesicherte Siedlungen. Innerhalb der Grenzen der Mark gab es nur ein einziges Kloster, St. Hyppolyt, das spätere St. Pölten, ein recht bescheidenes, in keiner Hinsicht bekanntes oder berühmtes Haus der Benediktiner.

Die Zahl der Bevölkerung, die um das Jahr 976 n. Chr. in der von Liutpold I. verwalteten Mark lebte, kann man nur vage schätzen. Fachwissenschaftler, die sich mit dem Frühmittelalter beschäftigen, kommen, nach langwierigen Berechnungen, für ganz Europa um das Jahr 1000 n. Chr. auf eine Bevölkerungszahl von 30 bis 40 Millionen Menschen. Zieht man die durch archäologische Funde und durch die Annalen der Klöster einigermaßen gesicherte Siedlungsgeschichte der östlichen Mark in Betracht, so kann man eine Höchstzahl der Einwohner von 20.000 bis 30.000 als annähernd realistisch bezeichnen. Es war ein Mischvolk, das aus romanisierten Kelten, an der Donau hängengebliebenen Langobarden, im überwiegenden Teil aber aus Baiern und aus Slawen bestand.

Die Herrschaft des alten Römischen Reiches ging im Gebiet der späteren östlichen Mark im Jahre 488 n. Chr. friedlich zu Ende: Um die brüchig gewordenen Verteidigungslinien des schon von allen Seiten bedrohten Imperium Romanum zu straffen und die Nachschubwege zu verkürzen, räumten die römischen Truppen die bis dahin von ihnen nördlich der Alpen gehaltenen Landstriche. Im Zuge der Völkerwanderung, die etwa um das Jahr 800 n. Chr. endgültig zum Stillstand kam, setzten sich im herrenlos gewordenen Raum vorerst verschiedene germanische Stämme fest, wie die noch heidnischen Rugier, Heruler und Alemannen. In der ersten Hälfte des 6. Jahrhunderts tauchten an der Donau die Langobarden, die „langen Bärte", ebenfalls Germanen, aber schon Christen, auf. Sie ließen sich in der Wachau, in der Umgebung des Wienerwaldes und im hügeligen Ostpannonien, im Gebiet des heutigen Westungarn, nieder, blieben etwa siebzig Jahre lang seßhaft, dann zogen sie, durch Erzählungen über den sonnigen Süden angelockt, zu Ostern des Jahres 568 n. Chr. in geschlossenen Kolonnen nach Italien. Ihr Entschluß, das Donautal zu verlassen, wurde wahrscheinlich nicht über Nacht gefaßt; der schwierige Marsch mit Hab und Gut in Richtung Friaul mußte sorgfältig vorbereitet werden. Man hatte daher die Grenzen des in Gedanken schon aufgegebenen Siedlungsgebietes vermutlich nicht mehr scharf bewacht, hatte das Einsickern von Fremden geduldet. Es kamen, vorerst in kleinen Gruppen, die Baiern, die das Christentum noch nicht kannten, aber bereits Viehzucht und Ackerbau betrieben. Ihre Herkunft bedeutet für die Geschichtswissenschaft ein heute noch vieldiskutiertes, aber kaum mehr lösbares Problem. Manche Historiker wollen in ihnen reinrassige Germanen sehen, andere wiederum ein aus germanischen, vorwiegend aus ostgotischen, aber auch aus nichtgermanischen, aus sarmatischen und jazygischen Stämmen zusammengesetztes Volk, das vom Osten her in das heutige Böhmen zog, sich dort jahrzehntelang aufhielt und von seinen Nachbarn Bajuwaren, das heißt, „Menschen aus Böhmen", genannt wurde.

Fast gleichzeitig mit den Baiern, die das obere Donautal nach und nach in Besitz nahmen, erkundeten die ersten slawischen Gruppen das von den Langobarden geräumte Land. Sie zogen ursprünglich aus den weiten Ebenen zwischen Karelien (im heutigen Finnland) und dem Schwarzen Meer los und suchten, von den berittenen Nomaden aus Zentralasien bedrängt, neue Wohnstätten, Weideplätze und Felder in Mitteleuropa und am Balkan. Sie waren, ebenso wie die Baiern, kein kriegerisches Volk; ihr langsamer Vormarsch im Drautal und entlang der Donau ging, von den Baiern vermutlich kaum behindert, friedlich vor sich. Oft siedelten die beiden Volksgruppen in engster Nachbarschaft, nahmen zueinander vielfältige Beziehungen auf, was freilich Kleinkriege von lokaler Bedeutung nicht ausschloß.

Gegen Ende des 8. Jahrhunderts drangen die Baiern, die nun anscheinend in der Überzahl waren, in östlicher Richtung vor und ließen sich in früher von Slawen bewohnten Gebieten nieder, was noch mehrere Ortsnamen von heute beweisen, wie Opponitz (slawisch: *sopotnica,* was Wasserfall bedeutet), Liesing (slawisch: *lesnica,* Waldbach) oder Dellach (slawisch: *dolje,* Tal). Der Name Stammersdorf, ursprünglich Stojmirsdorf, weist auf einen eingedeutschten slawischen Familiennamen und auch darauf hin, daß die baierischen und slawischen Bevölkerungsgruppen sich mit der Zeit zunehmend vermischt hatten, wobei das slawische Element immer mehr im Baierischen aufging, um letztlich im Donautal einen Menschenschlag mit unverkennbar österreichischen Wesenszügen, mit österreichischer Denkart und Verhaltensweise herauszubilden, der auf seine Umwelt, auf plötzliche dramatische Ereignisse oder auf evolutionäre Entwicklungen ganz spezifisch, eben österreichisch, reagiert.

Die sprichwörtlich gewordene österreichische Mentalität, in der unter anderem auch Indolenz und Toleranz eng beisammen liegen, ist ein historisch gewachsenes Phänomen, dessen Wurzeln auf die Anfänge im 10. und 11. Jahrhundert zurückgehen, wobei auch die Witterung und die Beschaffenheit der Landschaft sicherlich eine entscheidende Rolle spielten. Denn das gemäßigte kontinentale Klima Österreichs, das weder verheerende Wirbelstürme noch anhaltende Trockenheit, weder extreme Kälte noch lähmende Hitze kennt, machte das Leben der nur mit primitiven Mitteln ausgestatteten Siedler relativ leicht. Wasser von bester Qualität war stets reichlich vorhanden, Holz gab es in Unmengen, Wild und Fische fand man im Überfluß, der satte Boden, von einer günstigen chemisch-geologischen Zusammensetzung, ließ meist auf eine gute Ernte hoffen. Der Kampf um das Dasein war hier nicht so hart wie anderswo, man überlebte, ohne seinen Nachbarn berauben oder töten zu müssen. Der menschliche Aggressionstrieb hat sich daher im Raum des heutigen Österreich nicht so stark entwickelt wie etwa in den kargen Randgebieten Europas, auf dem mittelspanischen Hochland, im heutigen Norddeutschland, in Kalabrien, in der Ungarischen Tiefebene oder auf dem Balkan. Die Geschichte der Babenberger liefert bereits den kaum widerlegbaren Beweis dazu: Unter ihrer Regierung kamen wilde Unduldsamkeit, religiöser Fanatismus, politischer Mord, Hinrichtung, vorsätzlich geplantes Blutvergießen in großem Ausmaß, die gewaltsame Lösung eines ideologischen oder wirtschaftlichen Problems gar nicht oder ungleich weniger oft vor als zur selben Zeit etwa in England, in Frankreich, imDeutschen Reich oder den Ländern unseres unmittelbaren geopolitischen Umfeldes.

Um das Jahr 1000 n. Chr. präsentierte sich Mitteleuropa, zumindest auf den ersten Blick, als ein verwunschenes, grünes Paradies: Die Luft war rein, das Wasser kristallklar, der dichte, schier endlose Wald gesund. Es gab so gut wie keine Industrie, man heizte ausschließlich mit Holz; Kohle als Brennstoff wurde das erste Mal im Jahr 1113, in den Annalen des Klosters Klosterode im Wormtal in Deutschland, als Kuriosum erwähnt. Die Chemie steckte noch in bescheidenen Anfängen, Felle und Stoffe bearbeitete man mit natürlichen Mitteln, Farben wurden manuell hergestellt. Die Technik beschränkte sich auf die einfachste Art der Ausnützung der Wasserkraft; einige Klöster besaßen durch Wasser angetriebene Kornmühlen, die Abtei Saint-Vandrille in Frankreich hatte schon eine urkundlich im Jahr 1086 erwähnte Walkmühle. Man konnte bereits primitive Maschinen am Ufer eines schnell fließenden Baches oder Flusses in Betrieb nehmen, denn die Nockenwelle, die die Kreisbewegung eines vom Wasser gedrehten Antriebsrades in rhythmische Auf- und Abwärtsbewegung umwandelte und dadurch ein Werkzeug, einen Hammer oder einen Stößel zum Dauereinsatz brachte, war eine der wenigen großen Erfindungen der Zeit. In der Landwirtschaft gab es um die erste Jahrtausendwende unserer Zeitrechnung so etwas wie eine kleine technische Revolution: Man spannte die Zugtiere auf eine neue Art ein; für die Ochsen verwendete man zunehmend das Stirnjoch, für die Pferde das Kummet, was die Tiere mehr schonte und ihre Leistung bedeutend erhöhte. Der Pflug mit Rädern löste allmählich den Hakenpflug, den altrömischen *aratrum,* ab, einen langen, von Ochsen oder von Menschen, – bei den Germanen meist von Frauen – gezogenen Stock, der mit einem im Feuer gehärteten Haken versehen war. Die Egge, ein für die bessere Bearbeitung der Felder äußerst wichtiges Gerät, war auch noch neu; ihr Bild erscheint das erste Mal in der Mitte des 11. Jahrhunderts auf dem berühmten Wandteppich von Bayeaux. Neben dem altrömischen Transportmittel, dem Karren mit zwei hohen Rädern, rumpelte bereits die *longa caretta*, ein schon viel größerer Wagen mit vier Rädern, durch die Landschaft.

Man baute Weizen, Roggen, Gerste und Hafer und einige Gemüse– und Obstsorten an, züchtete vor allem Schweine und Schafe; die Rinderhaltung war noch nicht weit verbreitet. Der Speisezettel war eintönig: man aß fast jeden Tag Kraut oder Saubohnen, manchmal Rüben oder

Linsen, seltener Schweinefleisch, Geflügel galt als Luxus, Wildbret war dem Tisch der höheren Herren und der Kleriker vorbehalten, die Bauern durften in den meisten Gegenden nicht jagen. In der unmittelbaren Nähe eines Flusses oder eines Teiches gab es reichlich Fisch. Honig lieferte, wenn auch nur in kleinen Mengen, der Wald. Zucker war unbekannt. Käse wurde nur dort hergestellt, wo Bauern Rinder oder Schafe halten und eine einfache Milchwirtschaft betreiben konnten. Das tägliche Brot bestand aus mit Weizen-, Hafer- oder Roggenmehl gebackenen Fladen.

Die Bauern in der östlichen Mark des ersten österreichischen Markgrafen Liutpold I. wohnten in aus Holz gezimmerten kleinen Blockhäusern, sie stellten auch ihre Kleider und Geräte selber her. Sie hausten am Waldrand oder mitten in einer gerodeten Lichtung, in aus nur einer Handvoll Häusern bestehenden Angerdörfern, übrigens oft viel angenehmer und gesünder als manche hohe Herren in ihrem festen Haus. Zeitgenössische Quellen beklagen immer wieder den beißenden Rauch, die knöcheltief liegenden Abfälle und den kaum zumutbaren Gestank in den Burgen des Adels. Seife war in Mitteleuropa noch nicht in Gebrauch, obwohl sie, eine Erfindung der Araber, in Marseille schon in großen Mengen erzeugt und gelegentlich auch exportiert wurde. In der östlichen Mark des Markgrafen Liutpold I. benützte man zur Reinigung von Körper, Wäsche und Häusern lange noch nur feuchte Asche. Der Bischof und Geschichtsschreiber Otto von Freising vermerkt in seiner Chronik erstaunt, daß die Mohammedaner sogar die „geheimen Teile" des Körpers täglich waschen. Sidi Ibrahim ben Achmed at Tartussi, Gesandter des Kalifen Al Hakam II. von Cordoba, berichtet nach einer Reise durch die deutschen Länder: „Sie waschen sich nur ein- oder zweimal im Jahr mit kaltem Wasser. Ihre Kleider aber, nachdem sie diese einmal angezogen haben, waschen sie nie mehr, bis sie zu Fetzen werden und zerfallen." In einigen festen Häusern gab es allerdings schon eine Badestube, so in der Burg Persenbeug an der Donau, die im Besitz einer hochgestellten Dame, der Gräfin Sieglinde von Sempt-Ebersberg war. Im Sommer 1045 ereignete sich dort, laut einem Bericht der Chronik von Ebersberg, ein schwerer Unfall: Unter der Last der zu einem Fest versammelten Gäste brach die tragende Holzsäule des Speisesaales, der Boden ließ nach, und die ganze vornehme Gesellschaft landete in der im Erdgeschoß untergebrachten Badestube. Der Abt von Ebersberg und der Bischof von Würzburg fanden dabei den Tod.

Trotz Mangels an Elementarhygiene – das Händewaschen führten

Benediktinermönche erst im 12. Jahrhundert ein – kannte man noch keine verheerenden Seuchen: die Lepra und die Pest, Gegengeschenke des Orients für die Kreuzzüge, tauchten erst später, ab Ende des 12. Jahrhunderts beziehungsweise Mitte des 14. Jahrhunderts in Europa auf. Auch Geschlechtskrankheiten waren noch unbekannt; die Lustseuche, von dem Arzt Dottore Girolamo Fracastro in Verona erst im Jahr 1521 in einem weitschweifigen Lehrgedicht auf den poetischen Namen eines liebestollen Hirten Syphillos getauft, kam im Jahr 1493 ebenfalls als Gegengeschenk der gewaltsam christianisierten Indios aus Mittelamerika, vermutlich aus Haiti, zu uns.

Die durchschnittliche Lebenserwartung der Menschen um die erste Jahrtausendwende nach Christi Geburt betrug fünfunddreißig bis achtunddreißig Jahre. Die in allen Schichten der Gesellschaft am meisten verbreiteten Krankheiten waren Infektionen des Magen- und Darmtraktes, verschiedene Ödeme, Rheuma, Gicht und nicht näher bezeichnete tödliche Fieberanfälle, darunter das geheimnisvolle „Antoniusfeuer", das wahrscheinlich durch den Genuß von mit Mutterkorn infiziertem Getreide entstand. Wer eine Blinddarm- oder Mittelohrentzündung hatte, war hoffnungslos verloren und starb unter füchterlichen Qualen. Auch Blutvergiftung und Brand gehörten zu den alltäglichen, jedoch unheilbaren Krankheiten. Die Medizin war so gut wie hilflos, wenn auch, vorwiegend in den Dörfern, die Methoden einer altüberlieferten Naturheilkunde manch wundersamen Genesungsprozeß bewirken konnten. Es gab zwar an der Universität von Salerno, südlich von Neapel, bereits eine medizinische Fakultät, die erste der Welt; ihre Lehre drang in Form von gereimten Sprüchen sogar über die Alpen. Im Breslauer Kodex, der um das Jahr 1150 geschrieben wurde, konnte man sie schon als die „Salernitanischen Gesundheitsregeln" lesen. Über ihre Anwendung gibt es jedoch keine gesicherte Nachricht.

Wundärzte ritten oder marschierten mit den militärischen Einheiten noch nicht mit: wer im Kampf eine Verletzung erlitt, versuchte sich selber oder mit Hilfe seiner Freunde zu versorgen. Die Waffen der Zeit waren zwar, zumindest mit heutigen Augen gesehen, geradezu harmlos, doch sie waren dennoch gefährlich genug, um schwere Wunden zu schlagen und das Handwerk des Tötens mit Erfolg zu praktizieren. Berittene und Fußtruppen kämpften mit dem langen zweischneidigen deutschen Schwert, mit der sächsischen Streitaxt, mit dem leichten, gekrümmten ungarischen Säbel, mit dem kurzen italienischen Dolch, mit Pfeil und Bogen, mit Streitkolben und mit verschiedenartigen Lanzen. Die erste mechanische Waffe, die Armbrust, erschien zunächst vereinzelt, ihre Wirkung empfand man jedoch derart verheerend, daß das Zweite Lateranische Konzil (1193) verbot, sie gegen Christen einzusetzen. Da es noch kein Schießpulver und keine Artillerie gab – die Belagerungsmaschinen der alten Römer waren längst in Vergessenheit geraten – war das Mauerwerk der festen Häuser und Burgen dementsprechend nieder und schwach.

Vom Westen und vom Süden her drohte der kleinen östlichen Mark Liutpolds I. keine Gefahr – man konnte die Grenzen allerdings auch nicht weiter verschieben, keine neuen Gebiete erkunden, urbar machen und besitzen: Denn im Westen lag der bayerische Traungau, das heißt, ein Teil des eigenen Landes, und im Süden grenzte das vom Markgrafen Liutpold I. verwaltete Gebiet an das Herzogtum Kärnten, das damals bereits ein wohlgeordnetes und florierendes Land im Staatsverband des Deutschen Reiches war. Die Nachbarn im Norden, in damals noch unzugänglichen Wäldern des heutigen Wald- und Weinviertels, waren Fremde, Böhmen, eher scheue und friedliche Viehzüchter und Ackerbauern, die ihre früheren Siedlungen zwischen Melk und dem Wienerwald nach und nach aufgegeben und sich nördlich der Donau in die Wälder zurückgezogen hatten. Archäologische Funde beweisen, daß Zwentendorf ursprünglich von Slawen bewohnt war; der Name Melk geht auf die slawische Bezeichnung eines Grenzbaches zurück.

Im Osten, hinter den Höhenzügen des Wienerwaldes, bis weit über die Sumpfgebiete des Neusiedler Sees, erstreckte sich ein recht unheimliches Niemandsland, die natürliche Grenzsperre der damals noch heidnischen Ungarn. Die Magyaren waren, nach ihren schweren Niederlagen 933 n. Chr. an der Unstrut und 955 n. Chr. am Lechfeld, nicht mehr der Schrecken Europas, doch immer noch gefährlich genug, um in ihrer Nähe in steter Abwehrbereitschaft leben zu müssen. Denn nach ihrem aus den Steppen Asiens mitgebrachten Moralkodex waren Raubzüge gegen fremde Völker eine höchst ehrenhafte Beschäftigung, die Zerstörung fremden Eigentums ein gefälliger Dienst an ihrem Kriegsgott *Hadur.* Doch Liutpold I. hatte mit den Ungarn anscheinend keine besonderen Schwierigkeiten gehabt, vermutlich weil er, im Gegensatz zu seinem abgesetzten Vorgänger Burghardt, an der Ostgrenze der Mark eine wirksame Verteidigungslinie schaffen konnte, mit Befestigungen aus Holz- und Erdwerken und mit einem Milizsystem, einer allgemeinen Wehrpflicht der Bevölkerung, aber auch deshalb, weil die Ungarn sich in den letzten Jahren des 10. Jahrhunderts immer mehr für die Lebensform der seßhaften Völker, für die in ihren Augen ungemein wertvollen und bequem erscheinenden Einrichtungen und Gegenstände ihrer christlichen Nachbarn interessierten, die sie von ihnen abschauen, übernehmen oder kaufen wollten. Wien, damals eine kleine Siedlung, die im Bereich der ungarischen Grenzwache lag, diente bereits als bescheidener Umschlagplatz eines lokalen Handels und auch als Ort der Begegnung zwischen den Unterhändlern beider Seiten.

In den Jahren 984 und 985 n. Chr. kam es in der Gegend von Tulln zu einigen kleineren Zusammenstößen mit herumstreifenden ungarischen Reiterscharen. Die Berichte darüber vom Bischof Pilgrim von Passau, vom Ort des Geschehens weit entfernt verfaßt, sprechen von einer großen, verheerenden Katastrophe, wobei in der höchst dramatischen Schilderung des Ungarneinfalls neben religiösen, das heißt ideologischen Motiven, auch handfeste wirtschaftliche Beweggründe eine wichtige Rolle spielten. Denn Bischof Pilgrim, ein beinharter Förderer der politischen und ökonomischen Macht seiner Diözese, wollte sich die Gelegenheit nicht entgehen lassen, für seine in der östlichen Grenzmark liegenden und angeblich ärgstens heimgesuchten Güter vom deutschen König und römischen Kaiser ein Notstandsgesetz zu erwirken: die Befreiung von Abgaben und Steuern und auch die Beschränkung der mit den Besitztümern der Kirche zusammenhängenden Rechte und Aufsichtspflichten des amtierenden Markgrafen, was ihm auch gelang.

Die ideologische Linie war ohnehin schon eindeutig festgelegt: Bereits Hinkmar, Erzbischof von Reims (806–882), und Regino, Abt des deutschen Klosters Prüm (850–915), die mit ihren Schriften gezielt Politik machten, verfälschten in ihren Chroniken und Annalen die meist nur vom Hörensagen bekannten Tatsachen aus den östlichen Grenzgebieten. Sie teilten dabei die Welt in zwei Lager ein: in das der bedrängten Christen, die, vom starken Arm Gottes beschützt, immer und überall die Guten, und in das der blutrünstigen Heiden, die, von der Hölle ausgespuckt, immer und überall die Bösen waren. Die einseitig tendenziöse Berichterstattung wurde dann von den späteren Chronisten und Geschichtsschreibern willig übernommen, wobei man die inneren Schwierigkeiten der christlichen Gesellschaft verdrängte, verschwieg oder sie einfach den gottlosen Heiden in die Stiefel schob. So blieb zum Beispiel die Tatsache nahezu unbekannt, daß die Jahrbücher von Kremsmünster nicht die Barbaren aus dem Osten für den Niedergang des reichen, blühenden Stiftes um das Jahr 900 n. Chr. verantwortlich machen, sondern die machtgierigen Bischöfe von Passau, die auch die Mönche von St. Florian und St. Pölten so lange drangsalierten, bis sie ihre Unabhängigkeit, vor allem aber das unbeschränkte Nutzungsrecht ihrer Güter aufgeben mußten.

Obwohl der Spaten der Archäologen im Gebiet des heutigen Österreich nirgends Spuren einer furchtbaren Zerstörung, eines großen Massakers oder einer gewaltigen Feuersbrunst ans Tageslicht brachte, lebt auch in der modernen Geschichtsschreibung das Schreckgespenst der Barbaren munter weiter. „Die Ungarn töteten alle Männer sowie alle bejahrten Frauen und führten die jungen Mädchen und Frauen fort wie Vieh, um ihre Gelüste an ihnen zu befriedigen", schreibt der namhafte Historiker Jan Dhondt an Hand der Annalen von Fulda im zehnten Band der „Fischer Weltgeschichte" (Erscheinungsjahr 1968). „Sie zerstörten auch ganz Pannonien, und dort kam es zu dem bekannten Vorgang, bei dem die Magyaren die Frauen nackt und mit den Haaren aneinandergebunden wegführten. Man hat den Eindruck, daß diese Angriffswelle von einem gänzlich barbarischen Volk ausging, das, in eine ihm völlig fremde Welt vorgedrungen, dort seinen niedrigsten Instinkten freien Lauf ließ." Im heutigen Österreich allerdings, wo die Geschichte der Ungarn auch für die gebildeten Schichten meist mit der Entstehung der Johann Strauß-Operette „Der Zigeunerbaron" beginnt, weckt das grauenhafte und ein wenig auch lüsterne Bild der einst heidnischen Nachbarn keine allzu bösen Emotionen mehr.

Das letzte Mal sollen die Magyaren im Jahr 991 n. Chr. versucht haben, die befestigte Grenzlinie der östlichen Mark, die damals knapp westlich des Wienerwaldes lag, zu durchbrechen. Die heimische Geschichtsschreibung spricht von einem besonders schweren Einfall, ohne jedoch Einzelheiten mitzuteilen. In den ungarischen Chroniken und Heldensagen, in denen die Raubzüge gegen die christlichen Nachbarn schlicht und elegant „Abenteurerfahrten" genannt werden, scheint das Unternehmen von anno 991 überhaupt nicht auf. Der Angriff, falls er tatsächlich stattfand, forderte einen kräftigen Gegenschlag heraus oder diente als Vorwand für eine vermutlich schon lange und gründlich vorbereitete Offensive. Ein bayerisches Heer, an dem sich Markgraf Liutpold I. mit seiner kleinen Miliz-Armee angeschlossen hatte, durchbrach an mehreren Punkten die ungarische Grenzsperre und besetzte das Niemandsland östlich des Wienerwaldes, wohl auch die Siedlung Wien, und schob die Grenze der Mark im Flachland des Wiener Bekkens bis in die Gegend von Schwechat und zum Fluß Piesting vor. Die Ungarn zogen sich jenseits der Leitha-Linie zurück. Die Grenze, die noch Markgraf Liutpold I. festlegte, blieb dann fast tausend Jahre lang bestehen.

Das neu eroberte Land galt zunächst als herrenloses Gut, es gehörte theoretisch aber dem deutschen König und römischen Kaiser, es hieß auch in den Urkunden und in der offiziellen Rechtsprechung Königsland. Meist handelte es sich um Wälder, Sümpfe oder mit Unkraut dicht bewachsene Wiesen, die man zunächst roden, trocken legen und urbar machen mußte. Königsland wurde selten verkauft, es wurde in der Regel an Bistümer und Klöster, an verdiente Adelige, seltener an freie Bauern verschenkt, dies war die übliche Form der Kolonisation. Die Schenkung erfolgte mittels feierlich ausgestellter Urkunden, wobei die geographische Lage des geschenkten Gebiets oft nur recht vage umschrieben wurde. Es hieß: „In der Gegend zwischen den Flüssen Traisen und Triesting", oder: „Im großen Ennswald in der Nähe der Donau".

Der deutsche König hat das verschenkte Königsland nur selten oder nie gesehen. Die kleine Grenzmark des Markgrafen Liutpold I. lag für ihn am Ende der Welt und obendrein noch in der falschen Richtung. Sie war in der Tat ein eher ruhiger Nebenschauplatz der aggressiv-expansiven deutschen Reichspolitik, deren Schwerpunkt sich immer mehr nach Italien verlagert hatte. Von der verführerischen Sonne und von dem farbenfrohen Reichtum der einstigen Mitte des alten, imperialen Rom angezogen, vom Traum einer, im heiligen Boden Italiens verwurzelten Tradition der Weltherrschaft geblendet, drangen die deutschen Könige wiederholt nach Süden, nach der Ewigen Stadt Rom, nach Mailand und Ravenna und bis hinunter nach Apulien und Kalabrien vor. Sie kehrten oft nicht mehr lebend zurück, sondern nur mehr als Tote, als Skelette, von denen man das erlauchte Fleisch mittels eines Spezialverfahrens an Ort und Stelle abgekocht hatte, um die irdischen Überreste des verblichenen Herrschers für den langen Transport über die Alpen haltbar zu machen.

Karl der Große (742–814 n. Chr.), König der Franken, ließ sich am Weihnachtstag, am 25. Dezember des Jahres 800 n. Chr., in der Peterskirche von Rom von Papst Leo III. zum römischen Kaiser krönen. Er schuf damit die symbolische Grundlage eines sonderbaren staatspolitischen und völkerrechtlichen Gebildes, das man als legitimen Nachfolger des alten Rom ansah und dementsprechend Imperium Romanum (Römisches Reich), später dann Sacrum Imperium (Heiliges Reich) und schließlich Sacrum Imperium Romanum (Heiliges Römisches Reich) nannte. Es war ursprünglich eine zum universalen Machtanspruch erhobene mystisch-religiöse Idee von einer großen europäischen Gemeinschaft der christlichen Völker unter der absoluten Herrschaft eines fränkischen, später eines deutschen Imperators, der seine Rechte teils unmittelbar von Christus, teils von dem zusammengebrochenen alten römischen Reich abgeleitet haben wollte. Die bekannte

Formel „Heiliges Römisches Reich Deutscher Nation" tauchte in den offiziellen Schriften und Urkunden erst viel später, ab dem Jahr 1512 und auch dann nur vereinzelt auf; allgemein bekannt und populär machten sie deutschnationale Geschichtsschreiber im 19. Jahrhundert, wobei sie die liberalen Schulen der Historiker als romantisch und legendenhaft ablehnten. Selbst die Preußische Akademie der Wissenschaften, nicht gerade eine demokratische Institution, vertrat die Meinung, „daß ernsthafte wissenschaftliche Historiker den Ausdruck nicht verwenden dürften. Länger freilich wird es dauern, bis man in der populären und Schulliteratur auf den Gebrauch der so gelehrt klingenden und volltönenden Phrase verzichten wird."

Nach dem Tode Karls des Großen und dem Zerfall des mächtigen Reichs der Franken, in dem noch unter anderen Deutsche und Franzosen zusammengelebt hatten, geriet auch die Idee des neuen Imperium Romanum in Vergessenheit. Erst der deutsche König Otto I. der Große (912–973) griff sie wieder auf: Er wurde am 2. Februar 962 n. Chr. nach einem geglückten Feldzug in Italien im Alter von zweiundfünfzig Jahren von dem amtierenden Papst, dem erst fünfundzwanzig Jahre alten Johannes XII., den er bald eigenmächtig absetzte, in der Ewigen Stadt zum römischen Kaiser gekrönt. Er verbrachte seine letzten Jahre fast ausschließlich in Italien, heiratete in zweiter Ehe die italienische Kronprinzenwitwe Adelhaid, eine damals zwanzig Jahre alte Tochter des Königs von Burgund, Rudolf II., schlug zwei Aufstände nieder, setzte noch einen Papst, Benedikt V. ab, und versuchte auch Süditalien in sein Heiliges Reich einzubinden. Sein Sohn, Otto II., kämpfte um das neu entstandene Römische Imperium verbissen weiter, führte tief im Süden Krieg, eroberte Neapel, Salerno und Tarent, wollte die Araber aus Sizilien verjagen, wurde aber am 13. Juli 982 n. Chr. am Campo Colonne, in der Nähe von Cotrone in Kalabrien, von den Reitern und Bogenschützen des Emirs Abu al Kasim nachhaltig zurückgeschlagen, verlor fast seine ganze Armee, darunter zweitausend stolze Panzerreiter und kehrte entmutigt nach Rom zurück, wo er am 7. Dezember 983 n. Chr., im Alter von achtundzwanzig Jahren an Malaria starb.

Sein Tod schien das Deutsche Reich keineswegs erschüttert zu haben, denn es war sowohl politisch als auch wirtschaftlich bereits weitgehend gefestigt und galt als eine zwar ziemlich kompliziert, aber dennoch wirksam organisierte Großmacht, die etwa ab Mitte des 10. Jahrhunderts aus den Herzogtümern Franken, Sachsen, Lothringen, Schwaben und Bayern, aus dem Herzogtum Kärnten und aus den norditalienischen Gebieten gebildet worden war. Es kam dabei mehrmals zu bewaffneten

Auseinandersetzungen mit dem ebenfalls neu entstandenen Frankreich, der deutsche König und römische Kaiser Otto II. marschierte einmal bis Paris, um den schon damals umstrittenen Besitz von Lothringen zu sichern und es gab auch eine schwierige Ostfront: Die deutschen Könige und römischen Kaiser versuchten hartnäckig, auch Böhmen, Mähren und Polen dem Heiligen Reich anzugliedern, und es kostete auch viel Mühe, Aufwand und Menschenleben, führte aber schließlich nur zu einem zeitlich begrenzten Teilerfolg: Die besiegten Slawenfürsten waren zwar fallweise bereit, die Oberhoheit der deutschen Könige und römischen Kaiser anzuerkennen, dachten aber oft schon an den nächsten Aufstand. Mit der fortschreitenden Konsolidierung der inneren Verhältnisse in ihren Ländern, zu der auch deutsche Siedler und Männer der Kirche zweifellos Wertvolles und Bleibendes beitrugen, kristallisierte sich dann in einem langwierigen, Jahrhunderte andauernden Prozeß ihre nationale, kulturelle und staatliche Eigenständigkeit endgültig heraus. Ungarn gegenüber verfolgte das Deutsche Reich anfangs eine defensive Politik, die, vom Markgrafen Liutpold I. in die alltägliche Praxis umgesetzt, aus einer Mischung von wachsamer Neutralität, vorsichtiger Aufklärung, entschlossener Verteidigungsbereitschaft und auch aus gelegentlicher Kontaktsuche bestand. Liutpold I. mußte sich dabei bewährt haben, denn er behielt sein Amt auch nach dem Tod des deutschen Königs und römischen Kaisers Otto II., obwohl der rebellische Heinrich der Zänker sich bald darauf mit dem Hof versöhnte und sein Herzogtum Bayern mitsamt der östlichen Grenzmark zurückerhielt.

Markgraf Heinrich I. – Die Gegend Ostarrichi

Liutpold I. war zu dieser Zeit in der Führungsschicht des Römisch-Deutschen Reiches anscheinend weit über seine offizielle Stellung hinaus bekannt und geachtet, denn seine Kinder stiegen, vermutlich infolge guter Beziehungen, in hohe Positionen auf: Die Söhne Heinrich und Adalbert sind hintereinander Markgrafen geworden, Ernst verwaltete drei Jahre lang, bis zu seinem frühen Tod, das Herzogtum Schwaben, Poppo schlug die kirchliche Laufbahn ein, wurde Domprobst des neu errichteten Hochstiftes Bamberg und starb als angesehener Erzbischof von Trier. Von den Töchtern Judita und Kunigunde wissen wir außer ihren Namen nichts, Hemma hat einen im Inntal reich begüterten Grafen namens Rapoto von Diessen geheiratet, Christine war Nonne in Trier, was damals, als in den Klöstern fast ausschließlich Frauen der besten Gesellschaft lebten, auch keinen sozialen Abstieg bedeutet hatte. Von der Frau des Markgrafen, die Richarda oder Richeza hieß und Tochter eines Grafen Ernst von Sualafeldgau war, gibt es keine weitere Nachricht.

Liutpold I. starb am 10. Juli 994 n. Chr. in Würzburg, wo er an einem Fest zu Ehren des Heiligen Kilian, Apostel und Märtyrer der Franken, teilnahm. Über seinen Tod berichtet der Bischof Thietmar von Merseburg in seiner zeitgenössischen Chronik. Der Markgraf wurde das Opfer eines unachtsamen Meuchelmörders: Der seinem Vetter, Heinrich von Schweinfurt, zugedachte Pfeil traf den hohen Gast aus dem östlichen Grenzland tödlich. Liutpold I. wurde gleich am nächsten Tag in Würzburg begraben und nicht, wie oft irrtümlich erzählt wird, in der Familiengruft der Babenberger in Melk. Sein Sohn, Heinrich I., übernahm, anscheinend ohne jeglichen Widerstand, die Verwaltung der Mark, ein ungewöhnlicher Vorgang, da die Würde eines Markgrafen nach damals geltendem Recht nicht erblich war. Doch auch im Römisch-Deutschen Reich herrschten nach dem Tod des Königs und Kaisers Otto II. ungewöhnliche Zustände: Im Namen des minderjährigen Nachfolgers Otto III. regierten drei Frauen: Die Großmutter des noch unmündigen Monarchen, Adelhaid; seine Mutter, Theophano, eine byzantinische Prinzessin, und eine Tante, Mathilde, die überaus kluge und gebildete Äbtissin des vornehmen Nonnenklosters Quedlinburg, die als ein besonders fähiger politischer Kopf galt. Warum sie bei der Vergabe der verwaisten Würde des östlichen Markgrafen dessen Sohn bevorzugten, wissen wir nicht. Vielleicht wollte kein hoher Herr, der das Vertrauen der Damen besaß, die kleine, nicht eben sehr attraktive Mark haben, die letztlich nur aus undurchdringlichen Wäldern und aus einigen notdürftig befestigten Dörfern bestand und weder reiche Abteien noch Fundorte von Gold, Silber, Eisen oder Salz hatte. Liutpold I. verwaltete die Mark achtzehn Jahre lang erfolgreich, und er war stets ein treuer Diener des deutschen Königs und römischen Kaisers. Sein Sohn, Heinrich I., versprach einen nahtlosen Übergang der Macht und eine ruhige Amtsführung, da er sich, wie manche Babenberger-Forscher vermuten, bereits Jahre hindurch als Mitregent seines Vaters und Militärkommandant bestens bewährt hätte. Die drei regierenden Frauen hatten Schwierigkeiten genug, sie stritten oft miteinander, Heinrich der Zänker versuchte wieder, die höchste Macht an sich zu reißen; er unternahm wieder einmal einen, allerdings nur mangelhaft vorbereiteten und schließlich rasch gescheiterten Vorstoß, sich anstatt des minderjährigen Otto III. zum deutschen König ausrufen zu lassen, und nahezu gleichzeitig brachen slawische Stämme im Norden in das Reichsgebiet ein und verwüsteten Hamburg. Da war Heinrich I., den man sicherlich gut kannte und der sich mit seiner Stellung zufrieden gab und nach keinem Machtzuwachs strebte, der logische Nachfolger in der östlichen Mark.

Als Otto III. 995 n. Chr. im Alter von fünfzehn Jahren die Macht im Reich übernahm, änderte sich die Lage des Markgrafen Heinrich I. nicht. Der junge deutsche König verschenkte großzügig herrenloses Gut, vor allem an Bistümer und Klöster, unter anderem am Fluß Ybbs und in der Nähe des befestigten Ortes Krems, im westlichen Wienerwald und am Fluß Isper nördlich der Donau. Das Hochstift Freising in Bayern bekam ein Stück Königsland in Neuhofen an der Ybbs – und dabei wurde Otto III. der Taufpate von Österreich. Denn die am 1. November 996 in Bruchsal, in der Nähe von Karlsruhe, auf seine Veranlassung und in seinem Namen ausgestellte Schenkungsurkunde beschreibt die geographische Lage des geschenkten Gutes mit den Worten, es liege in einer Gegend „die in der Volkssprache Ostarrichi genannt wird, in der Mark und Grafschaft des Grafen Heinrich, des Sohnes des Markgrafen Liutpold, in dem Ort, der Niwanhova (Neuhofen) genannt wird." Das lateinische Original der Textstelle lautet: *„... res regione vulgari vocabulo ostarrichi in marcha et in comitatu Heinrici comitis filii Liutpoldi marchioni on loco Niuuanhova dicto."*

Über den territorialen Umfang und über die Grenzen der Gegend, die im Volksmund Ostarrichi – Österreich – hieß, gibt es in der Urkunde, die, nach dem höfischen Brauch der damaligen Zeit, vom Kanzler des Königs, einem Bischof Hillibald, *feliciter* (das heißt glückselig) ausgefertigt und beglaubigt wurde, keine näheren Angaben. Der ausdrückliche Hinweis auf das Gebiet des Markgrafen Heinrich, der damals bereits das Land zwischen dem Fluß Traun und dem nordwestlichen Teil des Wiener Beckens verwaltet hatte, läßt jedoch die Annahme als eine mehr oder minder auch schon bewiesene Tatsache gelten, daß das österreichische Kernland damals zumindest von seinen Bewohnern Ostarrichi genannt worden war. In Byzanz hieß das Gebiet *Ostrikon*, in der deutschsprachigen Volksdichtung taucht ab und zu der Name *Osterlant* auf, Dante nennt es in der „Divina Commedia" *Osterico*. Das Wort *Österreich*, wie wir es heute kennen und gebrauchen, stammt von dem Chronisten Ottokar von der Steiermark, der allerdings gegen Ende des 13. Jahrhunderts, knapp nach der Zeit der Babenberger, gelebt hat. Die lateinische Bezeichnung *Austria* schließlich, die fast in allen Weltsprachen als Name des Reiches und dessen Nachfolgerin, der Republik, Eingang gefunden hat, scheint das erste Mal in einem für das Stift Klosterneuburg im Jahre 1147 ausgestellten Diplom des deutschen Königs Konrad III. als offizielle Benennung des Landes auf. Sie bedeutet schlicht und einfach „das Östliche".

Dieses östliche Grenzland hat auch den deutschen König Otto III. nicht sonderlich interessiert. Der Taufpate Österreichs war eine seltsame Gestalt der europäischen Geschichte, seine Zeitgenossen nannten ihn *Mirabilia mundi,* das Wunder der Welt. Er war angeblich wunderschön, hatte das verklärte Gesicht eines Engels und auch dessen erhabene Seele, ein heller, unbesiegbarer Strahl Gottes. Er blieb, ein Eiferer und Asket, unverheiratet, lebte in beispielhafter Enthaltsamkeit, dennoch in unnachahmlicher majestätischer Würde, die auch Luxus und Pomp nicht ausschloß. Seine Bildung war umfassend, er sprach fließend griechisch und lateinisch und formte gelegentlich auch fromme Gedichte im klassischen Versmaß. Er machte auch recht intensiv Politik, in der er seine Sendung zu erfüllen trachtete: Von Rom, Mittelpunkt eines auf die Erde projezierten himmlischen Römisch-Deutschen Reiches, die Welt zu regieren. Er zog nach Italien, setzte nach altem Brauch den amtierenden Papst, Johannes XVI., ab und erhob Gregor V., seinen erst sechsundzwanzig Jahre alten Vetter, der früher Bruno hieß und Sohn des Herzogs Otto von Kärnten war, auf den Stuhl Petri. Gregor V., ebenfalls ein schwärmerischer junger Mann von makelloser Ehre, war der erste deutsche oder, genauer gesagt, der erste und einzige österreichische Papst der Geschichte. Er krönte Otto III. am 21.

Mai 996 n. Chr. zum römischen Kaiser, wurde aber bald danach von einem Aufstand der Römer, die einem Heiligen Reich unter deutscher Herrschaft anscheinend nur äußerst wenig Verständnis entgegenbrachten, zur hastigen Flucht gezwungen. Otto III., der sich bereits nördlich der Alpen aufhielt, marschierte an der Spitze eines Reichsheeres unverzüglich nach Rom, stürmte die Stadt, nahm den von den Römern wieder eingesetzten Papst Johannes XVI. gefangen, ließ ihm die Augen ausstechen, die Ohren, die Nase und die Zunge abschneiden, dann im vollen Ornat verkehrt auf einen Esel setzen und aus der Stadt treiben. Die Anführer des Aufstandes hängte man einfach auf. Gregor V. bestieg wieder den Heiligen Stuhl, starb aber schon ein Jahr später, angeblich durch Gift, das unbekannte Hände auf Anstiftung römischer Patrioten kunstvoll in sein karges Mahl gemischt haben sollen.

Sein Nachfolger wurde erneut ein Kandidat des deutschen Königs und römischen Kaisers Otto III., sein früherer Erzieher, ein Franzose, Gerbert von Aurillac, der sich als Papst Silvester II. nannte. Er war ein Gelehrter, ein hervorragender Mathematiker und Astronom, den man bald offen beschuldigt hatte, mit dem Teufel einen Bund abgeschlossen zu haben. In den Augen seiner Zeitgenossen schien sein hohes und vielseitiges Wissen für einen frommen Mann der Kirche gottlos und geheimnisvoll.

Im Jahr 1000 n. Chr., das von den eher recht wenigen gebildeten Menschen in Mitteleuropa, darunter meist von Klerikern, als magische Zeitwende betrachtet worden war – manche erwarteten gar das Ende der Welt – unternahm Otto III. ausgedehnte Wallfahrten: Er besuchte das Grab des Heiligen Adalbert (Wojtiech) von Prag, Apostel der Preußen in Gnesen, im heutigen Polen, wo er ein Erzbistum gründete. Im Dom von Aachen stieg er in die Gruft des legendären Königs und Kaisers Karl des Großen hinab. Über die erhaben-makabre Szene berichtet der Chronist Bischof Thietmar von Merseburg: Karl der Große, von den grauenhaften Kräften der Verwesung weitgehend verschont, saß, in den Kaisermantel gehüllt, das Schwert umgegürtet, auf einem prunkvollen Thron aus Marmor; auf seinen Knien lag die Bibel. Otto III. nahm das am Hals des Kaisers hängende goldene Kreuz als Reliquie mit, dann befahl er, die Gruft wieder zu schließen. Er kehrte nach Rom zurück, wo bald erneut ein Aufstand ausbrach, dem er nicht mehr Herr werden konnte. Er mußte fliehen, wollte sich mit seinen Getreuen nach Ravenna zurückziehen, starb aber, erst im Alter von zweiundzwanzig Jahren, am 23. Januar 1002, in der Burg von Paterno, am Abhang des von Horaz besungenen Berges Soracte. Die Todesursache blieb unbekannt.

Die Leiche des verstorbenen Königs und Kaisers Otto III. brachten seine Getreuen unter größten Schwierigkeiten und auch ständigen Gefahren, von der italienischen Bevölkerung angegriffen zu werden, über den Brenner nach Aachen. Die fromme Gefolgschaft des toten Herrschers war entmutigt und verzagt, nur einer von ihnen, der neunundzwanzig Jahre alte Heinrich, Herzog von Bayern, Sohn Heinrichs des Zänkers, wußte, wie es weitergehen sollte. Er nahm die Reichsinsignien (die heute in der Wiener Hofburg aufbewahrt werden), oder zumindest den Teil davon, der schon damals vorhanden war: die goldene Kaiserkrone, das Zepter und den goldenen Reichsapfel zu sich und mit nach Deutschland, und es gelang ihm nach kurzen Parteienkämpfen gegen den Herzog von Schwaben und den Markgrafen von Meißen, am 7. Juni 1002 in Mainz als Heinrich II. zum deutschen König gewählt und gekrönt zu werden.

Er war ein vernünftig denkender Realpolitiker, der den italienischen Traum, das Phantasiebild des Heiligen Römischen Reiches, zunächst beiseiteschob und seine politischen Bemühungen auf die deutschen Länder konzentrierte. Wohl führte er einen Feldzug nach Norditalien, um sich die Lombardei zu sichern, und er marschierte, allerdings erst im zwölften Jahr seiner Regierung, nach Rom, um am 14. Februar 1014 die Zeremonie der Kaiserkrönung im besten Einvernehmen mit Papst Benedikt VIII. zu vollziehen. Sein Interesse galt jedoch in erster Linie den deutschen – damals oft noch fränkisch genannten – Herzogtümern, die er mehrmals bereiste; er gab sich leutselig, jovial und gerecht, wurde in kurzer Zeit populär, um später zum beliebten Helden zahlreicher Anekdoten und frommer Geschichten zu werden, darunter auch jener, die erzählt, daß er mit seiner Frau Kunigunde in keuscher Josefsehe und wie ein einfacher Mönch lebte – obwohl die zeitgenössischen Chroniken mehrmals darüber berichten, daß er sich treffsicher darauf verstand, königlichen Pomp zu entfalten, daß er Unterhaltungen aller Art liebte, gerne auf die Jagd ging und Gaukler und fahrende Sänger an seinen Hof zog. Papst Eugen III. sprach ihn im Jahr 1146 heilig, was aber später so gut wie vollkommen in Vergessenheit geriet.

Heinrich II. hatte eine energische Hand und anscheinend ein klares Konzept, die deutschen Stämme in einem straff geführten deutschen Staat zu vereinigen, was er freilich nicht erreichen konnte. Doch er setzte dazu die ersten erkennbaren Schritte, die für seine Nachfolger richtungsweisend waren. Gefahr drohte nur vom Nordosten her: Polen, bereits ein christliches Land unter einem begabten Fürsten, Boleslaw Chobry (der Tapfere), sollte das Zentrum eines großen westslawischen Reiches werden, das auch Gebiete des deutschen Ostens, auch Böhmen und Mähren, miteingeschlossen hätte. Die Polen griffen an, der deutsche König Heinrich II. leistete erfolgreich Widerstand, dann ging er zur Offensive über, eroberte Böhmen, wo mit seiner Hilfe und mit der Haupt- und Residenzstadt Prag ein böhmisches Herzogtum unter deutscher Schirmherrschaft entstand. Der Krieg dauerte, mit kleineren Unterbrechungen, vierzehn Jahre lang. Im Frieden von Merseburg hatte dann Boleslaw Chobry die deutschen Ansprüche, beziehungsweise die deutsche Oberhoheit im Osten anerkannt, konnte aber auch deutsche Gebiete, das Lausitzer und Milzener Land, behalten.

Der Markgraf von Ostarrichi, Heinrich I. der Starke, nahm erst später an Feldzügen gegen Polen teil, die bald nach dem Frieden von Merseburg erneut versuchten, nach dem Westen vorzustoßen. Heinrich I. kämpfte in den Jahren 1015 und 1017 für die Sache des deutschen Königs, führte auch baierische und böhmische Kontingente gegen die polnische Streitmacht und bewährte sich, laut der Chronik des Bischofs Thietmar von Merseburg, als „tapferer Kriegsmann". Seine Loyalität dem deutschen König Heinrich II. gegenüber war unbestritten und wurde auch gewürdigt: Er bekam von ihm wertvolle Güter zwischen den Flüssen Kamp und March, am östlichen Rand des Wienerwaldes, in der Gegend von Mödling, Alland und Heiligenkreuz und auch im Raum Stockerau und Weikersdorf. Viel mehr von ihm ist nicht bekannt. Er residierte in Melk, starb am 23. Juni 1018 und wurde auch in Melk begraben. Die aus der Mitte des 11. Jahrhunderts stammenden Hildesheimer Annalen berichten von einem „plötzlichen und unerwarteten Tod" des Markgrafen, geben aber keine weitere Erklärung dazu. Heinrich I., der Starke, starb vermutlich kinderlos, seine Nachkommen werden nirgends erwähnt. Der deutsche König Heinrich II. übertrug die östliche Mark unverzüglich auf dessen wesentlich jüngeren Bruder Adalbert.

Markgraf Adalbert – Ein Siegreicher, der niemals gesiegt hat

Der neue Markgraf hatte ursprünglich keinen guten Ruf; er soll eine Zeitlang ein liederliches Leben geführt und, laut Jan Enikels im 13. Jahrhundert verfaßten „Fürstenbuch von Österreich" die Frau seines toten Bruders vergewaltigt haben, was aber keine der zeitgenössischen Quellen erwähnt. Domherr Ladislaus Sunthaym gab ihm immerhin den Beinamen „der Leichtfertige", der aber später pietätvoll in „der Siegreiche" umgewandelt wurde, obwohl Adalbert an keinem Krieg teilgenommen und auch keinen Sieg erfochten hatte. Er unterhielt zum deutschen König und römischen Kaiser Heinrich II. korrekte Beziehungen und setzte die Rodungs- und Kolonisationsarbeit in Ostarrichi friedlich fort: In den ersten Jahren seiner Amtszeit ließen sich deutschsprachige Siedler bereits östlich von Wien nieder, weite Gebiete an der March und an der Leitha wurden für die Urbarmachung ausgesucht, Güter an der Triesting, an der Pielach und im heutigen Waldviertel bewirtschaftet. An der Ostgrenze der Mark herrschte Ruhe, von den Ungarn drohte vorübergehend keine Gefahr mehr.

Die vielfältigen Beziehungen mit dem Westen, vor allem mit der österreichischen Grenzmark und dem Herzogtum Bayern, führten in der althergebrachten Lebensweise und Gesellschaftsordnung der noch heidnischen Magyaren in verhältnismäßig kurzer Zeit zu tiefgreifenden, dramatischen Veränderungen. Ihre Oberschicht erkannte allmählich, daß berittene Nomaden, in Mitteleuropa ein Fremdkörper, nur dann überleben könnten, wenn sie sich an ihre Umgebung, an die Welt der seßhaften christlichen Nachbarn, anpaßten. Der Magyarenfürst Géza, ein weitsichtiger Politiker, ließ sich und seine Familie, gemeinsam mit hohen Würdenträgern seines Hofes, im Jahr 994 n. Chr. in seiner Residenz Esztergom (Gran) an der Donau öffentlich taufen. Sein Sohn, Stephan, der bald nach seinem Tod heiliggesprochene erste christliche König Ungarns, bat Papst Silvester II. um eine apostolische Krone, heiratete Gisela, die Schwester des deutschen Königs und römischen Kaisers Heinrich II., verbot die Raubzüge, die „Abenteuerfahrten", unter Androhung der Todesstrafe und räumte den in das Land gerufenen Fremden, Mönchen und Rittern aus Bayern und aus Venedig, Handwerkern und Bauern aus der österreichischen Grenzmark, aber auch jüdischen und armenischen Kaufleuten ein überaus großzügiges Gastrecht ein. Der Widerstand gegen die Christianisierung, unter anderem auch gegen das strenge Gebot, anstatt in Zelten in festen Häusern zu wohnen, Dörfer um eine Kirche zu bauen, nahm jedoch, vor allem östlich der Theiß, in den Steppenregionen Ungarns, aber auch in den schwer zugänglichen Tälern des gebirgigen Siebenbürgens von Tag zu Tag zu. Es kam zu heidnischen Aufständen, die zeitweilig das halbe Land überrannten. Stephan I., meist als liebenswürdiger, milder Heiliger mit langem weißem Bart abgebildet, ging gegen seine aufsässigen Landsleute mit Feuer und Schwert vor und zwang sie mit brutaler Gewalt, das Christentum anzunehmen. Dem Deutschen Reich, der Heimat seiner Frau, gegenüber verhielt sich der ungarische König, der von der Diözese Passau auch mannigfaltige Hilfe bekam, besonders freundlich und dabei war die österreichische Mark zur offenen Grenze und zur vielbenützten Durchgangsstraße der gutnachbarlichen Beziehungen geworden.

Lang dauerte die friedliche Zeit allerdings nicht. Im Sommer des Jahres 1022 zog der deutsche König und römische Kaiser Heinrich II. nach Süditalien, um auf Bitte des Papstes Benedikt VIII. einen byzantinischen Vormarsch zum Stehen zu bringen. Er siegte in mehreren Gefechten, dann brach aber in seinem Heer eine nicht näher bezeichnete Seuche, vermutlich die Ruhr aus. Heinrich II. mußte den Rückzug antreten, er kam bereits krank in Deutschland an und starb am 23. Juli 1024 im Alter von einundfünfzig Jahren in Grona, in der Nähe von Göttingen. Sein Nachfolger, Konrad II., ein vierunddreißig Jahre alter salisch-fränkischer Graf, wurde bereits am 24. September 1024 zum König gewählt. Er war seit seiner Heirat mit der Witwe des Herzogs von Schwaben überaus reich und hatte daher eine große Schar von treuen Anhängern. Auch der deutsche Klerus, den er wiederholt großzügig beschenkte, befürwortete einhellig seine Wahl und stand fortan eisern zu ihm; er ließ sich sogar von ihm beeinflussen und lenken. Die zeitgenössischen Chroniken heben die stattliche Gestalt und die Klugheit des neuen Königs Konrad II. hervor; die Geschichtsbücher des 19. Jahrhunderts feiern ihn als einen echten deutschen Herrscher, als einen „tapferen Kriegsmann mit unbeugsamer Willenskraft" und als „Mehrer des Reiches".

Konrad II. begann in der Tat gleich nach seiner Krönung in Mainz das Reich durch umfassende militärische Aktionen zu mehren: Er marschierte zunächst nach Mailand, eroberte Pavia und Ravenna, zog dann nach Rom, wo er am 26. März 1027 von Papst Johannes XIX. zum römischen Kaiser gekrönt wurde. Er schlug die Polen und zwang sie, ihren

König Mieszko II. abzusetzen und sich der deutschen Vorherrschaft zu beugen, schloß Burgund, das heutige Ost- und Südostfrankreich, ebenfalls mit Gewalt dem Reich an, sicherte die Grenze zu Dänemark, mischte sich in die inneren Angelegenheiten der Republik Venedig ein und drang im Sommer 1030 nach Westungarn vor, um die heilige römisch-deutsche Oberhoheit auch von Stephan I., dem christlichen König der Magyaren, anerkennen zu lassen. Doch die Ungarn leisteten hinhaltenden Widerstand und wandten gegen das deutsche Reichsheer die asiatische Taktik der verbrannten Erde an. Die Truppen Konrads II. verirrten sich in den undurchdringlichen Sümpfen und ausgedörrten Wäldern östlich des Neusiedler Sees, sie fanden keine Lebensmittel und kein Wasser für die Mannschaft, kein Futter für die Pferde und zogen sich, von den Ungarn hart bedrängt, nach Wien zurück, wo sie, vom Feind eingeschlossen, kapitulieren mußten. *„Vienni ab ungris capiebatur"*, – in Wien von den Ungarn gefangengenommen, lautet die kurze Textstelle in den Niederaltaicher Annalen, in denen Wien das zweite Mal im Lauf seiner Geschichte erwähnt wird. (Das erste Mal erscheint der Name Wien in den Salzburger Annalen, die im Jahr 881 n. Chr. ein Gefecht zwischen einem fränkischen Heer und ungarischen Reitern *„apud Weniam"*, das heißt, „bei Wien", schildern.)

Der österreichische Markgraf Adalbert, der Leichtfertige oder der Siegreiche, nahm an dem mißglückten Feldzug des deutschen Königs und römischen Kaisers gegen die Ungarn nicht teil – manche späteren Quellen geben ihm sogar die Schuld an der schweren Niederlage des deutschen Reichsheeres, das ohne ortskundige Führer und auch ohne die Unterstützung österreichischer Kontingente ins Verderben marschiert war. Zwischen dem ungestüm-kriegerischen Konrad II. mit seinem „unbeugsamen Willen" und dem eher geschäftstüchtigen und kompromißbereiten Markgrafen des österreichischen Grenzlandes schien das Verhältnis lange Zeit recht kühl gewesen zu sein. Denn auch nach dem Tod des Königs und Kaisers Heinrich II., der Diplomatie, wenn möglich, dem Krieg vorzog, hielt Adalbert an den gutnachbarlichen Beziehungen zu Ungarn fest: Er heiratete in zweiter Ehe die am ungarischen Hof unter dem Schutz König Stephans I. aufgewachsene Tochter des Dogen von Venedig, Froiza Orseolo, die mit ihrem Bruder Peter auf der Flucht vor dem neuen deutschen König Konrad II. nach Esztergom (Gran) gekommen war. Der florierende Handel mit Ungarn brachte der österreichischen Grenzmark und gewiß auch dem Markgrafen Adalbert persönlich in Form von Mautgebühren und Zöllen, aber auch aus dem Verkauf der in Ungarn begehrten Stoffe, Werkzeuge und

Salz, und aus dem Weiterverkauf ungarischer Pferde und Ochsen, beachtliche Gewinne. Gegen die Nachbarn, mit denen er sich im Grunde bestens verstand, zu kämpfen, wäre ihm als Untertan und Grenzgraf des deutschen Königs und römischen Kaisers eine zwingende Pflicht gewesen – sein heiß begehrtes Anliegen war es jedoch nicht. Das Rätsel, wieso Adalbert sich der Heeresfolge in das für ihn eigentlich zuständige Gebiet entziehen konnte, ohne dafür streng bestraft zu werden, wurde erst im Oktober 1968, durch die medizinische Untersuchung seiner im Stift Melk aufgefundenen Gebeine, gelöst: Er litt an einer schweren generalisierten Arthrosis, an chronischer Gelenksentzündung; auch ein Bruch am linken Hüftgelenk mit folgender Versteifung wurde festgestellt. Adalbert, der Siegreiche, war gehbehindert, er konnte auch nicht reiten, und so war er für den Militärdienst untauglich. Konrad II., der glänzendes Soldatentum dem diplomatischen Geschick immer und überall vorzog, zeichnete ihn auch niemals besonders aus; erst im Jahre 1035 schenkte er ihm zwischen den Flüssen Triesting und Piesting in der Nähe des slawischen Dorfes Bobsowa-Berndorf in Niederösterreich? – ein Stück noch herrenlosen Waldes mit der damals üblichen Bemerkung: „wo immer Adalbert es aussuchen will"; keine allzu repräsentative königliche Aufmerksamkeit für einen anständigen Markgrafen in seinem siebzehnten Dienstjahr. Die Schenkung erfolgte im Sommer des Jahres 1035, erst vier Wochen nach einem Hochverratsprozeß in Bamberg, wo Markgraf Adalbert als Mitglied eines Fürstengerichts dem zweifellos nicht ganz legitimen Wunsch des Königs und Kaisers nachkam und der Verurteilung des amtierenden Herzogs von Kärnten, Adalbero von Eppenstein, willig zustimmte. Der Herzog, ein mächtiger und machthungriger Herr, der auch die Marken Istrien und Verona regierte, war Konrad II. zunehmend unbequem geworden: Er hatte sich der Politik des Königs und Kaisers, der im Deutschen Reich die immer straffer gewordene Zentralgewalt, die unbedingte Autorität des Herrschers, mit allen Mitteln durchsetzen wollte, entschlossen Widerstand geleistet. Das Urteil lautete auf Absetzung und Verbannung und nicht auf Tod. Die Strafe fiel verhältnismäßig mild aus, wahrscheinlich deshalb, weil nicht alle Mitglieder des Fürstengerichts den Herzog von Kärnten schuldig gesprochen hatten. Schriftliche Beweise gegen ihn lagen nicht vor, oder sie waren irgendwann verschwunden. Der Fall, ob Adalbero von Eppenstein seinen Lehnseid dem König und Kaiser gegenüber offen gebrochen habe, war keineswegs eindeutig klar. Hätte er es jedoch getan, so hätte er eine der wichtigsten, ja, als heilig angesehenen gesellschaftlichen Spielregeln des Mittelalters schwerstens verletzt.

Der mühsame Alltag in der Zeit der ersten Babenberger-Markgrafen war einfach, zuweilen monoton, die gesellschaftspolitische und soziale Struktur hingegen geradezu erstaunlich kompliziert. Das vorherrschende alles umfassende Feudalsystem basierte in erster Linie auf dem Lehnswesen, beziehungsweise auf dem Lehnsrecht, auf ein, durch Jahrhunderte hindurch langsam gewachsenes, immer vielschichtiger und zum Teil bereits kaum durchschaubar gewordenes Gebilde, das nicht nur zwischen natürlichen Personen, sondern auch zwischen Institutionen und Staaten seine unbestrittene Geltung hatte. Der Lehnsmann, der *vasallus*, der stets abhängige, aber auch nutznießende Untertan, bekam von seinem Lehnsherrn, *dominus feudi*, dem König, einem Bischof, einem Grafen oder Grundherren, das volle Nutzungsrecht eines Gutes, oder einer Würde, einen Titel, ein Amt, eine Einrichtung, ein Wappen. Es gab hunderte von Lehensgegenständen, darunter das Jagdlehen, das Zehntlehn, das mit der Möglichkeit Steuer einzutreiben verbunden war, das Alterslehn, das die oft lukrative Nutzung von bestimmten kirchlichen Stiftungen bedeutete, oder das Kemnatslehn, das Recht, ein aus Stein errichtetes Wohnhaus zu besitzen. Der Lehnsherr verpflichtete sich feierlich, seinen Lehnsmann, seinen Vasall, in Schutz zu nehmen, sich um ihn zu kümmern, ihn in der Not und in allen Gefahren vorbehaltlos zu unterstützen. Als Gegenleistung für den offiziell verkündeten Schutz, aber vielmehr für die vom Lehnsherrn erhaltenen Nutzungsrechte, Güter, Titel, Ämter usw., für den Gesamtkomplex der sogenannten Lehnsprotektion, schwor der Vasall wiederum feierlich, seinem Lehnsherrn immer und überall die Treue zu halten, ihm in allen Schwierigkeiten und Gefahren beiseite zu stehen, und wenn er es wolle, ihm die sogenannte Heeresfolge zu leisten, unter vertraglich festgesetzten Umständen mit ihm in den Krieg zu ziehen. Der Bruch des Eides, die Verweigerung der Lehnspflichten, wurde als schweres Verbrechen angesehen. Der Lehnsherr hatte das Recht, die Güter seines Lehnsmannes zu enteignen, ihn seiner Titel und Würden verlustig zu erklären. Die meisten Lehnsrechte beziehungsweise Lehen waren erblich, konnten aber auch als „erledigt" wieder eingezogen, als ungültig behalten oder neu ausgegeben werden.

Das feudale Vasallensystem war das tragende Gerüst der mittelalterlichen Gesellschaftsordnung, eine vielschichtige Hierarchie der menschlichen Beziehungen und Abhängigkeiten, die nahezu ohne Pannen, aber vor allem ohne nennenswerten Widerspruch funktionierte:

Der Grundherr aus dem Geburtsadel, der meist auf einer Burg oder in einem festen Haus saß, verfügte über Waffen und über eine kleinere oder größere, militärisch ausgebildete und bewaffnete Dienerschaft, und so hatte er das niedere Volk fast lückenlos in seiner Gewalt. Fast lükkenlos, aber nicht vollständig: er mußte die verschiedenen Vorrechte der hohen kirchlichen Stellen und der staatlichen Verwaltung, die Gesetze und Verordnungen des Königs, eines Herzogs, eines Bischofs, eines Gaugrafen oder eines Markgrafen, das heißt, eines territorialen Vorgesetzten berücksichtigen. Auf der untersten Stufe der fein und gründlich abgestimmten feudalen Rangordnung standen die Leibeigenen und die hörigen Bauern, die vielfach noch als Eigentum des Grundherren betrachtet wurden und für ihn unentgeltlich verschiedene Arbeiten, den Frondienst leisten mußten, ihren Wohnsitz nicht verlassen und auch nur mit Genehmigung des Grundherren heiraten durften. Sie lieferten dem Grundherrn mindestens die Hälfte ihrer Ernte ab und mußten ihm für die Benützung von Mühlen, Keltern, Wegen und Brücken usw. ein Entgelt zahlen. Der Grundherr sorgte für den militärischen Schutz des ihm anvertrauten Gebietes und dessen Bewohner, er wachte über die öffentliche Sicherheit und sprach entweder selber oder durch von ihr ernannte Richter nach der gültigen Gesetzeslage des Landes Recht.

Über den Leibeigenen und den hörigen Bauern gab es noch eine ganze Reihe von gesellschaftlichen Schichten, die durch Gewohnheitsrecht oder durch schriftlich niedergelegte Verträge ihren festen Platz in der Welt der Untertanen hatten: die freien Bauern, die Pioniere der Urbarmachung, die Mitglieder der ebenfalls freien Dorfgemeinschaften, die Handwerker und Bauleute, auch sie verhältnismäßig frei, wenn auch fast immer im festen Dienst eines Grundherren oder der Kirche, die bewaffneten und unbewaffneten Diener eines Grundherren, die bereits mehr oder minder zur gesellschaftlichen Elite gehörten, und die Ministerialen, eine rasch aufsteigende Klasse der Verwaltungsbeamten, die meist selber Grundherren waren und in festen Häusern oder Burgen wohnten.

Die Kirche unterstützte vorbehaltlos das stufenweise aufgebaute Gefüge der Abhängigkeit, das starre, im Grunde gar nicht christliche Kastensystem, obwohl sie in ihrem eigenen Bereich zweifellos deutliche Ansätze einer demokratischen Geisteshaltung zeigte: Sie lehrte ja, daß alle Menschen, zumindest vor Gott, gleich seien, und in ihrer Organisation konnte ein begabter Mann, wenn auch eher selten, aber dennoch, aus den niedrigsten Gesellschaftsschichten hoch aufsteigen. Auch kritische Stimmen innerhalb der Kirche erhoben sich über die herrschende Gesellschaftsordnung, sie blieben aber vereinzelt und verhallten ungehört. So schrieb um das Jahr 1016 ein französischer Kleriker, Adalberon, Bischof von Laon, über das bittere Los der unfreien Bauern: „Wer könnte, das Rechenbrett in Händen, die Sorgen zählen, die die Leibeigenen während ihrer langen Wege und ihrer harten Arbeit bedrücken? Geld, Kleidung, Nahrung: die Leibeigenen liefern alles an jedermann; nicht ein Freier könnte ohne sie bestehen. Gilt es, eine Arbeit zu verrichten? Will man etwas bieten? Wir sehen Könige und Prälaten sich zu Sklaven ihrer Leibeigenen machen. Der Herr, der vorgibt, den Leibeigenen zu ernähren, wird in Wahrheit von ihm ernährt. Und der Leibeigene sieht kein Ende seiner Tränen und Seufzer."

Das sind zweifellos harte Worte, und nicht nur für Frankreich, sondern auch für ganz Europa im 11. Jahrhundert gültig. Der Bischof von Laon schildert, mit einem Schuß Ironie durchsetzt, die tatsächliche Lage. Aber weiter geht er nicht: er zieht keine Konsequenzen, er läßt nicht einmal vage durchklingen, daß man das von ihm so eindringlich beschriebene Unrecht auch ändern könnte oder sollte.

Für die Kirche war die Welt, obwohl theoretisch als irdisches Jammertal betrachtet, in Ordnung. Die Ordnung stammte von Gott, und die Kirche hatte sich dazu ausersehen, sie zu hüten und zu interpretieren. Sie war eine sehr alte Einrichtung, sie war schon tausend Jahre alt, und tausend Jahre waren für die damalige Auffassung der Menschen, auch der Gelehrten, eine enorm lange Zeit. Berechnungen, die ebenfalls die Kirche anstellte, besagten, daß die Welt, in sechs Tagen geschaffen, vor etwa sechstausend Jahren entstand. Die Kirche entwarf auch ihr vollständiges Bild, an dem niemand gezweifelt hatte: die Erde, eine runde Scheibe, von einem Firmament umwölbt, auf dem Sonne, Mond und Gestirne ihre von Gott gezeichneten Bahnen ziehen, liegt unbeweglich im Zentrum des Universums; sie ist der Mittelpunkt der Schöpfung. Das war vollkommen glaubhaft, ja logisch, weil sichtbar. Gott regierte im Himmel wie ein Monarch (er hatte bekanntlich auch einen Thron). Unter der Erde lag die Hölle, das Reich des Teufels, ebenfalls als eine, allerdings als finstere Monarchie vorgestellt. Den Hof Gottes bildeten die Engel und die Heiligen, den des Teufels seine zahlreichen Unterteufel. Adam, der erste Mensch, wurde aus Lehm gemacht, Eva, die erste Frau, aus seiner Rippe. Ein Gegenbeweis lag nicht vor, fossile Funde wurden damals überhaupt noch nicht beachtet. Es gab auch keine Naturwissenschaften, die mit den Erzählungen der Kirche, die zum Teil sehr schöne, poetische und tiefsinnige Erzählungen sind, auf Kollisionskurs gegangen wären. In der kirchlichen Wissenschaft, der Theologie, herrschte die Scholastik vor, eine philosophische Richtung, die die Welt an Hand des kirchlichen Dogmas und den an ihm oft gewaltsam angepaßten eher dürftigen Überlieferungen aus dem klassischen Altertum zu erklären versuchte. Die Scholastiker waren ursprünglich meist Lehrer in den klösterlichen und bischöflichen Schulen, und sie entwickelten ihre Theorien hinter Klostermauern und in den Kanzleien der Diözesen füreinander und gegeneinander unter Ausschluß der damaligen, im Grunde ja kaum vorhandenen Öffentlichkeit, die sich bloß auf die Fürstenhöfe beschränkte. Da wurden sonderbare Fragen vehement und jahrzehntelang diskutiert, ob Engel ein Geschlecht hätten und sich auch in einem luftleeren Raum fortbewegen könnten, ob die Toten, die in den Himmel kommen, Gott sofort sehen oder erst am Jüngsten Tag? Ob die Frau schon dadurch minderwertiger als der Mann sei, weil sie aus einem Knochen des Mannes gemacht worden wäre, oder, weil sie sich dazu hergegeben habe, mit der Schlange ein Gespräch zu führen? (minderwertiger war sie auf jeden Fall.) Ob der berühmte Apfel im Paradies süß oder ekelhaft geschmeckt hätte?

Das hat niemand als Haarspalterei, als lächerliche Problemstellung betrachtet, denn das Dogma war überaus wichtig, es war das unverrückbare Fundament des Lebens. Die Kirche, im Vollbesitz des Dogmas, das heißt der Wahrheit, stand groß, erhaben, weise und auch konkurrenzlos da – sie war die einzige internationale Organisation, die einzige geistig-ideologische Macht in Europa. Sie hatte im 11. Jahrhundert, in dem die östliche Mark unter den Babenbergern allmählich feste Konturen annahm, keine Kritiker: die ersten Spaltungstendenzen, die ersten Glaubenskämpfe innerhalb des Christentums gehörten bereits der Vergangenheit an, die großen Erschütterungen, auch die Ketzerverfolgungen und Hexenprozesse standen noch bevor. Die Kirche war auch noch nicht militant, der Papst hatte keinen Staat und keine Armee; sie war im Großen und Ganzen freundlich und mildtätig, auch wenn sie manchmal bedenkenlos zusah, wie die westliche Macht das fromme Werk der Christianisierung im europäischen Osten mit nackter Gewalt vorantrieb. Und auch wenn sie Kriege nicht verhinderte, nicht verhindern konnte oder wollte, sie bremste zumindest durch ihre Lehre, durch die Vision des Jüngsten Gerichts und durch die Zweiteilung des Jenseits in Himmelreich und Hölle, die aufgestauten Aggressionen und verhinderte somit oft Mord und Totschlag, Raub und Vergewaltigung.

Sie war allgegenwärtig, sie kontrollierte das Leben am Hof des Königs und in der Holzhütte der Bauern, sie entschied, was gut und böse war, bis hin zur Form, das heißt, der Stellung, wie man gottgefällig ein Kind zeugt. Sie hatte das Bildungsmonopol: In einer Zeit, in der in ganz Europa nur etwa fünf Prozent der Bevölkerung lesen und schreiben konnten – auch viele hohe Herren, selbst Könige und Kaiser konnten es nicht –, waren die meisten Menschen, die mit Buchstaben souverän umgingen, Männer der Kirche. Die besten Erzieher an den Höfen der Fürsten waren Kleriker, und nur die Kirche hatte Schulen. Sie bediente sich der Universalsprache Latein, die auch zur Sprache der staatlichen Verwaltung, der Gesetze, Urkunden und Verträge wurde, welche im Dienste eines hohen Herren, fast immer von Priestern und Mönchen redigiert, ausgestellt, abgeschrieben und vorgelesen worden waren.

Die Kirche wußte auf alle Fragen des Lebens eine Antwort, sie nahm den Schrecken des Todes, spendete Trost, kümmerte sich um die Kranken, verteilte Almosen und bestimmte durch ihre Feste den Ablauf des Jahres. Sie war reich, und sie trachtete offen danach, immer mehr Reichtümer anzuhäufen. Und nicht nur ihre Geräte und Gewänder, die sie für ihre Kulthandlungen verwendete, waren erlesene Kostbarkeiten. Schon nach dem Zusammenbruch des bereits christlich gewordenen alten Römischen Reiches erkannten die führenden Männer der Kirche, daß für die Erhaltung und Verbreitung der einzig wahren Religion, des Christentums, eine rein geistige Offensive des Wortes und des guten Beispiels auf lange Sicht nicht ausreichen werde. Für die Menschen des frühen Mittelalters bedeutete nur der Besitz von Grund und Boden ein tatsächliches Vermögen und damit auch die Basis der Macht. Juwelen, schöne Kleider, edle Pferde hatten bloß Signalwert, sie dienten stellvertretend zur Schaustellung des in Liegenschaften angehäuften Reichtums. Der Besitz von ausgedehnten Ländereien verschaffte dem Eigentümer Ansehen und sicherte ihm die Möglichkeit, im öffentlichen Leben eine führende Rolle zu spielen. Wollte die Kirche ihre hochgesteckten metaphysischen Ziele, die Bewahrung der göttlichen Ordnung auf Erden und die wirksame Vorbereitung für das ewige Leben erreichen, mußte sie, und es gab da keinen anderen Weg, eine wirtschaftliche Großmachtstellung erreichen, Großgrundbesitzer werden.

Dies ging nicht nur durch die frommen Schenkungen der weltlichen Herren zügig vor sich; auch die Christianisierung, das Vordringen der Missionare in Gebiete der noch heidnischen Völker, brachte der Kirche immer wieder beachtlichen Landbesitz. Nicht selten entbrannte dabei zwischen den Bistümern ein erbitterter Konkurrenzkampf, den dann der weltliche Herrscher oder der Papst schlichten mußte. Bischof Pilgrim von Passau ließ auch schriftliche Überlieferungen fälschen, die bezeugen sollten, daß die Rechte und Güter der Diözese Passau im Osten, aber auch in der Mark Ostarrichi, die ihm von der Diözese Salzburg immer wieder streitig gemacht worden waren, auf ein „Urerzbistum Lauriacum" an der Donau zurückgingen und daher unantastbar seien. Seine

Methode machte Schule, die Urkundenfälschung in den österreichischen Klöstern griff mit der Zeit munter um sich, doch das kunstvoll hergestellte „Beweismaterial" diente später vornehmlich dazu, die Ansprüche der allzu mächtig gewordenen Diözese Passau abzuweisen oder die regionalen Rechte der Kirche gegen weltliche Herren zu verteidigen. Die Flut der gefälschten Schenkungsurkunden und Privilegien macht die restlose Aufklärung mancher historischer Tatsachen zwar problematisch, läßt aber die versöhnliche Schlußfolgerung zu, daß man in Österreich dem geschriebenen Wort schon im Mittelalter große Achtung erwies und den unermüdlichen Kampf um Reichtum und Einfluß statt mit bewaffneter Gewalt bereits mittels verfeinerter intellektueller Winkelzüge geführt hat.

Die österreichische Grenzmark hatte kein eigenes Landesbistum; die Organisation der Pfarren wurde in erster Linie von der Diözese Passau geschaffen und schrittweise ausgebaut: zu den ältesten Pfarren des bayrischen Bistums in Ostarrichi gehörten Krems, Tulln, Stockerau und Sigmarswerde-Kirchberg am Wagram. Aber auch Stifte und Klöster, die selbst in der kleinen Grenzmark nicht ansässig waren, hier aber große Güter besaßen, wie etwa Metten, Tegernsee, Niederaltaich und St. Emmeram, gründeten Pfarren. Die Klöster Kremsmünster, St. Florian und St. Pölten gehörten der Diözese Passau an. Melk unterstand zu Beginn des 12. Jahrhunderts direkt dem Heiligen Stuhl. Zur Zeit des Markgrafen Adalbert, in der ersten Hälfte des 11. Jahrhunderts, waren in seiner Grenzmark die Bistümer Passau, Salzburg, Regensburg und Freising die größten Grundbesitzer: sie hoben, in Form des Zehents, nördlich der Donau, in der Wachau, im Ybbstal, im Marchfeld, in der Gegend des Wienerwaldes und in den Siedlungen Mautern, Amstetten, Herzogenburg und St. Pölten, auch Steuer ein.

Neben der Kirche gab es in der österreichischen Grenzmark auch reiche Familien, die ansehnliche Güter bewirtschaftet hatten, so die Herren von Lengenbach und die Herren von Traisen, die Familie der Formbacher, die Grafen von Poigen, die Grafen von Sempt-Ebersberger, die Familie der Sieghardе und die Grafen von Schala-Peilstein. Markgraf Adalbert war – vergleicht man seinen eher bescheidenen Besitz mit dem der bayrischen Diözesen und Klöster und dem der in Ostarrichi vermutlich schon lange ansässigen Adelsfamilien – kein reicher Mann; und gewiß war demnach seine Stellung als Markgraf, zumindest während der Herrschaft des deutschen Königs und römischen Kaisers Konrad II., zeitweilig gefährdet. Da halfen nur nützliche verwandtschaftliche Beziehungen, und Adalbert versuchte sich durch seine erste

Ehe mit einer noblen Dame aus den besten Kreisen des Deutschen Reiches, Glismond, Schwester des einflußreichen Bischofs Meinwerk von Paderborn, abzusichern. Sie starb aber wahrscheinlich früh – von einer Scheidung haben wir keine Nachricht –, denn die Söhne Adalberts, Liutpold und Ernst, stammten aus der zweiten Ehe mit der am ungarischen Königshof aufgewachsenen Dogentochter Froiza Orseolo. Die verwandtschaftliche Verbindung zum Königreich Ungarn und zur Republik Venedig hatte aber das Ansehen und die politische Stellung des Markgrafen letztlich auch nicht gehoben und sein Vermögen nicht vergrößert: Kriege und innere Kämpfe im Osten machten seine Hoffnungen bald zunichte.

Der schwer gichtkranke deutsche König und römische Kaiser Konrad II. starb am 4. Juni 1039 im Alter von neunundvierzig Jahren in Utrecht. Sein Sohn, Heinrich III., zweiundzwanzig Jahre alt, schon zu Lebzeiten seines Vaters zum Herzog von Bayern, Herzog von Schwaben, Herzog von Kärnten und Herzog von Burgund ernannt, übernahm ohne jeglichen Widerstand im gesamten Römisch-Deutschen Reich die Macht. Markgraf Adalbert der Siegreiche verwaltete damals die Grenzmark Ostarrichi bereits seit einundzwanzig Jahren, wobei seine erwachsenen Söhne Liutpold und Ernst, ihm die Last der Arbeit teilweise schon abgenommen, vor allem aber sich um die militärischen Angelegenheiten gekümmert hatten. Und militärische Angelegenheiten gab es an der nördlichen und der östlichen Grenze der Mark plötzlich mehr als genug:

Der Herzog von Böhmen, Břetislaw, der „Böhmische Achilles" genannt, ein ebenso ehrgeiziger wie energischer Politiker, ein gebildeter, phantasiereicher und auch mutiger Mann, sah die Zeit reif, die deutsche Oberhoheit abzuschütteln und den schon lange gehegten Traum von einem mächtigen slawischen Staat in Mitteleuropa zu verwirklichen. Er hatte auch in Bayern Freunde und Bewunderer, nicht zuletzt, weil er seine Frau Judith, Tochter des bayrischen Grafen Heinrich von Schweinfurt, aus einem Kloster entführte, um sie zu heiraten. Liebe in der Ehe von hochgestellten Personen, die ja meist Güter und Verbindungen geheiratet hatten, war in der damaligen Zeit eine besondere Kühnheit beziehungsweise purer Luxus. Manche Adelsfamilien in Bayern wünschten sich auch einen von der Strenge und den Launen der deutschen Könige und römischen Kaiser unabhängigen Staat – Břetislaw rechnete, freilich in einer ziemlich risikoreichen politischen Kalkulation, mit wertvoller Unterstützung auch vom Westen her. Im Sommer des Jahres 1039 eroberte er in einem kurzen Feldzug das unter deutschem Lehensherrenschutz stehende Polen, dann wandte er sich gegen Bayern. Der Krieg dauerte zwei Jahre, gekämpft wurde auch im Gebiet der österreichischen Grenzmark, im heutigen Waldviertel. Die Miliztruppen von Ostarrichi wurden von den Söhnen des Markgrafen, Liutpold und Ernst, an verschiedenen Kriegsschauplätzen erfolgreich geführt. Die Annalen des bayrischen Klosters Niederaltaich berichten über die Gefechte ungewöhnlich wortreich, auch die Melker Annalen erwähnen sie. Besonders Liutpold, der ältere Sohn des wegen seiner Krankheit kampfunfähigen Adalbert, wird gelobt: er habe eine Festung an der böhmisch-bayrischen Grenze zurückerobert, mit seinen Kriegern den Fluß Thaya überschritten und sei tief ins böhmische Gebiet vorgedrungen. Im Spätsommer 1041, nach einer Reihe von schweren Niederlagen, mußte Břetislaw einsehen, daß er den Krieg, in dem er vergeblich auf einen Aufstand in Bayern wartete, verloren hatte. Er zog die Konsequenzen, erschien schon im Oktober reumütig vor dem jungen deutschen König Heinrich III. in Regensburg und schwor für Böhmen und Mähren den Vasalleneid, den er bis zu seinem Tod im Jahr 1055 peinlichst befolgt hat; er war fortan ein treuer und verläßlicher Verbündeter, Böhmen und Mähren schlossen sich wieder fest dem römisch-deutschen Staatsverband an. Im Frieden von Regensburg wurde, unter anderem, auch die Thaya-Linie als die Nordostgrenze der österreichischen Mark festgelegt. Sie blieb bis heute bestehen.

Markgraf Adalbert hatte für kurze Zeit berechtigte Hoffnungen, in den Augen des deutschen Königs Heinrich III. als ein besonders wertvoller Gefolgsmann zu gelten. Nicht nur, daß seine Söhne sich in den langwierigen Kämpfen gegen den Böhmenherzog Břetislaw nachhaltig ausgezeichnet hatten; sein Schwager, Peter Orseolo, der Sohn des Dogen von Venedig, der am ungarischen Hof im Exil lebte, wurde König von Ungarn. Einen König als engsten Verwandten zu haben, war in vieler Hinsicht recht vorteilhaft, und Ungarn war, oder zumindest schien es so, nach siebenunddreißig Jahren harter Regierung des Staatsgründers Stephan I. ein wohlgeordnetes, großes und reiches Land. Doch kaum wurde Peter, der „fremde Christ aus Venedig", nach dem Tod des allseits geachteten und gefürchteten Stephan I. im August des Jahres 1038 gekrönt, brach in der königlichen Residenz Székesfehérvár (Stuhlweißenburg) eine, von zum Teil wieder heidnisch gewordenen Stammesfürsten unterstützte Palastrevolution aus. Ein Gegenkönig, ein „echter Magyare", Samuel Aba, der angeblich aus einer eingewanderten jüdisch-chasarischen Familie stammte, wurde zum König gewählt. Peter Orseolo ergriff die Flucht. Statt einen reichen König als Verwandten und Nachbarn hatte Markgraf Adalbert nun einen mittellosen Flüchtling in seinem festen Haus. Nach kurzem Aufenthalt in Melk reiste Peter Orseolo zum König Heinrich III. nach Regensburg weiter, bot ihm den Vasalleneid und die Oberhoheit über Ungarn an, falls ein deutsches Reichsheer seine verlorene Krone wieder beschaffen würde.

Ob die Ungarn des geflüchteten und angeblich auch verhaßten Venetianers habhaft werden oder einer bewaffneten deutschen Intervention zuvorkommen wollten, jedenfalls drangen sie im tiefen Winter, in einer damals für Kriege ungewöhnlichen Zeit, im Februar des Jahres 1042 unter dem persönlichen Kommando des Nationalkönigs Samuel Aba an beiden Ufern der Donau in die österreichische Grenzmark ein. Der Vormarsch traf die Söhne des Markgrafen Adalbert anscheinend unvorbereitet, die Magyaren kamen nahezu ungehindert bis zum Fluß Traisen und plünderten auch gründlich die Stadt Tulln, dann kehrten sie wieder heim. Eine kleinere Gruppe, die sich mit der Brandschatzung und der Suche nach Beute am Marchfeld viel zu lang aufgehalten hatte, wurde von den österreichischen Truppen unter Führung von Adalberts siegreichen Sohnes Liutpold gestellt und niedergemacht.

Noch im späten Frühjahr trat dann ein großes deutsches Reichsheer mit König Heinrich III., Herzog Břetislaw von Böhmen, dem Venetianer Peter Orseolo und den Söhnen des Markgrafen Adalbert, Liutpold und Ernst, eine wuchtige Gegenoffensive an. Die ungarischen Festungen Heimenburg (Hainburg) und Brezesburg (Preßburg) wurden genommen, Esztergom (Gran) erreicht, aber vergeblich belagert; das deutsche Reichsheer zog sich, vermutlich Mangels an Nachschub zurück. Im nächsten Jahr wurde der Angriff wiederholt, die wechselhaften Kämpfe auf westungarischem Gebiet endeten mit einem Waffenstillstand: Heinrich III. versprach, sich in die inneren Angelegenheiten Ungarns nicht mehr einzumischen und Samuel Aba als König anzuerkennen. Die Ungarn schworen hoch und heilig, die österreichische Grenzmark in Ruhe zu lassen und die Leitha-Linie für immer und alle Zeiten als gültige und unverrückbare Grenze zu betrachten.

Es blieb nicht dabei. In Ungarn brach nun ein von italienischen und deutschen Adeligen angeführter christlicher Aufstand gegen Samuel Aba aus. König Heinrich III., der Ungarn allzu gerne an das Römisch-Deutsche Reich gebunden hätte, marschierte mit einem gut ausgerüsteten Reichsheer und in der illustren Gesellschaft von Herzog Břetislaw, Peter Orseolo, dem Bischof Gebhard von Regensburg (der die bayerischen Kontingente kommandierte) und von namhaften Hochadeligen aus Ostarrichi wieder los. In der Schlacht von Ménfö, in der Nähe des Flusses Raab, wurden die Ungarn am 5. Juli 1044 besiegt. Samuel Aba flüchtete nach dem Osten des Landes, wurde aber in der Gegend des Flusses Theiß von seinen ungarischen Gegnern gefangen genommen und durch das Schwert hingerichtet. Peter Orseolo, in der ungarischen Königsstadt Székesfehérvár (Stuhlweißenburg) feierlich gekrönt, huldigte König Heinrich III. Der deutsche König belehnte als Lehnsherr seinen Vasall, Peter I. mit Ungarn. Es war ein erhabenes Fest, Peter Orseolo erhielt von König Heinrich III. als Zeichen seines Vasallentums eine goldene Lanze, die er sogleich als Zeichen seiner christlichen Demut und Zugehörigkeit zum Heiligen Reich Papst Benedikt IX. nach Rom sandte. Erhalten blieb die schöne Lanze nicht, irgendwer hat sie irgendwann im Vatikan gestohlen.

Markgraf Adalbert, der bei der Schlacht bei Ménfö sicherlich nicht, aber bei den Krönungsfeierlichkeiten in Székesfehérvár wahrscheinlich dabei war, hatte nun wieder einen König zum Schwager, einen braven König obendrein, der Vasall seines Herrschers, Heinrich III. geworden war. Der Markgraf erhielt nach den turbulenten Tagen des ungarischen Feldzugs von König Heinrich III., als Anerkennung „für seine Treue und Dienste", Königsland, den Ort Obergrafendorf in der Nähe des Flusses Pielach und ein kleineres Gut dazu. Allerdings war zu dieser Zeit, zu Beginn der vierziger Jahre des 11. Jahrhunderts, herrenloses Gut in Ostarrîchi schon sehr rar. Das Land war bereits fast vollständig aufgeteilt und in Besitz genommen.

Lange schützte die goldene Lanze in Rom die wiedergewonnene Macht des Königs Peter I. in Ungarn nicht: Im Sommer des Jahres 1045 fegte ihn ein neuer heidnischer Aufstand vom Thron. Diesmal konnte er die Mark Ostarrichi nicht erreichen, seine Widersacher ergriffen ihn schon in der Nähe von Székesfehérvár, blendeten ihn und warfen ihn in seiner ehemaligen Residenzstadt in den Kerker. Kurze Zeit darauf starb er vermutlich einens gewaltsamen Todes. Markgraf Adalbert hatte keinen königlichen Verwandten mehr. Der neue ungarische König Andreas, Sohn eines namhaften Stammesfürsten, der einst gegen König Stephan I. rebellierte, kam im Herbst 1046 aus seinem Exil in Kiew, wo er Anastasia, die Tochter des regierenden Großfürsten Jaroslaw des Weisen geheiratet hatte, an der Spitze russischer Truppen nach Ungarn und übernahm mit Hilfe der heidnischen Partei die Macht. Es war wohl die erste russische Intervention in Mitteleuropa. Andreas versprach vorerst die alte heidnische Ordnung wiederherzustellen, zerschlug aber bald mit unbarmherziger Gewalt die Bewegung der Heiden und kehrte zur christlichen Politik des König Stephan I. zurück. Von der goldenen Lanze seines Vorgängers Peter Orseolo wollte er aber nichts wissen: Er weigerte sich, die lehnsherrliche Oberhoheit des deutschen Königs über Ungarn anzuerkennen. Heinrich III. bestand jedoch hartnäckig auf seine Rechte und zog zweimal, im Sommer 1051 und 1052, mit einem Reichsheer nach Ungarn. Um der Taktik der verbrannten Erde entgegenzuwirken, führte er diesmal einen Teil seiner Truppen und den gesamten Nachschub an Bord österreichischer Schiffe auf der Donau nach Osten. Die Ungarn setzten angeblich, so erzählt es zumindest eine gängige ungarische Legende, gegen die Flotte einen Wundertaucher namens Kund ein, der in einer Gewitternacht bei Preßburg alle Schiffe des deutschen Königs angebohrt und auf den Grund des Flusses geschickt hätte. Eine höchst heldenhafte Leistung, deren technische Durchführung man sich aber nur äußerst schwer vorstellen kann. Tatsache ist, daß beide Feldzüge erfolglos verliefen, die ungarische Frage blieb in Schwebe. Nach den gescheiterten Offensiven des deutschen Reichsheeres drangen die Magyaren im Gegenzug tief in das Gebiet der österreichischen Grenzmark, der heutigen Steiermark und nach Ostkärnten ein, richteten schwere Schäden an und machten reiche Beute. Der Kriegszustand wurde dann im Sommer des Jahres 1058 von einer Frau beendet, der Französin Agnes von Poitou, der Witwe des am 5. Oktober 1056 in Bodfeld am Harz im Alter von neununddreißig Jahren gestorbenen deutschen Königs und römischen Kaisers Heinrich III.: Sie schloß mit den Abgesandten des ungarischen Königs Andreas am Marchfeld feierlich Frieden, anerkannte die volle Unabhängigkeit Ungarns vom Heiligen Reich und bot die Verlobung der deutschen Kaisertochter Judith mit dem ungarischen Kronprinzen Salomon an. Die Ostgrenzen der österreichischen Mark an der March und an der Leitha wurden von den Ungarn erneut als endgültig und unverrückbar garantiert.

Heinrich III. hätte den Magyaren sicherlich nicht so leicht nachgegeben. Er war ein stolzer Herrscher und ein unbeugsamer Lehnsherr, von seiner göttlichen Sendung, von der Vision der ihm zustehenden Weltherrschaft geradezu besessen, ein sturer Fanatiker, von einem nahezu krankhaften Ehrgeiz und von einer kalten unheimlich wirkenden Frömmigkeit getrieben. Er verstand aber, ein unermüdlicher Organisator, die Kunst des Regierens und duldete weder Ungehorsam noch Ungesetzlichkeit oder Korruption. Er unterstützte die Reformbewegung innerhalb der katholischen Kirche, die, vom Kloster Cluny in Frankreich ausgegangen, einen strengen, verinnerlichten klösterlichen Alltag vorschrieb, die Bereinigung der kirchlichen Institutionen vom einseitigen wirtschaftlichen Denken, die Abschaffung der Käuflichkeit hoher kirchlicher Stellen empfahl, und eine keusche Lebensführung der

Priester und Mönche verlangte. Die Förderung der Reform, die Säuberung der Kirche von dem weltlichen Laster, erfolgte meist mittels harten Drucks oder königlich-kaiserlichen Befehls: Heinrich III. setzte dabei die absolute Macht und Vorrangstellung des Heiligen Reiches, des Staates über die Kirche, restlos durch. Der Papst, der ihn am Weihnachtstag des Jahres 1046 in Rom zum Kaiser krönte, Clemens II., war ein deutscher Bischof, Suitger von Bamberg, den Heinrich III. erst knapp vor der Zeremonie zum Stellvertreter Christi auf Erden ernannt hatte.

Aber nicht nur die katholische Kirche, die immerhin einige zaghafte Schritte getan hat, um zu den ursprünglichen christlichen Idealen zurückzukehren, ist zum gehorsamen Untertan des Kaisers geworden. In der Regierungszeit Heinrich III. erreichte das Heilige Römische Reich den Höhepunkt seiner konzentrierten Macht und auch seine größte territoriale Ausdehnung: Seine Westgrenzen verliefen mitten in Frankreich, an den Flüssen Saon und Rhône, im Norden reichte es bis Dänemark und schloß Pommern ein. Böhmen und Mähren gehörten dazu, auch Polen und als Vasallenstaat zeitweilig noch Ungarn, im Süden Italien bis Apulien und Kalabrien. Heinrich III. hatte die Verwaltung des Reiches fest im Griff, und auch die österreichische Mark bekam seine politische Energie und seine Liebe zur Neuordnung zu spüren: ihre nördlichen und östlichen Grenzgebiete wurden von ihr abgetrennt, der König und Kaiser ließ gleichsam als vorgeschobene Sicherungsposten zwei kleinere Marken, die Ungarische Mark und die Böhmische Mark einrichten. Die Verwaltung der Ungarnmark, auch Neumark genannt, sollte angeblich auf Liutpold, den älteren Sohn des Markgrafen Adalbert, übertragen werden. Doch er, „ein Jüngling von ausgezeichneter Anlage", wie die Annalen von Niederaltaiçh vermerken, starb am 9. Dezember 1043 in Ingelnheim, wo König Heinrich III. Hochzeit mit Agnes von Poitou feierte. Über die Todesursache berichten die Annalen nicht.

Die Ungarnmark erhielt weder Markgraf Adalbert noch sein jüngerer Sohn Ernst, sondern ein für uns unbekannt gebliebener Markgraf Siegfried; er bekam im Gebiet der Flüsse Leitha, Fischa und March und auch südlich der Donau, wo er in dem, nach ihm benannten Sifriedesdorf – im heutigen Seibersdorf – residierte, reichlich Grund und Boden. Die Böhmische Mark wurde von einem Markgrafen Adalbero verwaltet. Beide neu geschaffenen Marken verschwanden dann nach einigen Jahren: vermutlich bald nach dem Tod des Königs und Kaisers Heinrich III.: Sie wurden wieder an die Grenzmark Ostarrichi angeschlossen.

Daß die zwei kleinen Grenzmarken vom Gebiet des Markgrafen

Adalbert abgetrennt worden waren, bedeutete zweifellos einen Vertrauensschwund des ohnehin mißtrauischen Kaisers, und daß es Adalbert letztlich doch nicht gelang, sein Markgrafenamt, sei es durch Heiratspolitik, die ja zweimal danebenging, sei es durch Heldentaten, für die er nicht geeignet war, aufzuwerten. Dennoch waren die siebenunddreißig Jahre seiner langen, und im Inneren der Mark auch konfliktfreien Amtszeit für die Entwicklung Österreichs bemerkenswert: Die Nord- und die Ostgrenze der Mark standen nun fest und waren gesichert, die Verwaltung hatte sich konsolidiert und begann traditionelle Formen anzunehmen. Die Besiedlung und Urbarmachung des Landes wurde nahezu vollendet, das auf dem Territorium der Mark liegende Urwaldgebiet, vor allem der „Nortwald", das heutige Waldviertel, weitgehend erschlossen.

Der Wald war schon damals ein Mythos, ein gefürchtetes, aber auch geliebtes Wesen, feindselig und freundlich zugleich, in dem Gefahren lauerten (auch noch Geister aus heidnischen Zeiten), der aber den Menschen ebenso Schutz bieten konnte, ihm Holz, Wild, Tierfutter, Pilze, Beeren und Honig schenkte, und nicht zuletzt Raum für Felder und Dörfer.

Die Rodungsarbeiten nahm man nicht in breiter Front vor, man schlug schmale Lichtungen in den Wald und verband sie nach und nach miteinander. Das neu gewonnene Ackerland wurde nur notdürftig mit der Asche der verbrannten Zweige, mit verfaultem Laub und Stroh gedüngt; wer Kühe, Schafe oder Schweine hatte, trieb sie regelmäßig auf das gerodete Gebiet. Dünger war äußerst kostbar, die Bauern mußten dem Grundherrn oft eine Abgabe in Form von Tiermist leisten. Da häufig die gut organisierten Klöster die Rodungsarbeit geplant und durchgeführt hatten, wobei auch die Mönche kräftig zupackten, galt sie als eine höchst christliche Beschäftigung, die der leibhaftige Teufel, an den man vorbehaltlos geglaubt hat, durch herbeigezauberte schwere Regenfälle oder Rudel von Wölfen zu behindern trachtete.

Im Neuland entstanden meist kleine Angerdörfer, wo man für den Bau einer Siedlung keinen geeigneten Platz fand, auch schon Einzelgehöfte. Da herrenloses Land in den leicht zugänglichen Ebenen und in den Flußtälern kaum mehr zu finden war, suchten die Grundherren, die Klöster und die freien Bauern immer mehr höher liegende Waldgebiete für die Rodungsarbeit aus. Die Kirchen wurden außerhalb der Dörfer, auf Anhöhen errichtet und fast immer befestigt, sie gaben oft den neuen Siedlungen ihren Namen, wie etwa Traiskirchen oder Lanzenkirchen. Zu den Dörfern führten schmale, einfach angelegte Feldwege. Die

Hauptverkehrsadern in der Mark Ostarrichi, darunter die wichtigsten, die Uferstraßen entlang der Donau, stammten noch aus der Römerzeit: sie wurden nun ausgebaut oder zumindest recht ordentlich in Stand gehalten. Die Flüsse, vor allem die Donau, überquerte man bei Furten oder mittels Fähren, wofür man einem Grundherren,einem Kloster, seltener dem Markgrafen, Maut zahlen mußte. Brücken gab es wahrscheinlich noch nicht, eine Brücke beim Stift Zwettl über den Fluß Kamp wird erst nahezu hundert Jahre später erstmals erwähnt. Das Handelszentrum der gesamten Region war die befestigte Stadt Enns, wo vor Pfingsten, zwei Wochen lang, ein großer, von fremden Kaufleuten aus Bayern, Böhmen, Ungarn, aus dem Rheinland, Flandern und sogar aus Rußland besuchter Markt, der allerdings unter der Aufsicht der Handelsherren von Regensburg stand, abgehalten wurde. Lokale Märkte für die einheimische Bevölkerung befanden sich in Krems, in Ybbs, in Pöchlarn, in St. Pölten, in Tulln und in Petronell, nicht aber in Wien, das nach wie vor eine unbedeutende Siedlung war, seit dem langsamen Vormarsch der Babenberger gegen Osten nicht einmal Grenzstation.

Markgraf Ernst –
Ein tapferer Krieger mit guten Beziehungen

Markgraf Adalbert, der Leichtfertige oder der Siegreiche, im historischen Bewußtsein Österreichs zu unrecht so gut wie nicht vorhanden, starb im Sommer des Jahres 1055 oder im Herbst 1056, – die kurzen Berichte der verschiedenen klösterlichen Annalen und Chroniken (Melk, Hildesheim, usw.) widersprechen einander, was Jahr und Tag betrifft, und sie erwähnen auch die näheren Umstände von Adalberts Ende nicht, was darauf hindeutet, daß der verdiente Markgraf wahrscheinlich eines unauffälligen, das heißt natürlichen Todes starb. Die Untersuchung seines Skeletts in Melk, wo er in der Familiengruft der Babenberger bestattet wurde, ergab, daß er ein damals hohes Alter von sechzig bis dreiundsechzig Jahren erreicht hatte.

Das Markgrafenamt von Ostarrichi ging unbestritten auf seinen Sohn Ernst über. Ob damit der den Babenbergern nicht besonders gut gesinnte König und Kaiser Heinrich III. einverstanden gewesen war oder die Genehmigung dazu bereits seine Witwe, die Aquitanierin Agnes von Poitou erteilte, kann man heute aus den zeitgenössichen schriftlichen Zeugnissen nicht mehr feststellen. Nur eine Schenkungsurkunde zugunsten der Diözese Passau nennt später ein Gebiet um die Ortschaften Gaubitsch, Kurtz und Herrenbaumgarten an der ungarischen Grenze, daß es in Ostarrichi „in der Mark des Markgrafen Ernst liegt". Ernst, vom Domherr Sunthaym nachträglich mit dem Prädikat „der Tapfere" versehen, ist also Markgraf in Ostarrichi geworden, obwohl das Amt offiziell nach wie vor nicht erblich war. Doch da der Vorfall, ohne daß ihn jemand angefochten hätte, binnen sechzig Jahren nun das dritte Mal wiederholt werden konnte, galt die Erblichkeit des Markgrafenamtes von Ostarrichi sicherlich schon als ein sowohl am römisch-deutschen Kaiserhof als auch in der Mark selbst anerkanntes Gewohnheitsrecht. Die Babenberger, ursprünglich absetzbare Amtsleute des Königs, begannen eine Dynastie aufzubauen.

Im Deutschen Reich gab es gerade, wie schon einmal im Jahr 994 n. Chr., als Heinrich I., Sohn Liutpolds I., das Markgrafenamt geerbt hatte, eine Art Interregnum, eine kaiserlose Zeit: Agnes von Poitou führte im Namen ihres erst fünf Jahre alten Sohnes, Heinrich IV., den man in Aachen schon als kleines Kind zum deutschen König gekrönt hatte, die

Regierungsgeschäfte. Sie führte sie unsicher, zuweilen hilfslos, von den Mächtigen des Reiches bedrängt. In ihrer Not verschenkte die Witwe des Kaisers Heinrich III. ganze Herzogtümer, um ihre Gegner freundlich zu stimmen: Frankreich bekam Lothringen zurück, Graf Berthold von Zähringer Kärnten und Graf Otto von Nordheim, der Anführer des gefährlich gewordenen Hochadels, der bereits das schöne Land Sachsen verwaltet hatte, das Herzogtum Bayern. Der Klerus sah besorgt zu, nicht zuletzt, weil er bei dem großen Länderschacher leer ausging, und er griff mit einer eher unchristlichen List in die Reichspolitik ein: Im Mai des Jahres 1062 lockten hohe Geistliche den erst zwölf Jahre alten König Heinrich IV. bei Kaiserwerth im Rheinland auf ein geschmücktes Schiff und entführten ihn nach Köln. Erzbischof Anno von Köln und Erzbischof Adalbert von Bremen übernahmen nicht nur seine Erziehung, sondern auch die Macht im Römisch-Deutschen Reich. Das Kind war von der abrupten Wende seines Schicksals anscheinend nicht gerade begeistert – die psychologischen Gründe seines späteren erbitterten Kampfs gegen die Herrschaftsansprüche der Kirche sind vermutlich unter anderem auch im frühen Erlebnis seiner Entführung zu suchen.

Auf Druck und Drohung der Herzöge und Grafen des Reichs erklärte Erzbischof Adalbert von Bremen Heinrich IV. zwei Jahre später für mündig. Richtig zu regieren begann der deutsche König, ein, wie zeitgenössische Zeugnisse berichten, ungemein selbstbewußter, launenhafter, gefährlich jähzorniger und herrschsüchtiger junger Mann, der zu einem „zügellosen Lebenswandel" neigte, erst im Alter von zwanzig Jahren. Dann aber regierte er mit List und Tücke, mit Härte und Brutalität.

Sein Verhältnis zu der Mark Ostarrichi scheint vorerst ungetrübt zu sein. Markgraf Ernst, obwohl etwa dreißig Jahre älter als der König, war Zeit seines Lebens ein treuer Anhänger von ihm. Im Römisch-Deutschen Reich mit seinen machtgierigen Herzögen, Grafen und Bischöfen gab es für Heinrich IV. laufend wilde Auseinandersetzungen – in Ostarrichi herrschte, und dies scheint in der Tat eine sehr lange Tradition zu sein, die angenehme Ruhe einer friedlichen Insel.

Markgraf Ernst, der Tapfere, war eine stattliche Erscheinung, nach dem Skelettfund berechnet, etwa hundertachtzig Zentimeter groß, für die damalige Zeit, in der die Durchschnittsgröße eines Menschen hundertsechzig Zentimeter betrug, ein Riese, und er war, eher eine Seltenheit unter den regierenden Babenbergern, ein gefürchteter Krieger, laut dem Chronisten Lampert von der Benediktinerabtei Hersfeld „ein Mann von großem Ansehen im Reich und durch viele Siege gegen die Ungarn hochberühmt."

Das große Ansehen im Reich hatte Markgraf Ernst in erster Linie dadurch gewonnen, daß er sich oft in engster Umgebung des deutschen Königs aufgehalten hatte und als einer seiner Paradevasallen, vielleicht auch als einer seiner väterlichen Freunde galt. (Heinrich IV. wurde erst neun Jahre nach dem Tod des Markgrafen Ernst zum römischen Kaiser gekrönt; für Ernst war er daher nur der deutsche König.) Der häufige Verkehr am deutschen Hof brachte dem Markgrafen von Ostarrichi anscheinend wertvolle Beziehungen zu den einflußreichen Herzögen und Grafen des Reiches. Er heiratete auch gezielt, seine Frau, Adelhaid, war die Tochter des Markgrafen von Sachsen und Meißen, Dedi II. aus der reichen und mächtigen Familie der Wettiner, die wiederum kreuz und quer mit den reichsten und mächtigsten Familien von Sachsen und Thüringen verwandt war. So avancierte Ernst zu einem angesehenen Schwiegersohn, Vetter, Neffen, Großneffen, Onkel usw. und war in Sachsen und Thüringen, in zwei schwer regierbaren Regionen, die aber auf die Reichspolitik nachhaltig Einfluß nahmen, bestens bekannt. Familien aus Sachsen erhielten auf seine Fürsprache hin Grund und Boden in der Mark Ostarrichi und siedelten dort auch in größeren Gruppen an: Die Ortsnamen Sachsendorf und Sachsenbrunn im heutigen Niederösterreich, Sachsengang im Randgebiet von Wien stammen wahrscheinlich noch aus dieser Zeit.

In den Kämpfen gegen die Ungarn hat Markgraf Ernst, wie die Annalen und Chroniken berichten, stets unermüdlich, tapfer und erfolgreich gefochten. Der Friede, den Agnes von Poitou am Marchfeld mit den Ungarn geschlossen hatte, war bald brüchig geworden. Im Sommer des Jahres 1060 brach zwischen dem regierenden ungarischen König Andreas I. und seinem jüngeren Bruder Béla ein Kampf um die Krone aus. Béla griff Andreas I. mit Hilfe von polnischen Truppen an, das Römisch-Deutsche Reich intervenierte an der Seite des schwer bedrängten Königs; sein Sohn Salomon war ja mit Judith, der Tochter des verstorbenen Kaisers Heinrich III. verheiratet. Es kam in der Nähe des Plattensees zu einer Schlacht, in der Béla siegte und Andreas I. sein Leben verlor. Kronprinz Salomon flüchtete mit seiner Frau in die Mark Ostarrichi und hielt sich, bevor er zu seiner Schwiegermutter Agnes von Poitou nach Aachen reiste, in der befestigten Siedlung Mödling auf.

Drei Jahre später starb der neue ungarische König, Béla I.; in der Sommerresidenz Dömös an der Donau war über ihm der Thronsaal zusammengebrochen. Salomon wurde von einem deutschen Reichsheer, in dem mehrere hochgestellte Herren aus Sachsen und Thüringen, der Böhmenherzog Spitignev und auch Markgraf Ernst mitgeritten waren, nach Székesfehérvár (Stuhlweißenburg) geleitet und zum ungarischen König gekrönt. Er zahlte dafür dem jungen deutschen König Heinrich IV., tatsächlich aber der regierenden Agnes von Poitou, mit dem Vasalleneid und einem schönen Stück westungarischen Landes weit östlich des Leitha-Flusses, das der Hof sogleich dem baierischen Bistum Freising schenkte.

Salomon regierte auch nicht allzu lange: Sein Neffe, Géza, machte ihm den Thron streitig. Es kam wieder zu einer Schlacht, die Salomon verlor. Er versuchte noch einmal, mit Hilfe des heidnischen Volksstammes der Kumanen die Krone zurückzuerobern (das Reich ließ ihn diesmal trotz Vasalleneid im Stich), wurde erneut geschlagen, aus dem Lande gejagt und verschwand für immer irgendwo östlich der Karpaten. Seine Frau, die deutsche Kaisertochter Judith, heiratete daraufhin den Herzog von Polen, Wladislaw I.

Machtkampf mit Waffengewalt innerhalb einer Familie, Mord und Totschlag um den Besitz der Krone, war im Mittelalter in Ungarn eine fast alltägliche Erscheinung. Aber auch in Polen, in Böhmen, in einigen deutschen Herzogtümern, in Italien, in Frankreich und in England ging es oft ebenso hart zu. Die Mark Ostarrichi und die regierende Dynastie der Babenberger bilden hier eine äußerst seltene Ausnahme: In Österreich gab es keinen Machtkampf: kein Babenberger zog gegen einen anderen Babenberger in die Schlacht oder schickte Meuchelmörder gegen ihn aus. Kein Babenberger ließ seinen Vater, seinen Sohn, seinen Bruder oder Neffen einkerkern, blenden oder in ein Kloster sperren. Im Haus der Babenberger herrschte, lange bevor das gebildete Bürgertum in Österreich entstand, eine brave, bürgerlich-österreichische Moral, die zwar nicht immer, aber manchmal doch, vernünftige Vorteile hatte.

Auch die Untertanen, die schon recht mächtig und wohlhabend gewordenen Dienstleute der Markgrafen, die Ministerialen, die auch über eigene Truppen verfügten, rebellierten nicht. In der Amtszeit von Ernst dem Tapferen waren sie bereits seine engsten Gefolgsleute, aber auch lokale Herrscher, die in der Verwaltung und der Verteidigung der Mark eine festgesetzte Aufgabe, ein „Ministerium" hatten. Die tüchtigsten von ihnen, Mitglieder einer vermutlich aus Sachsen eingewanderten Adelsfamilie, die ihren Stammsitz vorerst in der heute verschwundenen Ortschaft Kühring bei Eggenburg hatten, waren die Kuenringer. Ihr Aufstieg zu den führenden Ministerialen der Mark begann unter dem Markgrafen Ernst, der schon seiner vielfältigen Verwandtschaft wegen besonders Sachsen bevorzugt hatte.

Sachsen wurde schließlich auch sein Verhängnis. Er starb dort, im zwanzigsten Jahr seiner Amtszeit. Die Sachsen rebellierten wieder einmal gegen den deutschen König. Heinrich IV. schaltete und waltete in ihrem Herzogtum in der Tat viel zu selbstherrlich und rücksichtslos, er lebte dort zeitweilig auf Kosten des Landes, und er lebte nicht billig. Im Jahr 1073 brach unter der Führung des Grafen Otto von Nordheim und dem sächsichen Herzog Magnus von Billung ein Aufstand aus. Heinrich IV. zog mit einem Reichsheer gegen Sachsen. Markgraf Ernst, obwohl sein Vasalleneid ihn nicht dazu verpflichtet hätte, dem deutschen König weit weg von der Grenze seiner Mark Heeresfolge zu leisten, war dabei. In der Schlacht von Hohenburg an der Unstrut am 9. Juni 1075, die Heinrich IV. gewann, hatten die Sachsen Markgraf Ernst erkannt und, wie die Untersuchung seines in Melk aufgefundenen Skeletts feststellte, von mehreren Seiten zu Fuß und zu Pferd mit Streitaxt, Streitkolben und Schwert attackiert und seinen linken Schenkel, seinen linken Arm und die rechte Hälfte seines Schädels zertrümmert. Der Chronist Lampert von Hersfeld vermerkt in seinen Annalen, daß „Markgraf Ernst schwer verwundet und halbtot in das Feldlager gebracht wurde, wo er tags darauf starb." Seinen Leichnam trug man in Melk zu Grabe. Das verwaiste Markgrafenamt von Ostarrichi übernahm sein Sohn, Leopold II., der Schöne, und er bekam sogleich von Heinrich IV. Königsgut geschenkt, größere Gebiete im Norden der Mark, im Wald von Raabs und im Süden, im Wald von Rogacs, handfeste Zeichen von Dankbarkeit und Vertrauen. Es waren allerdings die letzten Güter, die ein deutscher König einem Babenberger verehrt hat.

Markgraf Leopold II. – In heillosem Streit zwischen Kaiser und Papst

Ob Leopold II., der Schöne, tatsächlich schön war, können wir nur hoffen, denn wir haben weder ein authentisches Porträt von ihm noch irgendeinen gesicherten Hinweis über sein Aussehen. Er hieß auch nicht Leopold, sondern Liutpold, wie der erste Markgraf von Ostarrichi aus der Familie der Babenberger, und wie noch vier Markgrafen und Herzöge, die unter dem Namen Leopold in die Geschichte Österreichs eingingen. In allen zeitgenössischen Urkunden, Briefen, Annalen und Chroniken scheint zweihundertsiebzig Jahre hindurch ausschließlich der Name Liutpold auf, er wurde erst später, nach der Zeit der Babenberger, häufig Leupold geschrieben, aus dem dann der uns wohl vertraute und besonders in Wien beliebte Name Leopold geworden war.

Der Beiname „der Schöne", den Domherr Ladislaus Sunthaym dem Markgrafen Leopold II. gegeben hat, zeugt von diplomatischem Geschick. Der Begriff „schön" hat keinerlei politischen Inhalt. Der kluge Domherr Sunthaym, der Kirche, aber auch seinem Herrn, Kaiser Maximilian I., treu ergeben, wollte anscheinend jegliche Bezeichnung, die ein Werturteil hätte bedeuten oder eine Richtung signalisieren können, sorgsam vermeiden. Denn Leopold II. stand, in für ihn besonders schwierigen Zeiten, abwechselnd auf der Seite der kirchlichen und der weltlichen Macht, er lavierte, mal bewußt, mal von den stürmischen Ereignissen getrieben, zwischen Kaiser und Papst. Beinamen wie der Wankelmütige oder der Schlaue wären gewiß für eine erhabene Historiographie nicht geeignet, und so schien es für Domherr Sunthaym, der im Dienst des Kaisers stand, aber seine historische Arbeit im Auftrag der Kirche schrieb, die beste Lösung zu sein, daß Markgraf Leopold II. schön war.

Er war eher vorsichtig, manchmal wiederum erstaunlich mutig, er blieb letztlich seinen Prinzipien treu und konnte sich dennoch, vom Glück begünstigt, in seinem Amt erfolgreich behaupten. Als er, vermutlich schon einige Tage nach dem Tod seines Vaters, Markgraf wurde, begann gerade der offene Kampf, der berühmt-berüchtigte Investiturstreit zwischen Kirche und Staat, und jeder, der im Römisch-Deutschen Reich eine höhere Position inne hatte, müßte früher oder später dazu Stellung nehmen, wobei man die Seiten auch recht oft gewechselt hat.

Die Kirche wollte die Macht und die Herrlichkeit, die ihrer Lehre nach allein Gott zusteht. Die Gründe dafür waren mit der irdischen Realität eng verbunden, und sie waren zum überwiegenden Teil verständlich. Denn die hohen Geistlichen im Römisch-Deutschen Reich sind immer mehr zu Beamten des Hofes und des Staates geworden, der König und Kaiser ernannte sie nach seinem Gutdünken, band sie durch staatliche Pfründe und großzügige Geschenke an sich und machte sie zu den verläßlichsten Mitgliedern einer treuen Führungsschicht der weltlichen Macht. Auch das sogenannte Eigenkirchenwesen störte zunehmend den Heiligen Stuhl: Wenn ein weltlicher Herr ein Kloster stiftete oder eine Kirche erbauen ließ, hatte er damit auch die unbeschränkte Verfügungsgewalt für sich gesichert; er bestimmte allein, wer Abt oder Pfarrer werden durfte. Im Gebiet des Römisch-Deutschen Reichs – auch in der Mark Ostarrichi – gab es eine große Anzahl von Eigenkirchen, und immer mehr kirchliche Stellen wurden einfach an den meistbietenden, oft einflußreichen Adeligen verkauft. Die Kirche selbst, der Papst, hatte dabei kein Mitspracherecht.

Heinrich III. setzte seinen Willen im Bereich der Kirche unnachgiebig durch, er war in der Tat ein römischer Kaiser, der Rom vollkommen in seiner Gewalt hatte. Dabei kam es zu einer sonderbaren historischen Groteske, die für das Ansehen des Heiligen Stuhls nicht gerade förderlich war: Heinrich III. verbrauchte binnen acht Jahren sieben Päpste – Silvester III., Gregor VI., Benedikt IX., Clemens II., Damasus II., Leo IX. und Victor II. Doch durch die inneren Reformen, die zum Teil auch der Kaiser gefördert hatte, erstarkte die römisch-katholische Kirche nach und nach, und sie begann ihre untergeordnete, nicht selten beschämende Stellung und besonders die kirchlichen Zustände im Römisch-Deutschen Reich als unerträglich zu empfinden. Die überregionale, mit irdischen Gütern bereits reich ausgestattete Organisation des Christentums begnügte sich nicht mehr mit der bescheidenen Rolle einer weisen und sanften Helferin der weltlichen Autorität. Sie wollte sich, wie jede von Menschen getragene große Institution, wenn sie auch die erhabensten Ziele zu verwirklichen sucht, im Laufe der Zeit einen stets wachsenden Anteil an der Macht sichern.

Im Jahre 1054 – in Ostarrichi war noch Markgraf Adalbert im Amt – versetzte sich das Christentum zunächst in einem inneren Machtkampf einen schweren Schlag: Die Ostkirche und die Westkirche, der Patriarch von Konstantinopel und der Papst in Rom, trennten sich im wilden Haß für immer. Der Vorwand war ein liturgischer, und er war eher nichtig: Der Streit brach um den Gebrauch von gesäuertem Brot bei der Herstellung von Hostien in der byzantinischen, beziehungsweise von Oblaten in der römischen Kirche aus. Doch es ging um die Macht des Patriarchen und des Papstes, um die von beiden eisern beanspruchte Vorrangstellung in der Gesamtkirche. Der Konflikt durch die eine oder die andere Entscheidung Konstantinopels oder Roms über religiöse Fragen immer wieder angeheizt, hatte bereits jahrhundertelang geschwelt, es gab dabei wechselseitige Beschimpfungen und offene Auseinandersetzungen, nur von einem endgültigen Schlußstrich schreckte man noch zurück. Nun hatte aber Papst Leo IX. den Patriarchen Michael Kerullarios exkommuniziert, aus der christlichen Gemeinde gestoßen, seine Legaten, von ihm authorisierte Botschafter, legten seine Bulle feierlich auf dem Altar der großen Kirche Hagia Sophia in Konstantinopel nieder. Daraufhin exkommunizierte der Patriarch den Papst. Der Bruch war besiegelt. Eine Versöhnung kam bis zum heutigen Tag nicht zustande, wenn auch der Tonfall, in dem man ab und zu miteinander redet, gemäß der zweiten Hälfte unseres Jahrhunderts, höflich und liberal geworden ist. Eine Hoffnung, die angeblich von beiden Seiten als schmerzhaft empfundene Trennung in absehbarer Zukunft beseitigen zu können, besteht aber nach wie vor nicht.

Von Ostrom, einem Sündenbabel natürlich, befreit, konnte sich die immer selbstbewußter gewordene römisch-katholische Kirche voll auf das westliche Europa und vor allem auf das Römisch-Deutsche Reich konzentrieren. Die Zeit schien günstig zu sein. Der gefürchtete Kaiser Heinrich III. war tot, seine Witwe, Agnes von Poitou, verängstigt, ihr Sohn, der deutsche König Heinrich IV. noch ein Kind. In Rom übernahm, vorerst als graue Eminenz hinter dem Stuhl Petri, ein ehemaliger Mönch des Reformklosters Cluny, der im toskanischen Dorf Scana geborene Kardinal Hildebrand, der spätere Papst Gregor VII., eine der bedeutendsten Persönlichkeiten der gesamten Kirchengeschichte, die politische Führung. Der Angriff begann. Im Jahr 1059 verkündete Papst Nikolaus II. eine Neuordnung der Papstwahl, die, nun ausschließlich Sache der Kardinäle geworden, dem deutschen König keine legitime Möglichkeit mehr bot, das Oberhaupt der katholischen Kirche selbstherrlich zu ernennen. Am 22. April 1073 zum Papst gewählt, ging Gregor VII. mit vollem Einsatz daran, die Organisation der Kirche zu säubern, zu straffen und zur höchsten Macht der Welt zu erheben. In einem „Dictatus Papae" genannten internen Memorandum definierte er zunächst die Stellung des Heiligen Vaters neu; er verkündete, vorerst nur für geistliche Würdenträger, unter anderem: „Der Papst ist der einzige Mensch, dem alle Fürsten die Füße küssen. Sein Name ist einzig in der Welt. Er kann Kaiser absetzen. Sein Urteil darf von niemandem verändert werden, er kann aber die Urteile aller abändern."

Damit war seine Position klar umrissen. Die Kirche horchte auf. Die weltlichen Herren, falls sie von dem Memorandum durch gezielte Indiskretion erfahren hatten, nahmen sie, da sein Inhalt in der Tat mehr als verwunderlich war, nicht ernst. Auch das von Gregor VII. erlassene Gebot des Zölibats, das den Priestern die Ehelosigkeit zwingend vorschrieb, wurde als eine interne Angelegenheit der Kirche betrachtet. Das Verbot der Simonie, der Erwerbung geistlicher Ämter und Pfründe durch Kauf oder Bestechung, wirkte für die Oberschicht der europäischen Länder wohl als ein unnützes, zuweilen störendes Ärgernis. Das neue päpstliche Gesetz über die Laieninvestitur jedoch war eine offene Kampfansage an die weltlichen Herrscher, die Schaffung einer neuen Rangordnung, die den Staat hinter die nun anscheinend allmächtig werdende Administration des christlichen Glaubens auf die zweite Stelle zurückzudrängen drohte. Denn das Verbot der Laieninvestitur untersagte den Laien, den „Unbefugten", die nicht dem Stand der Geistlichkeit angehörten, also auch dem König, die Investitur, die „Einkleidung", das heißt, die Wahl oder Ernennung katholischer Würdenträger. Dies bedeutete aber, daß alle hohen Ämter in der Organisation der Kirche, die fast immer mit wichtigen politischen und sogar militärischen Positionen im Staat identisch waren, fortan ausschließlich von Rom bestimmt, kontrolliert und gelenkt werden sollten. Eine indirekte Weltregierung des Papstes zeichnete sich ab.

Mit einem Brief, datiert vom 8. Dezember 1075, eröffnete Gregor VII. den offenen Kampf: er rügte barsch den deutschen König Heinrich IV., weil er, ohne das Verbot der Laieninvestitur zur Kenntnis zu nehmen, einen Erzbischof für Mailand ernannt hatte. Der Papst verlangte vom König unbedingten Gehorsam und machte ihm obendrein wegen seiner sündhaften Lebensführung harte Vorwürfe. Heinrich IV. war damals fünfundzwanzig Jahre alt und er war erfolgreich; er hatte sich in den deutschen Ländern gegen mächtige und auch viel ältere Fürsten behauptet und die aufständischen Sachsen besiegt. Er nahm die Herausforderung an, und es scheint, daß er daran sogar seine Freude hatte; im schon berühmt gewordenen, unbeugsamen und kampflustigen Papst fand er einen würdigen Gegner. Er griff Gregor VII. unverzüglich und mit voller Wucht an: Auf einer Versammlung des deutschen Adels in Worms am 24. Januar 1076 erklärte er den Papst für abgesetzt. Gregor VII. antwortete bereits am 22. Februar mit dem Großen Bann, dem folgenschweren Ausschluß des Königs aus der christlichen Gemeinschaft. Auf die Wirkung des päpstlichen Schrittes war Heinrich IV. nicht vorbereitet. Die meisten deutschen Fürsten, die den jungen, hochfahrenden und oft unbesonnenen König ohnehin schon zu lästig fanden, wollten ihm nun, einem verdammten Herrscher, nicht länger dienen. Sie versammelten sich im Oktober 1076 in Tribur, in einer königlichen Pfalz in der Nähe des Rheins, und beschlossen, der König solle so lange nicht regieren, bis über seinen Fall auf einem Reichstag in Augsburg, unter dem Vorsitz des Papstes, das letzte Wort gesprochen sei. Heinrich IV. hatte plötzlich kaum Anhänger mehr, in einigen Teilen des Reichs brachen bereits Aufstände aus, er sah seine Krone schon verloren. Um sich zu retten, suchte er die Verständigung mit dem Papst: er bat um eine persönliche Unterredung. Gregor VII. lud ihn nach Canossa ein, in eine Burg, die, heute eine Ruine, auf einem hohen Felsen, etwa fünfundzwanzig Kilometer südlich der italienischen Stadt Reggio nell' Emilia lag. Sie war im Besitz der sagenumwobenen Markgräfin Mathilde von Tuscien (der späteren Toscana), die damals einunddreißig Jahre alt war und als eine der reizendsten, reichsten und mächtigsten Frauen Europas galt: Neben der Toskana gehörten ihr die Grafschaften Brescia, Modena, Mantua und Ferrara und noch zerstreut liegende große Güter in Ober- und Mittelitalien. Sie war sehr klug, gebildet und fromm, schwärmte für Gregor VII., was schon die Zeitgenossen veranlaßte, über die Beziehung der beiden unehrenhafte Gerüchte zu verbreiten, falsche vermutlich, denn Gregor VII. blieb seinen katholischen Grundsätzen sicherlich treu, nahm aber die großzügige finanzielle Hilfe und die Gastfreundschaft der sonderbaren Markgräfin gerne in Anspruch.

Heinrich IV. erschien und spielte, falls man dem Bericht des Papstes unbeschränkt Glauben schenken kann, erfolgreich Theater. Denn er harrte, im tiefen Winter, „drei Tage lang vor dem Tor der Burg nach Ablegung aller königlichen Tracht in erbarmungswürdigem Aufzuge, nämlich ohne Schuhe und mit Wollkleidern angetan" aus, was jedoch später von objektiven Historikern immer mehr bezweifelt wurde. Heinrich IV. hinterließ über seine Zerknirschung keine Aufzeichnungen. Das Warten vor dem Tor begann am 25. Januar 1077; der Papst ließ sich angeblich drei Tage Zeit, erst dann, weil seine barmherzige Umgebung ihn schon unablässig gedrängt habe, empfing er den gedemütigten König, der noch immer barfuß und „in härenem Gewand" vor ihn trat. Am 28. Januar wurde verhandelt und über die Unterwerfung Heinrichs IV. ein Dokument ausgestellt, das als Zeugen unter anderem auch die Markgräfin Mathilde von Tuscien und die Markgräfin Adelhaid von Turin, ebenfalls eine Verehrerin des Papstes, unterschrieben. Der junge

König, ob ohne Schuhe und in armseligen Wollkleidern oder nicht, taktierte gewiß, als er in allen Punkten gehorsam nachgab. Über Einzelheiten der Gespräche liegen keine Zeugnisse vor, doch am Ende der Begegnung gab sich der Papst, ein ehrenwerter Mann und ein schlechter Menschenkenner, glücklich und siegreich. Er berichtet: „So haben Wir, durch die Ausdauer seiner Zerknirschung und die dringende Fürbitte aller Anwesenden überwunden, ihn endlich unter Loslösung der Fessel des Großen Banns in die Gnade der Abendmahlgemeinschaft und in den Schoß der heiligen Mutter Kirche wieder aufgenommen, nachdem Wir von ihm Sicherheiten erhielten."

Canossa wurde zum Begriff, der Canossagang zum geflügelten Wort; doch die Lage änderte sich nicht. Die von Heinrich IV. angebotenen Sicherheiten waren wertlos. Bald wußte der Papst, daß der König ihn genarrt hatte. Heinrich IV. eilte nach Deutschland zurück, er war, vom Großen Bann befreit, wieder voll aktionsfähig, dachte aber nicht daran, die Bedingungen des Papstes zu erfüllen. Die deutschen Fürsten nahmen die Nachricht über die Versöhnung in Canossa nicht gerade erfreut zur Kenntnis. Sie hatten schon einen neuen, angenehmen König, den Herzog Rudolf von Schwaben, auf einem Fürstentag in Forchheim am 15. März 1077 zum Herrscher gewählt und am 26. März in Mainz gekrönt. Gregor VII. unterstützte ihn sofort, da er alle geforderten Vorrechte der Kirche folgsam anerkannte. Doch Heinrich IV. gab sich nicht geschlagen, und er hatte, vor allem unter den Bürgern der Städte, unter den kleinen, mittellosen Adeligen und unter den Bauern in Bayern, in Böhmen und in Kärnten Anhänger genug, um ein Heer aufzustellen und den Krieg um die Macht zu beginnen. Er verlor zwar zwei Schlachten, oder jedenfalls konnte er nicht gewinnen, aber in der dritten Schlacht bei Mörsen in der Nähe von Merseburg am 15. Oktober 1080 wurde der Gegenkönig Rudolf von Schwaben am Unterleib schwer verwundet und starb am nächsten Tag. Die Fürsten fielen um, sie bewunderten Heinrich IV., oder sie fürchteten sich vor ihm; er wurde wieder als deutscher König anerkannt, und er regierte. Papst Gregor VII., von dem wortbrüchigen König schwer enttäuscht, verhängte über ihn erneut den Großen Bann. Aber ein zweites Canossa gab es nicht mehr. Heinrich IV. fühlte sich stark genug, er ließ Gregor VII. von zwei Versammlungen deutscher Bischöfe in Mainz und in Brixen erneut für abgesetzt erklären und seinen früheren Kanzler Wibert, den Erzbischof von Ravenna, unter dem Namen Clemens III. zum Papst proklamieren. Im Sommer 1081 marschierte er nach Italien, verwüstete und plünderte die legendären Güter der Markgräfin Mathilde von Tuscien, dann zog er gegen

Rom, belagerte die Stadt ziemlich lang, eroberte sie im März 1084 und zum Osterfest war er, von seinem Papst, Clemens III. gekrönt, römischer Kaiser.

In den ersten turbulenten Jahren des Investiturstreits herrscht in der fast vergessenen Grenzmark Ostarrichi Ruhe. Der schöne Leopold II. bleibt zunächst, auch Jahre nach Canossa, gemäß der Tradition der Babenberger, dem für ihn rechtmäßigen König Heinrich IV. treu. An den Fürstentagen nimmt er nicht teil, aber auch an den Kriegszügen nicht, er versucht, eine Art unbewaffnete Neutralität zu üben, so zu tun, als würde er und seine Markgrafschaft gar nicht existieren. Es ist nicht leicht, denn er steht zunehmend unter Druck. Nicht von Seiten des vielbeschäftigten Königs, der sich um Leopold II. und um Ostarrichi in diesen Jahren gar nicht kümmert. Die Kirche ist gespalten, viele ihrer Würdenträger sind gegen den energischen Papst Gregor VII., gegen seine allzu strengen Reformen und auch gegen seinen in ihren Augen unchristlichen und vermessenen Machtanspruch. Doch die zwei mächtigen Bischöfe, die in der Mark Ostarrichi das Sagen haben, Gebhard von Salzburg, aber vor allem der große Altmann von Passau, der 1083 das Stift Göttweig gründet, stehen unerschütterlich zum Papst, und es wird Leopold II. immer schwieriger, die Mark gegen sie zu verwalten. Und auch in seinem eigenen Haus gibt es eine beharrliche Anhängerin von Gregor VII., seine Frau, die heiligmäßige Itha Formbach-Ratelnberg. Im Frühsommer 1081 faßt Markgraf Leopold II. den schwerwiegenden Entschluß: Er trennt sich von Heinrich IV. und geht in das Lager des Papstes über. Es ist alles andere als ein opportunistischer Schritt, denn Heinrich IV. hat gerade wieder einmal einen Höhepunkt seiner Macht erreicht, er ist im Volk der deutschen Länder populär, und er ist gefährlich. Der neue Gegenkönig hingegen, Hermann von Lützelsburg, ein kleiner Graf, eine Verlegenheitslösung der päpstlichen Partei, den Leopold II. nun notgedrungen als rechtmäßigen Herrscher anerkennt, ist eine glück- und bedeutungslose Figur, die im Reich nur von den Sachsen unterstützt wird. Im Sommer des Jahres 1081 – das genaue Datum wissen wir nicht – hält der Markgraf von Ostarrichi in Tulln eine Versammlung ab, sagt sich von König Heinrich IV. feierlich los und verspricht der Sache des Papstes Gregor VII. Hilfeleistung, notfalls auch mit Waffen. Heinrich IV. ist weit, er hält sich in Mailand auf, wo er gerade zum König der Lombardei gekrönt wird; aber er erfährt bald von der Versammlung in Tulln, die die Melker Annalen „eine Verschwörung des Bischofs Altmann, Markgraf Liutpold und andere Fürsten" nennen, und handelt unverzüglich: Er setzt Leopold II. ab und überträgt die Mark Ostarrichi einem seiner treuesten Vasallen, dem Böhmenherzog Wratislaw. Der Aufstieg der Babenberger scheint nach 105 Jahren mit einem jähen Sturz beendet zu sein. Doch der entlassene Markgraf beugt sich dem Befehl des Königs nicht. Als Wratislaw mit einem großen, bewaffneten Gefolge von Norden her in Ostarrichi einzieht, um sein Amt zu übernehmen, stellt sich ihm Leopold II. in den Weg. Am 12. Mai 1082 kam es bei Mailberg, südlich der Pulkau, zu einem Gefecht, zu einer eher größeren Rauferei auf einer größeren Wiese. Die Böhmen, auch von den Truppen des königstreuen Bischofs von Regensburg wirksam unterstützt, schlagen das kleine Heer Leopolds II., in dem nur einige seiner Getreuen, die Grafen von Ratelnberg, die Schwarzberg-Haderiche und die Kuenringer mit ihrer Hausmannschaft, vielleicht nicht einmal mit ganzen eintausend Kriegern mitkämpfen, in die Flucht. Leopold II. rettet sich in die Burg Gars am Kamp, die die Böhmen entweder nicht belagern oder nicht einnehmen können. Er regiert, im Grunde ein rätselhaftes Phänomen, neben Wratislaw, der sich in Ostarrichi nicht zurechtfinden und keine Anhänger gewinnen kann, zwei Jahre lang ungehindert weiter. Dann nähert sich aber, auf dem Weg von Rom nach Deutschland, der König und Kaiser Heinrich IV. mit seinem siegreichen Heer. Die Lage wird über Nacht gefährlich. Nun leistet Leopold II. keinen Widerstand mehr, er huldigt seinem Lehnsherren und bekommt, im Grunde auch ein rätselhaftes, glücklich-österreichisches Phänomen, sein Markgrafenamt anstandslos zurück. Herzog Wratislaw entschädigt Heinrich IV. mit dem böhmischen Königstitel, den er nur seiner Person, nicht aber seinen Nachkommen und dem Herzogtum Böhmen verleiht.

Heinrich IV. zieht rasch, ohne Schäden anzurichten, durch die Grenzgrafschaft Ostarrichi; er ist im Deutschen Reich und dann wieder in Italien mit Verschwörungen und Aufständen, mit Gegenkönigen und Gegenbischöfen mehr als ausreichend beschäftigt: Allein die physische Leistung, die er auf zahlreichen Tagungen, geheimen Besprechungen, auf Gewaltmärschen und in Gefechten, an voneinander weit entfernten Punkten Europas vollbringt, grenzt an ein Wunder. In der Schlacht von Würzburg am 11. August 1085 kann er den Gegenkönig Hermann von Lützelburg nicht besiegen; dennoch erklärt ihn die Mehrheit der deutschen Bischöfe auf einer Synode in Mainz zum rechtmäßigen König. Graf Hermann von Lützelburg hat inzwischen von seiner umstrittenen Königswürde und von den Schwierigkeiten, die sie ihm gebracht hatten, anscheinend genug; er tritt feierlich zurück. Der große Gegner Heinrichs IV., Papst Gregor VII., stirbt am 25. Mai 1085 in seinem süditalienischen Exil in Salerno. Der neue Papst der gregorianischen Partei,

Viktor III., der frühere Abt von Monte Cassino, kann gegen Heinrich IV. nichts ausrichten, denn der Papst des Königs und Kaisers, Clemens III. sitzt in Rom fest auf dem Stuhl Petri. Auch die Diözesen Passau und Salzburg werden nun von königstreuen Bischöfen, von Thiemo und von Berthold regiert. Markgraf Leopold II. steht nicht mehr unter gregorianischem Druck, doch er gewährt dem aus Passau verjagten Bischof Altmann in Ostarrichi, in Zeiselmauer, Asyl, überläßt auf seine Bitte das feste Haus der Babenberger in Melk den Benediktinern und residiert fortan in der Burg von Gars, richtet aber auch ein Verwaltungszentrum in der damals größten Stadt der Mark, in *Villa Tullna,* in Tulln ein.

Heinrich IV. bekämpft schon einen neuen Gegenkönig, Eckbert von Meißen, verliert wieder einige Schlachten, da hilft ihm, angeblich ungebeten, ein Meuchelmörder, der im Laufe einer Familienfehde im Haus Meißen Eckbert beseitigt. Leopold II. nützte das Chaos im Römisch-Deutschen Reich geschickt, baut seine Beziehungen zur Kirche, ob auf der Seite des römischen Papstes Clemens III. oder des in Monte Cassino unter dem Schutz der Normannen agierenden Viktor III. fleißig aus und erwirbt dabei auch ansehnliche Güter. Ein Zeitgenosse, der Chronist Berthold von Sankt Blasien, nennt ihn bereits einen „sehr reichen" Mann und einen „der getreuesten Anhänger in der Sache des heiligen Petrus", mochte diese Sache rechtmäßig in Rom oder in Monte Cassino vertreten sein oder nicht - da gibt sich Berthold von Sankt Blasien sehr diplomatisch.

In der Mark Ostarrichi herrscht fortan Ruhe. Heinrich IV. kämpft wieder in Italien, sucht die für ihn anscheinend auch unvergeßliche Gräfin Mathilde von Tuscien erneut heim, läßt plündern und brandschatzen, zieht sich aber, als in der Lombardei ein Aufstand gegen ihn ausbricht, plötzlich entmutigt, schon müde und vielleicht auch krank, östlich der Etsch zurück. Zwischen ihm und seinem wieder treu gewordenen Lehnsmann Leopold II. gibt es keine nachweisbare Verbindung mehr. Als der Markgraf am 12. Oktober 1095 in der Burg Gars am Kamp stirbt, sitzt der König und Kaiser noch immer untätig in Italien. Über die näheren Umstände des Todes von Leopold II. (Alter, Todesursache,usw.) berichten die klösterlichen Annalen und Chroniken nicht. Auch sein Grab, das man in der Burgkapelle von Gars vermutet, bleibt bis heute unbekannt.

Markgraf Leopold III. – Ein Verrat zahlt sich aus: Auf Umwegen in den Himmel

Der stattliche alte Mann strahlt fürstliche Würde und christliche Demut aus. Er hat meist einen langen weißen oder grauen Bart, trägt einen hell leuchtenden blauen Mantel, manchmal auch königlichen Purpur mit edlem Pelzwerk reich besetzt, den prunkvollen österreichischen Erzherzogshut oder gar eine Krone. Seltener erscheint er hoch zu Roß – das Pferd ist immer weiß – in voller Panzerung, aber stets mit offenem Visier. In der Hand hält er eine mit goldenen Adlern oder Lerchen bestickte blaue Fahne, ein Kirchenmodell oder das Schwert. Die zahlreichen Bilder, von unbekannten Künstlern und von namhaften Meistern, darunter von Rueland Frueauf, Lucas Cranach dem Älteren, Pietro de Pompis, Martin Altomonte, Paul Troger, Franz Anton Maulpertsch oder dem Kremser Schmidt gemalt, unterscheiden sich zwar in den Details, sind einander aber, was Wesen und Aussage der Werke betrifft, ähnlich: Sie schildern eine erhabene, kraftvolle Gestalt, einen selbstbewußten Herrscher, der seinen verklärten Blick gegen den Himmel richtet, wenn er nicht bereits in der anmutigen Gesellschaft minderjähriger Engeln über den Wolken schwebt. Seine ebenmäßigen Züge, mild, aber nicht weich, mit der überirdischen Strenge des Gerechten durchsetzt, von der Inbrunst eines unbedingten Glaubens erleuchtet, sind das Ergebnis einer jahrhundertelangen Typisierung. Ein authentisches, zeitgenössisches Porträt von dem angeblich größten Babenberger, von der heimischen Geschichtsschreibung mit Sonderstatus ausgestatteten und zweifellos auch überbewerteten Markgrafen Leopold III., dem Heiligen, gibt es nicht. Sein oft wunderschönes Klischeebild, das manchmal an den vorweihnachtlichen Nikolo erinnert, macht aus ihm bewußt eine fromme Märchenfigur, die, von himmlischen Kräften gelenkt, nur Gutes getan und – dafür sprechen die fürstlichen Attribute – aus einer kleinen Grenzmark das Land Österreich geschaffen hat. Was der historischen Wahrheit zwar nahekommt, ihr aber keineswegs vollständig entspricht.

Leopold III. war, als er im Spätherbst des Jahres 1095 das Erbe seines Vaters, Leopold II., antrat, wahrscheinlich erst neunzehn Jahre alt. Er kam vermutlich um das Jahr 1076 in der Burg von Gars auf die Welt. Schriftlich gesicherte Daten über den Tag, den Monat, das Jahr und den

Ort seiner Geburt stehen uns nicht zur Verfügung, man kann jedoch an Hand verschiedener späterer Aufzeichnungen annähernd verläßliche Feststellungen treffen. Auch über die Umstände seiner Amtsübernahme nach dem Tod seines Vaters gibt es keine Nachricht in den klösterlichen Annalen und Chroniken, was aber darauf hindeutet, daß sich der Wechsel, als Gewohnheitsrecht anerkannt, problemlos vollzog. Der deutsche König und römische Kaiser Heinrich IV., damals fünfundvierzig Jahre alt, saß noch immer in Italien und hatte anscheinend gegen die Nachfolge in der Mark Ostarrichi keine Einwände erhoben. Er kehrte um 1097 nach Deutschland zurück, und im Jahr 1099 traf er das erste Mal Leopold III. in Regensburg, wo der Markgraf dem Kaiser in Anwesenheit des Bischofs von Passau Urkunden über eine Schenkung an das Stift Göttweig und über die Rückerstattung eines, von seiner Familie angeblich unrechtmäßig erworbenen Besitzes an das Kloster Kremsmünster aushändigte.

Die Amtszeit des jungen Markgrafen Leopold III. begann mit einer für die damalige Zeit geradezu sensationellen Überraschung: Er gab der Kirche Wälder, Felder und Gebäude feierlich zurück, die die Babenberger im Laufe der Zeit unter nicht geklärten oder umstrittenen Umständen von Bistümern, Stiften und Klöstern erworben hatten. Wie weit dabei sein später legendär gewordener Sinn für Gerechtigkeit oder die taktische Überlegung eines besonnenen Politikers eine entscheidende Rolle spielte, weiß man nicht. Doch man kann seine betont freundliche Haltung der Kirche – dem einzigen, wirklich einflußreichen und daher auch gefährlichen Machtfaktor innerhalb der Mark – gegenüber als durchgehende Linie seines gesamten politischen Konzepts klar erkennen. Er lebte mit der irdischen Verwaltung des Himmels in ungestörtem Frieden, genoß stets ihre Unterstützung; sein guter Ruf, ein besonders frommer und mildtätiger Markgraf zu sein, wurde von den kirchlichen Stellen nachhaltig verbreitet und gepflegt.

Leopold III. verzichtete nicht nur auf Güter aus seinem eigenen Besitz zugunsten der Kirche, er beschenkte auch immer wieder kirchliche Institutionen, unter anderem die Klöster der Benediktiner in Melk und in Garsten, aber auch Stifte außerhalb der Grenzen von Ostarrichi, wie Berchtesgaden, Aldersbach, Ensdorf und Bamberg im Herzogtum Bayern, und er übertrug in manchen Gebieten die ihm zustehende Steuer (Zehent) auf die Bischöfe von Passau oder Salzburg, so in den Dörfern Weitersfeld, Pulkau, Mistelbach, Hollabrunn, Oberleis, Gars, Alt-Pölla und Alland. Er gründete im Jahr 1133 das Stift Heiligenkreuz, das mit Zisterzienser-Mönchen besiedelt wurde, und drei Jahre später das Kloster Klein-Mariazell im Wienerwald. Der mit 1136 datierte Stiftungsbrief von Heiligenkreuz ist eine etwa um 1236 entstandene fromme Fälschung, der von Klein-Mariazell wird von der Geschichtsschreibung allgemein als echt anerkannt.

Das Stift Klosterneuburg bedachte Leopold III. bereits im Jahr 1113 mit fruchtbarem Ackerland und Weinbergen, die am Tullnerfeld und rund um den Bisamberg lagen. Ein Jahr später, am 12. Juni 1114 erfolgte, in Anwesenheit hoher kirchlicher und weltlicher Würdenträger, die Grundsteinlegung zur neuen Stiftskirche, zur Basilika von Klosterneuburg. Nach einer Bauzeit von zweiunddreißig Jahren wurde sie, die größte und schönste Kirche in der Mark Ostarrichi, am 29. September 1136 geweiht.

Gegründet hat das Stift Klosterneuburg Leopold III., der Heilige, jedoch – wie dies noch heute oft irrtümlich geglaubt wird – nicht. Die schöne Legende, wonach er die ihm zugeschriebene fromme Tat dort beschlossen und ausgeführt haben wo er den verlorenen Schleier seiner Frau Agnes nach neun Jahren auf einem Hollunderstrauch wiedergefunden hätte, stammt aus einer späteren Zeit, aus der zweiten Hälfte des 14. Jahrhunderts; sie taucht das erste Mal in einer Klosterneuburger Handschrift, die sich mit der Geschichte des mildtätigen Markgrafen befaßt, in lateinischer Sprache auf. Es handelt sich um eine sogenannte Wanderlegende, die in leicht abgewandelter Form, (verlorener und wiedergefundener Ring, beziehungsweise Kopfschmuck) die Gründungsgeschichten mehrerer Klöster im deutschen Sprachraum begleitet.

Das Stift Klosterneuburg wurde vermutlich um das Jahr 1080, noch in der Amtszeit des Markgrafen Leopold II. erbaut. Der Name Neuburg war schon seit längerer Zeit im Gebrauch, er bezeichnete, im Gegensatz zu der alten Burg, einem ehemaligen römischen Kastell, den befestigten Wohnsitz eines Grafen Walter von Chling, der zu dieser Zeit als Besitzer der Siedlung urkundlich erwähnt wird. Die näheren Umstände der vielleicht von Herrn Chling erfolgten Gründung eines bescheidenen Hauses für Mönche blieben jedoch bis heute unbekannt.

Sicher ist hingegen, daß Leopold III. seinen Sitz um das Jahr 1113 von Gars am Kamp nach Neuburg verlegte, nicht aber, wie noch im vorigen Jahrhundert fest geglaubt wurde, auf den „kahlen Berg", auf den heutigen Leopoldsberg, sondern in den Gebäudekomplex des von ihm erweiterten und verschönerten Stiftes, wo er sich ein recht repräsentatives, festes Haus errichten ließ. Die Wahl der neuen Residenz hatten sowohl die Nähe der aufstrebenden Handels-und Handwerkerstadt Wien, als auch das Vorhandensein eines alten, gefahrlosen Donauüberganges und vielleicht sogar auch ästhetische Gründe, die anmutige Schönheit der Gegend, beeinflußt, wobei rein strategische Überlegungen kaum mehr berücksichtigt werden mußten. Leopold III. führte keinen Krieg, er hatte, obwohl er als besonders fromm dargestellt wird, auch den Aufruf des Papstes Urban II. im November 1095 zum ersten Kreuzzug geflissentlich überhört. Mit den Nachbarn im Norden, Osten und Süden war die Markgrafschaft Ostarrichi bereits durch mannigfaltige Verwandtschaftsbeziehungen friedlich verbunden. Schon Leopold II. verheiratete seine Töchter nach politisch-strategischen Gesichtspunkten: Gerberga mit Herzog Bořiwoj von Böhmen, Ida mit Liutpold von Mähren, Elisabeth mit dem Markgrafen Otakar II. von der Steiermark und Sophie mit Herzog Heinrich von Kärnten. Eine Tochter Leopolds III., Gertrud, wurde mit dem König von Böhmen, Wladislaw getraut; sein Sohn, Leopold IV., nahm Maria, eine Tochter des Böhmenkönigs, zur Frau, Tochter Agnes feierte mit Herzog Wladislaw von Polen und Schlesien Hochzeit, Bruder Adalbert hielt erfolgreich um die Hand der Schwester des Ungarnkönigs Béla II., Zsófia an, und Nichte Agnes heiratete Stephan III., den König von Ungarn, dem damals auch ganz Kroatien und ein Teil Dalmatiens angehörten.

Gezielte Friedenspolitik mittels Ehebetts zu betreiben, war nicht, wie dies das noch heute gängige Klischee „Tu felix Austria nube" jahrhundertelang glaubhaft machen konnte, eine Erfindung des Hauses Habsburg. Schon die Babenberger leisteten auf diesem Gebiet wirksame Arbeit, wenn auch ihre politischen Ehen, im Gegensatz zu den Habsburgern, die mit dem Ja fürs Leben oft auf ein bis dahin fremdes Land Anspruch erhoben, meist defensiven Charakter hatten: Sie dienten vornehmlich der militärischen und wirtschaftlichen Absicherung der bereits gewonnenen Position. Das berühmte Distichon übrigens, das die friedliche Heiratspolitik des Hauses Habsburg rühmt, stammt von einem Unbekannten aus dem 15. Jahrhundert. Der lateinische Text lautet:

Bella gerent alii, tu felix Austria nube! Nam quae Mars aliis, dat tibi regna Venus!

Zu deutsch:

Kriegführen lasse die anderen, du heirate, glückliches Österreich. Wie anderen Gott Mars, so schenkt dir Königreiche Venus.

Markgraf Leopold III. heiratete bereits als junger Mann, doch nicht die schleiertragende Agnes, sondern eine vermutlich aus dem heimischen Adel stammende Frau, die, dank der Sorgfalt der Mönche, unbekannt geblieben ist. Ihr Name wurde aus den Annalen und Chroniken nachträglich getilgt, in der Klosterneuburger Handschrift „-chronicon pii marchionis" sogar recht oberflächlich weggekratzt, wahrscheinlich aus dem Grund, ein Heiliger sollte nicht zweimal verheiratet gewesen sein. Nicht auszutilgen, wenn auch merklich zurückgesetzt, waren die zwei Söhne aus der ersten Ehe, Adalbert und Friedrich, die als Nachfolger des frommen Markgrafen von vornherein nicht in Frage kamen. Die Trauung erfolgte, wenn man das Alter der beiden Söhne beachtet, etwa um das Jahr 1093/94, die verschwiegene Gattin mußte aus einer reichen Familie gestammt haben, denn Leopold war anscheinend erst nach seiner Hochzeit in der Lage, der Kirche Güter im großen Ausmaß zu verschenken und als einer der reichsten Männer der Mark aufzutreten.

Seine zweite Ehe, die den Aufstieg des Hauses der Babenberger entschieden gefördert hatte, schloß Leopold III. als Folge eines gewagten, in moralischer Hinsicht allerdings keineswegs makellosen politischen Schritts. Von seiner Machtübernahme an gelang es dem jungen Markgrafen fast zehn Jahre lang, sich selbst und Ostarrichi aus den Wirren des mit unverminderter Schärfe geführten Investiturstreits, dem Kampf zwischen Kaisertum und Papsttum, herauszuhalten, wobei er das taktische Kunststück zuwege brachte, dem König und Kaiser Heinrich IV. die Treue zu halten, aber auch das Wohlwollen und die Anerkennung des jeweiligen Papstes, ob Urban II. oder Paschalis II., für sich zu sichern. In der Mark herrschte Ruhe, Land und Städte entwickelten sich unter der friedlichen und korrekten Amtsführung von Leopold III. störungsfrei, die zeitgenössichen Berichte sprechen von Glück und Wohlstand. Doch im gesamten Römisch-Deutschen Reich hörten die Wirren nicht auf, die Lage spitzte sich immer mehr zu. Der einst erfolgreiche und unwiderstehliche Heinrich IV. hatte nicht nur mit der päpstlich gesinnten Partei der Kirche und mit machthungrigen und widerspenstigen deutschen Fürsten zu tun, er wurde nun auch mit dem bitteren Problem eines Generationskonflikts im eigenen Haus konfrontiert. Zuerst rebellierte mit Hilfe des italienischen Adels sein ältester Sohn, Konrad, gegen ihn; nur mit knapper Not erreichte Heinrich IV., daß der Aufstand auf die Lombardei beschränkt blieb. Er schloß Konrad von der Thronfolge aus und ließ seinen zweitältesten Sohn, den damals erst zwölf Jahre alten Heinrich V. zum römischen König wählen, was eine Vorstufe zum deutschen Königs- und römischen Kaisertitel bedeutete. Doch kaum sechs Jahre später stellte sich auch Heinrich V., von einigen deutschen Fürsten unterstützt, gegen seinen Vater. Der Aufstand, mitten im Reich, griff rasch um sich. Heinrich IV., der es früher stets verstanden hatte binnen kürzester Zeit eine große Schar von bewaffneten Anhängern zu gewinnen und die Oberhand zu behalten, war nicht mehr populär, er war zu einem alten, verhaßten Herrscher geworden, der noch immer mit unbeugsamer Härte zu regieren versuchte, was einfach nicht mehr ging, und er war nicht bereit, der römischen Kirche auch die kleinste Konzession zu machen. Papst Paschalis II. belegte ihn erneut mit dem Großen Bann, Sohn Heinrich V. sammelte ein Heer gegen ihn, die deutschen Fürsten verlangten seine Abdankung, was der vergrämte Kaiser brüsk zurückwies.

Markgraf Leopold III. stand nach wie vor auf der Seite des in die Enge getriebenen Heinrichs IV. Einem gewählten und gekrönten deutschen König und römischen Kaiser auch in der Not beizustehen, war ja eine nur einmal kurzfristig gebrochene Tradition des Hauses Babenberger. Wahrscheinlich hat auch das schlechte Beispiel seines Vaters, Leopolds II., der von Heinrich IV. vorübergehend abfiel und sein Markgrafenamt verlor, den vorsichtig taktierenden Leopold III. dazu bewogen, den alten Kaiser nicht zu verlassen. Bis er es dann doch vorteilhaft genug fand, ihn zu verraten. In einer nebligen Herbstnacht des Jahres 1105 vollzog der bis dahin treue Markgraf den entscheidenden Frontwechsel seines Lebens und rettete damit die Zukunft seiner Dynastie.

Der junge Heinrich V. marschierte mit bewaffneten Kräften gegen seinen Vater. Seine Armee, dem Reichsheer des Königs und Kaisers keineswegs überlegen, stellte sich am Fluß Regen in der Oberpfalz zum Kampf. Im Gefolge von Heinrich IV. befand sich mit einem starken österreichischen Kontingent pflichtgemäß auch sein Lehnsmann Leopold III. Doch nach geheimen Vorbesprechungen mit dem rebellischen Sohn Heinrich V. verließ der Markgraf von Ostarrichi am Vorabend der Entscheidungsschlacht gemeinsam mit den Truppen seines Schwagers, des Böhmenherzogs Bořiwoj, das Lager von Heirich IV. und ging zum Gegner über; die Stellungen des restlichen Reichsheeres wurden dadurch völlig entblößt. Es kam zu keiner Schlacht, Heinrich IV. ergriff die Flucht, wurde aber bald eingeholt, gefangen gesetzt und mußte am 31. Dezember 1105 in Ingelheim zugunsten seines Sohnes abdanken. Er starb am 7. August 1106 im Alter von sechsundfünfzig Jahren in Lüttich. Markgraf Leopold III. bekam für den „unmenschlichen und unerhörten Verrat", wie auch der Geschichtsschreiber Otto von Freising berichtet, die versprochene Belohnung: Agnes, die Schwester des siegreichen neuen Königs Heinrich V., Witwe des Schwabenherzogs Friedrich von Staufen.

Der „unmenschliche und unerhörte Verrat" war gewiß keine besonders noble, eines später heilig gesprochenen Markgrafen würdige Handlung, es war schlicht und einfach ein Akt der politischen Vernunft, wobei auch die betont religiöse Geisteshaltung des frommen und mildtätigen Leopold III. eine Rolle gespielt haben könnte. Denn der rechtmäßig regierende König und Kaiser Heinrich IV. verrannte sich bereits hoffnungslos in den Investiturstreit, der Krieg zwischen der kaiserlichen und der päpstlichen Partei wurde zu einem Dauerzustand, weite Gebiete der deutschen Länder und der italienischen Provinzen litten darunter. Der junge Heinrich V. hingegen versprach, dem Konflikt mit Rom und dem Blutvergießen ein rasches Ende zu bereiten. Papst Paschalis II., das hieß, die heilige Kirche und letztlich Gott im Himmel, entband im Interesse des Friedens und der Einheit des Christentums alle Lehnsmänner, die gegen den alten Kaiser die Waffen zu erheben bereit waren, von ihrem Eid. Dies hat den folgenschweren, aber zweifellos auch gewinnträchtigen Entschluß Leopolds III. sicherlich erleichtert.

Der Lohn der Tat war in jeder Hinsicht prachtvoll. Die Ehe mit der Königsschwester und Herzogenwitwe Agnes erwies sich als eine hervorragende politische und finanzielle Investition, sie erhob den Markgrafen in den höchsten Kreis des römisch-deutschen Herrscherhauses und brachte ihm, da seine Frau eine der reichsten deutschen Damen war, auch ein beachtliches Vermögen. Aber es war auch eine sehr, sehr glückliche und harmonische Verbindung, die immerhin dreißig Jahre lang währte und der achtzehn Kinder, acht Söhne und zehn Töchter entstammten. Die offiziöse, damals noch ausschließlich kirchliche Geschichtsschreibung hat den urspünglichen Anlaß der beispielhaft guten Ehe, das heimliche Manöver am Fluß Regen vor der Entscheidungsschlacht zwischen dem Vater Heinrich IV. und dem Sohn, Heinrich V., freilich rasch verdrängt. Schon 1170 stand in den Klosterneuburger Annalen: „Zum Lohn soviel kirchlicher Gesinnung hat Gott für den Markgrafen eine Frau vorgesehen, ihm gleich an Frömmigkeit und Tugend, aus königlichem Geschlecht, Agnes, die Tochter des Kaisers Heinrich des IV".

Sie war vierunddreißig Jahre alt und seit einem Jahr Witwe, als sie den etwa dreißig Jahre alten Leopold III. geheiratet hatte, und sie muß eine hervorragende Persönlichkeit gewesen sein, anmutig, gebildet und selbstbewußt, die erste wirklich großartige Frauengestalt in der Geschichte Österreichs, die in der mündlichen und schriftlichen Überlieferung bald als kluge und gütige Landesmutter erschien. Zahlreiche Urkunden beweisen, daß sie tatsächlich mitregiert, an den Entscheidungen des Markgrafen wesentlichen Anteil hatte, ebenso, wie auch am Bau des Stiftes Klosterneuburg und an dessen künstlerisch besonders wertvollen und recht kostspieligen Ausgestaltung. Nach dem Tod Leopolds III. führte Agnes eine Zeitlang selbständig die Geschäfte in der Mark; sie starb, hochgeehrt, am 24. September 1143, im Alter von siebzig Jahren.

Seit Leopold III. Agnes, die aus den höchsten Kreisen des Reiches kam, an seiner Seite hatte (und auch ihr beträchtliches Vermögen besaß), wandelte sich seine Amtsführung zum Regierungsstil. Der tatsächlich allseits geschätzte und beliebte Markgraf und seine Frau brachten Österreich auf dem Weg der Eigenstaatlichkeit einen bedeutenden Schritt weiter; sie führten die einstige „Gegend Ostarrichi" in einen zwar formalrechtlich noch nicht fest umrissenen Zwischenbereich einer Landeshoheit (keine Grenzmark mehr, aber auch noch kein offiziell anerkanntes Herzogtum), in den geopolitischen Zustand des *Territorium Austria*, das schon markante Grundzüge eines teilweise unabhängigen Staatswesens und in politischer, wirtschaftlicher und kultureller Hinsicht eine spezifisch österreichische Substanz aufwies. Der Markgraf hatte bereits einen Hofstaat, wie ihn im Römisch-Deutschen Reich nur ein Herzog hatte, mit einem Hofmarschall, einem Truchseß und einem Kämmerer, mit Ministerialen, die schon als eine Art Ressortchefs der Hofhaltung vorstanden und auch politische und verwaltungstechnische Aufgaben zu erledigen hatten. In der Gozzoburg in Krems wurde um das Jahr 1130 eine landesfürstliche Münzstätte errichtet, in der das erste Mal Geld, der Kremser Pfennig, für das *Territorium Austria*, das Land Österreich, geprägt worden war. Im Jahr 1136, im Stiftungsbrief des Klosters Klein-Mariazell im Wienerwald, spricht der Markgraf von seinem *principatus terrae*, was soviel wie fürstliche Herrschaft über das Land bedeutet. Der Begriff *ius illius terrae*, das Landrecht, taucht in einer im Stift Göttweig verfaßten Lebensbeschreibung des Bischofs Altmann auf; Leopold nennt sich nun auch *dominus terrae*, Landesherr, und auch nicht mehr *orientalis marchio*, Markgraf der östlichen Gegend, sondern *marchio Austriae*, Markgraf von Österreich, und er benimmt sich wie ein Landesfürst: Er hält sich oft in den politischen Zentren des Römisch-Deutschen Reiches auf und wird als Ratgeber besonders geschätzt. Er drängt stets auf gerechte Lösungen, auf Ausgleich und Kompromiß. Zwischen den selbstherrlichen deutschen Fürsten und dem am 13. April 1111 zum römischen Kaiser gekrönten Heinrich V. vermittelt er meist mit Erfolg. Im Investiturstreit, der trotz des Versprechens des jungen Kaisers, ihn so bald wie möglich zu beenden, noch jahrelang weitergeführt wird, nimmt Leopold III. nach wie vor eine neutrale Stellung ein; er verlegt sich auf die stille Diplomatie und versucht, die erbittert kämpfenden Parteien zu einem klärenden Gespräch zu bewegen. Doch das deutsche Reichsheer marschiert wieder einmal nach Rom und verjagt Papst Paschalis II., der Heinrich V. schon früher, auf der Synode in Vienne in Frankreich mit dem Großen Bann belegen ließ. Der Papst stirbt am 21. Januar 1118, der Kaiser ernennt den früheren Erzbischof von Braga in Portugal, Mauritius Burdinus, von Paschalis II. aus der Kirche ausgestoßen, zu seinem Nachfolger, der unter dem Namen Gregor VIII. den Stuhl Petri besteigt. Der Gegenpapst heißt Gelasius II., er schleudert seine Bannflüche aus seinem Exil in Gaeta. Auch in den deutschen Ländern wird noch gekämpft, bis am 23. September 1222 das Wormser Konkordat, an dessen Ausarbeitung auch Leopold III. mitgewirkt hat, mit der Kompromißlösung der doppelten Investitur, die dem Staat und der römischen Kirche die gleichen Rechte einräumt, den lang ersehnten Frieden zwischen Kaisertum und Papsttum endlich herstellt.

Als der deutsche König und römische Kaiser Heinrich V. am 23. Mai 1125 im Alter von erst vierunddreißig Jahren in Utrecht starb, suchte der des ewigen Krieges müde gewordene deutsche Hochadel einen besonnenen und wohlhabenden Herrscher und bot die Krone dem inoffiziell bereits als Landesfürst geltenden Markgrafen von Österreich an. Leopold III. lehnte – zu dieser Zeit ein äußerst seltener Vorgang – dankend ab. Er berief sich auf sein hohes Alter (er war gerade fünfzig) und auf seine vielen Kinder, die nach dem Tod sicherlich um die Macht kämpfen und das Reich ins Unglück stürzen würden. Gewählt wurde dann der fünfundsechzig Jahre alte, wohl reiche, aber auch streitsüchtige Lothar II., Graf von Supplinburg, der in seiner Regierungszeit, bis zu seinem Tod am 4. Dezember 1137 auf der Rückreise von einem Kriegszug in einer Alpenhütte in der Nähe von Reutte in Tirol, vornehmlich mit großangelegten Familienfehden und Eroberungskriegen beschäftigt war.

Leopold III. kam auch mit dem recht schwierigen Lothar II. gut aus, obwohl er seine kriegerischen Unternehmungen nicht mitmachte und in den Familienfehden, in denen es ausschließlich um Besitzansprüche ging, keine Partei nahm. Der fromme, mildtätige, aber auch politisch bestens taktierende Markgraf regierte das Land Österreich einundvierzig Jahre lang; er regierte anscheinend gekonnt und gerecht; die klösterlichen Chroniken und Annalen, aber auch die späteren historischen Analysen sprechen einstimmig von einem goldenen Zeitalter. Über die Spannungen in seiner großen Familie (Agnes brachte auch Kinder aus ihrer ersten Ehe mit), gibt es nur vage Andeutungen, unter anderem im Trostbrief des Papstes Innozenz II. an die Witwe des Markgrafen unmittelbar nach dessen Tod.

Leopold III., der Heilige, starb am 15. November 1136 im Alter von etwa sechzig Jahren an den Folgen eines eher mysteriösen Jagdunfalls, den die zeitgenössichen Chroniken und klösterlichen Annalen mit verdächtigem Schweigen übergehen. Nur die Annalen des Klosters St. Peter in Erfurt, die damals im gesamten Reich als besonders verläßliche Quelle gegolten hatten, erwähnen den Fall in einer recht deutlichen Form: Markgraf Liutpold sei auf der Jagd erschlagen worden. Papst Innozenz II. erteilte ihm nachträglich „aus apostolischer Autorität" die Absolution, was auch für ein rasches, gewaltsames Ende spricht. Der Leichnam des Markgrafen wurde in Klosterneuburg bestattet, sein Skelett bereits im Jahr 1936 wissenschaftlich untersucht: Der hochgewachsene, etwa 180 cm große Mann war von einem Speer mitten ins Gesicht getroffen worden, der den Unterkiefer zertrümmerte; bei dem damaligen Stand der medizinischen Kunst gewiß eine tödliche Verletzung. Wer der Mörder war oder sein könnte, darüber gibt es nicht den geringsten Hinweis. Theorien, die einige der Söhne, die schon an die Macht gelangen wollten, vor allem Adalbert oder Friedrich aus der ersten Ehe verdächtigen, sind allzu gewagte Spekulationen, die durch nichts untermauert und daher auch nicht glaubhaft gemacht werden können. Vielleicht war es doch ein Jagdunfall, für einen Heiligen, der nicht als Märtyrer für seinen Glauben starb, gewiß ein schöneres Ende als der gewaltsame Tod durch eine möglicherweise gar nicht so fremde Hand.

Eine besondere Verehrung des frommen und mildtätigen Markgrafen, der für das werdende Land Österreich eine lange Periode der friedlichen Entwicklung gestaltet hatte, setzte nach seinem Tod, von Klosterneuburg fleißig gesteuert, mit einer kurzen Verzögerung von etwa fünfzig Jahren allmählich ein. Sein unmittelbarer Nachfolger, vielleicht Teilnehmer an der ominösen Jagd, wollte ihm anscheinend keine übergeordnete Stellung unter den Vorfahren der Familie zubilligen, oder es brauchte eben eine Weile, bis man sich zur Überzeugung durchrang, Leopold III. wäre ein vom Himmel außerordentlich begünstigter großer Staatsmann, volksnah, fromm, gütig und gerecht gewesen. Um das Jahr 1194 wurde sein Grab im damaligen Kapitelsaal des Stiftes Tag und Nacht beleuchtet. Anfang des 14. Jahrhunderts begann der recht tatkräftige Probst Stephan von Sierndorf – nicht zuletzt, um das Ansehen des Stiftes Klosterneuburg zu erhöhen – es über alle anderen Stifte und Klöster Österreichs zu stellen, mit einer planmäßig ausgearbeiteten Förderung des Leopoldkultes. Ein Altar wurde errichtet, ab dem Jahr 1323 ein Verzeichnis der Wunder, die sich an seinem Grab ereignet haben sollen, geführt, an seinem Todestag ein Fest gefeiert, Arme und Bedürftige mit Brot, Wein, Fleisch, Kleidung und auch Geld beschenkt. Die ersten Wallfahrten vom nahen Wien und aus den Dörfern der Umgebung formierten sich, der verstorbene Markgraf galt bereits als heiligmäßig, an seinem Grab im inzwischen in eine Kapelle umgewandelten Kapitelsaal wurde gegen entsprechendes Honorar Ablaß erteilt.

Doch die Chorherren von Klosterneuburg, die ihren Schatz Leopold III. mit beispielhaftem Eifer gehütet hatten, dachten anscheinend nicht daran, ihn zu einer offiziellen Heiligsprechung vorzuschlagen, obwohl sie über sein makelloses, mildtätiges, aber vor allem kirchenfreundliches Leben bereits ein reichhaltiges Schrifttum gesammelt beziehungsweise hergestellt hatten. Vielleicht hatten sie auch Angst, ihn durch die Erhebung zu verlieren oder verfügten einfach nicht über die notwendigen Verbindungen zu Rom – und auch nicht über das, für die langwierige Prozedur notwendige Geld.

Die Idee der Heiligsprechung des Babenberger Markgrafen Leopold III. stammte von einem Habsburger. Herzog Rudolf IV. der Stifter (1339-1365), war ein Phantast, ein Maulheld und Lügner von ganz großem Format, der aber durch sein hochgestochenes Gauklerspiel ein klares Konzept verwirklichen wollte: Die Erhebung Österreichs, das damals noch kleiner war, als die Republik heute, zu einer vom Römisch-Deutschen Reich vollkommen unabhängigen und geachteten europäischen Macht. Herzog Rudolf IV. regierte nur kurze sieben Jahre, denn er starb bereits mit sechsundzwanzig Jahren auf einer Reise in Mailand vermutlich an Tuberkulose; aber bis dahin regierte er recht intensiv: Er gründete die Universität von Wien und ließ das gotische Langhaus des Stephansdomes erbauen, brachte das Land Tirol gewaltlos an Österreich, reformierte das Zunftwesen, förderte den freien Handel und den Wettbewerb der Manufakturen, schaffte die Steuerfreiheit des Hochadels und des Klerus ab und führte die erste demokratische Abgabe in Österreich ein, das „Ungeld", eine zehnprozentige Getränkesteuer, die jedermann, ob Bischof oder Bauer, zahlen mußte, wenn er in einem Gasthof oder in einer Kneipe Wein oder Bier trank.

Das war alles nüchtern und erdgebunden und auch überraschend modern konzipiert. Daneben, oder, genauer gesagt, darüber gab es in luftig hohen Regionen fürstliche Komödien und majestätische Blendwerke, um der staunenden Welt die Größe und Ehre Österreichs nachhaltig aufzudrängen: Rudolf IV. erfand für sich und für das Haus Habsburg den Titel Erzherzog, im lateinischen Original *archidux*, was auf eine uralte Abstammung und auf uralte Rechte hinweisen sollte; er nannte sich Oberster Jägermeister des Heiligen Römischen Reiches, verlieh sich die nicht existente Würde eines Pfalzherzogs von Schwaben und Elsaß und eines Markgrafen von Drosendorf, und er ließ in seiner Kanzlei, übrigens sehr gekonnt, Urkunden fälschen. Diese waren angeblich von längst verstorbenen deutschen Kaisern, aber auch von berühmten Persönlichkeiten des alten Rom, von Caesar, von Augustus und Nero ausgestellt und sollten althergebrachte Vorrechte des Landes Österreich und des Hauses Habsburg bestätigen. Der amtierende deutsche König und römische Kaiser Karl IV., der seinen Sitz in Prag hatte, reagierte skeptisch; er übergab die plötzlich aufgetauchten alten Urkunden, darunter das pompöse *Privilegium maius*, eine fast märchenhafte Sammlung hochfahrender Ansprüche des Erzherzogs dem Kaiser und Reich gegenüber, dem namhaften italienischen Dichter und Humanisten Petrarca, er solle sie gründlich prüfen. Das Gutachten fiel vernichtend aus: Wer dies gemacht habe, sei ein Schelm; wer daran glaube, ein Esel.

Das störte aber Herzog Rudolf IV. nicht, er nannte Österreich weiterhin „Schild und Herz des Reiches", das Kernland aller deutschen Länder. Was ihm noch bitter fehlte, um in den Kreis der geachteten europäischen Nationen aufzusteigen, war ein Heiliger. Denn Österreich hatte keinen. Der als Landespatron zaghaft verehrte Koloman, ein Fremder, war bloß ein schäbiger Ersatz. Er wurde offiziell auch niemals heilig gesprochen. Der armselige Pilger aus Irland starb unterwegs nach Jerusalem im Jahre 1012, nicht aber für seinen Glauben, was eine Voraussetzung seiner Kanonisation, seiner Heiligsprechung gewesen wäre, sondern als Opfer eines Irrtums: Die guten Leute von Stockerau hielten ihn für einen ungarischen Kundschafter beziehungsweise für einen böhmischen (die Meinungen gingen auseinander), nahmen ihn fest, folterten ihn ein wenig, und dann schlugen sie ihm den Schädel ein. Das ist kein Landespatron.

Böhmen hatte schon rund fünfzehn Heilige, darunter regierende Fürsten, Mitglieder von Herrscherhäusern; Ungarn immerhin sechs, zwei Könige, einen Kronprinzen, einen Erzbischof und zwei Königstöchter; Bayern zählte fast zweihundert; die Ewige Stadt Rom, ein beliebter Tummelplatz von Heiligen, dreihundertsiebzehn, und sogar im fernen, sagenumwobenen Island verehrte man bereits vier gottgefällige Personen, die das Recht hatten, einen Heiligenschein zu tragen.

Rudolf IV. wollte keinen armen Mönch, kein stigmatisiertes Mädchen, er wollte einen repräsentativen Heiligen, einen, der das Land beispielhaft gut regierte und von dem man mittels einer kleinen gefälschten Urkunde selbst abstammen könnte. Der Erzherzog war hochgebildet und belesen, er kannte sich auch in der Geschichte Österreichs hinreichend aus, und so fand er, ohne viel herumsuchen zu müssen, den besten Kandidaten, den Babenberger-Markgrafen Leopold III.

Eine Kanonisation ist ein äußerst subtiles und langwieriges Verfahren: Für den Prozeß, der mit der Heiligsprechung, aber auch mit einer Ablehnung enden kann, müssen Beweise zusammengetragen, in unzähligen Sitzungen erörtert, geprüft, genehmigt oder zurückgewiesen werden, und das alles kostet auch immens viel Geld, in heutige Währung umgerechnet etwa 600 bis 800 Millionen Schilling. Die letzte Entscheidung liegt beim Papst, es ist eine ihm persönlich vorbehaltene feierliche und unfehlbare Erklärung, daß ein verstorbener heilig ist, das heißt, mit Christus im Himmel regiert und überall kirchlich verehrt werden darf. Im Falle eines Märtyrers,der für seinen christlichen Glauben möglichst nach grausamen Folterungen starb, gibt es so gut wie keine Probleme. Er wird heilig gesprochen. Anders liegt die Sache bei einem sogenannten Bekenner (Confessor), der keinen Märtyrertod erlitt, bloß ein heiligmäßiges Leben geführt hat, in seinem Streben die christliche Lehre verwirklichte und sich dadurch zu Christus bekannte. Er sollte der Kirche bedingungslos ergeben gewesen sein, und falls er in der Lage war, ihr beachtliche materielle Güter geschenkt, und nicht zuletzt schon zu seinen Lebzeiten oder erst nach seinem Tode klar bezeugte Wunder vollbracht haben.

Markgraf Leopold III. hatte alle Voraussetzungen eines Bekenners erfüllt. Die Wunder allerdings, ohne die er hätte nicht heilig gesprochen werden können, waren eher bescheiden; er weckte weder Tote auf noch heilte er Leprakranke oder verwandelte Steine in Brot. Er flog auch nicht durch die Lüfte, um gleichzeitig an mehreren Orten gesehen zu werden. Eine arme Witwe, bei Juden verschuldet, mußte den hart geforderten Betrag nicht zurückzahlen: der bereits verstorbene und begrabene Markgraf stieg aus seinem Sarg und übergab das Geld den Wucherern. Ein Reitersmann genas mit seiner Hilfe nach einem schweren Sturz vom Pferd. Einen Fischer aus Zwentendorf rettete er aus den Fluten der Donau. Die Wunder reichten für einen schnellen Abschluß des Prozesses anscheinend nicht aus, und auch das notwendige Geld traf in Rom nur sporadisch ein. Als Erzherzog Rudolf IV., der Stifter, am 27. Juli 1365 starb, wurde das Verfahren auf unbestimmte Zeit vertagt.

Fast hundert Jahre vergingen, als Kaiser Friedrich III. (1415-1493) die reizvolle Idee, den Markgrafen Leopold III. zu einem österreichischen Staatsheiligen zu machen, wieder aufgriff und mit zäher Beharrlichkeit an der Verwirklichung zu arbeiten begann. Er hatte dabei eine angenehme Schlüsselfigur an der Hand, den ehemaligen Sekretär seiner Kanzlei in Wien, den italienischen Humanisten Enea Silvio Piccolomini, einen begabten und umfassend gebildeten Autor, der mehrere Geschichtsbücher verfaßte und auch die erste erotische Erzählung der Renaissance-Literatur, die „Historia de Euryalo et Lucretia" schrieb. Der verwöhnte feine Mann aus der Toskana fühlte sich in Wien nicht ganz wohl, er beklagte sich über das „elende Leben" am Hof des sparsamen Friedrich III.: „Nur der Unkundige meint, daß man hier in Freuden lebe, denn die Mahlzeiten sind ebenso schlecht wie der Wein; den Sold erhalten die Beamten nie rechtzeitig und nie vollständig." Der Kaiser war ihm aber nicht böse, er überredete ihn, die schon einmal aufgegebene geistliche Laufbahn wieder einzuschlagen und sorgte dafür, daß er im Alter von zweiundvierzig Jahren Bischof von Triest wurde.

Schon drei Jahre später erhielt Piccolomini das bedeutende Bistum Siena, 1456 den Kardinalshut und am 19. August 1458, mit dreiundfünfzig Jahren, stieg er als Papst Pius II. zur höchsten Würde der römisch-katholischen Kirche auf. Im besten Einvernehmen holte nun Friedrich III. von ihm wertvolle Gegenleistungen, die zur Erhöhung des Ansehens Österreichs und zur Festigung seiner Machtstellung wesentlich beitrugen: die Gründung der von der deutschen Reichskirche unabhängigen österreichischen Landesbistümer Laibach, Wiener Neustadt und Wien. Der Prozeß um die Heiligsprechung des Markgrafen Leopold III. stand vor seinem günstigen Abschluß. Da starb der gute Papst Pius II. Mit seinen Nachfolgern gab es Schwierigkeiten, sie waren viel zu beschäftigt, um ihre Aufmerksamkeit einem österreichischen Staatsheiligen widmen zu können: Paul II. kämpfte vor allem gegen die italienischen Kardinäle, die ihn absetzen wollten, und gegen die böhmische Ketzerei, die er nicht ausrotten konnte. Sixtus IV. ließ die wunderschöne Sixtinische Kapelle bauen und gründete die kostbare Bibliothek des Vatikans, führte verlustreiche Kriege gegen Neapel und Venedig und installierte die Inquisition in Spanien. Als er im August 1484 starb, war der Ausgang des Prozesses um die Heiligsprechung des frommen und mildtätigen Babenbergers noch immer ungewiß.

Nun wurde ein Aristokrat aus Genua, Giovanni Battista Cibo, zum Stellvertreter Christi auf Erden gewählt und unter dem Namen Innozenz VIII. inthronisiert. Es floß plötzlich, allerdings von einer eher sonderbaren Seite, auch reichlich Geld nach Rom. Der Erbfeind des Kaisers, der Ungarnkönig Matthias Corvinus, der Friedrich III. gerade seine schöne Hauptstadt Wien und auch Klosterneuburg wegnahm und in der Hofburg residierte, steuerte erhebliche Summen für den Abschluß des Prozesses bei. Er tat es gewiß nicht aus religiöser Überzeugung (er war ja ein gefährlicher Freidenker), und auch nicht aus Liebe zum Haus Habsburg, sondern um seinen guten Ruf in Österreich, das er zum Mittelpunkt einer von ihm regierten Donaumonarchie machen wollte, zu verbreiten. Er spendete auch dem Stephansdom ein neues Majolikadach, bestätigte die Rechte und Freiheiten der Bürger und veranstaltete höchst beliebte Feste, an denen auch Kaufleute und Handwerker teilnehmen durften. Sein einziger Sohn, Johannes Corvinius, entstammte aus einer leidenschaftlichen Beziehung zu einer Wiener Bürgerstochter, die Barbara Edelpeck hieß und die von der ungarischen Geschichtsschreibung sorgsam totgeschwiegen wird.

Geld war nun da, und Papst Innozenz VIII., der Geld überaus schätzte, handelte rasch: Am 6. Januar 1485 wurde Markgraf Leopold III., allerdings nur als sogenannter kleiner Bekenner, der in der himmlischen Hierarchie nicht in der vordersten Reihe steht, heilig gesprochen. Die päpstliche Bulle, die den Abschluß des Prozesses bestätigt, hat einen schönen, erhabenen Text: „Göttliches Erbarmen gab der Welt einen gewissen Stern, ihr zu strahlen; den seligen Leopold, Herrscher von Österreich, mit dem Beinamen 'frommer Markgraf', geschmückt mit den Kleidern der Unschuld, der Weisheit und Gerechtigkeit, kenntlich an seiner Güte, Sanftmut und Milde, berühmt durch seine Einfachheit und Freigebigkeit. Seine Redlichkeit und sein Glauben gewannen bei den Christgläubigen so sehr an Ansehen, daß er schon bisher von allen Deutschen übereinstimmend als Heiliger gefeiert worden ist. Seine Freigebigkeit und seine Verehrung der heiligen Religion bezeugen vorzüglich mehrere Klöster, und zwar ganz berühmte. Sie wurden von ihm mit großem Aufwand an Mitteln gebaut oder zumindest mit reichem Besitz bedacht".

Über den Papst, der den frommen, mildtätigen und der Kirche gegenüber besonders freigebigen Markgrafen von Österreich kraft seiner Autorität in den Himmel der Heiligen hob, schweigt die heimische Geschichtsschreibung seit mehr als fünfhundert Jahren beharrlich. Innozenz VIII. war keine strahlende Figur, auch die kirchlichen Lexika und päpstlichen Sachbücher tun sich mit ihm schwer: er sei der erste Papst gewesen, der seine hohe Würde vornehmlich zur Ausstattung seiner eigenen Familie verwendet habe, ein unbeständiger und sittenloser Mensch, kränklich und in steter Finanznot. Er machte in der Tat schmutzige Geschäfte im großen Stil, darunter auch mit den damaligen Todfeinden der Christen, den Muslims: Er hielt den jüngeren Bruder, potentiellen Nachfolger und Rivalen des türkischen Sultans Bajasid, den Prinzen Dschem, den ihm die Johanniter-Ritter von Rhodos ausgeliefert hatten, gegen ein Jahresgeld von 45.000 Golddukaten, das ihm der

Sultan zahlte, in Rom in Haft. Dschem wurde später im Vatikan vergiftet, über das Honorar liegen keine Unterlagen vor. Innozenz VIII. lud auf die katholische Kirche auch eine so gut wie untilgbare historische Schuld: Seine berüchtigte Bulle *Summis desiderantes affectibus*, die erste päpstliche Bulle übrigens, die in Druck erschien, gab das auslösende Signal für die verheerenden Hexenprozesse in Europa. Die erbarmungslose Jagd auf Frauen, vom Heiligen Stuhl pseudowissenschaftlich und theologisch untermauert und vehement gefördert, forderte allein in den deutschen Ländern – nicht aber im vernünftigen Österreich – weit über hunderttausend Opfer.

Nach der Heiligsprechung des frommen und mildtätigen Markgrafen blieb seine Verehrung im wesentlichen auf das Gebiet des heutigen Niederösterreich beschränkt. Obwohl die erste Kirche zu seiner Ehre am 17. August 1507 in Vorderstoder in Oberösterreich, in der Diözese Passau, geweiht worden war. Einen schweren Rückschlag erlitt der Kult des Heiligen Leopold, als Klosterneuburg um das Jahr 1540 protestantisch wurde – die Rekatholisierung des Stiftes gelang erst einundvierzig Jahre später. In der kirchenpolitischen Offensive der Gegenreformation spielte dann der Leopold-Kult eine wesentliche Rolle, Klosterneuburg gab die Leopoldpfennige, sogenannte heilige Jetons und Medaillen aus, die im Umkreis des Stiftes auch als Zahlungsmittel gegolten hatten. Das Haus Habsburg förderte Leopold III. nun auch als Hofheiligen. Die Behauptung des Kaisers Friedrich III., er stammte von ihm ab, wurde als genealogische Tatsache gewürdigt. Kaiser Leopold I. (1640-1705) ernannte ihn am 19. Oktober 1663 offiziell zum Landespatron und Schutzheiligen Österreichs. Markgräfin Agnes, von der Schleierlegende abgesehen, im historischen Bewußtsein des Landes so gut wie nicht vorhanden, ging leer aus.

Sie verwaltete die Mark, das *Terra Austria* nach dem plötzlichen Tod ihres Mannes monatelang souverän, und sie entschied auch auf einer Adelsversammlung in Tulln im April 1137 über die Nachfolge: Nicht der erstgeborene Sohn aus ihrer Ehe mit Leopold III., Heinrich, sondern der zweitälteste, Leopold IV., „der Freigebige" wurde zum Markgrafen vorgeschlagen und vom Kaiser Lothar II. vermutlich auch bald bestätigt. Warum Heinrich übergangen wurde, kann man an Hand der zeitgenössischen Quellen nicht mehr feststellen, in einer Klosterneuburger Handschrift steht jedoch die Bemerkung, er sei von seinem Vater „weniger geliebt" gewesen. Vielleicht hatte er, wenn auch unabsichtlich, auf der Jagd am 15. November 1136 den tödlichen Speer ins Gesicht des schon seit über vierzig Jahren amtierenden Markgrafen geworfen und war auch von seiner Mutter Agnes geächtet gewesen. Er wurde allerdings standesgemäß abgeschoben, er bekam eine Pfalzgrafschaft und einige Güter am Rhein.

Markgraf Leopold IV. – Als Bayern kurz bei Österreich war

Leopold IV., der Freigebige, übernahm die Mark Österreich im Alter von neunundzwanzig Jahren. Besonders freigebig war er nicht, er schenkte dem Stift Reichersberg einen Teil des Gföhler Waldes zwischen Krems und dem Fluß Kamp, die Ortschaft Krumau dem erst gerade von Hadmar von Kuenring gegründeten Zisterzienserstift Zwettl, zwei Grundstücke dem Chorherrenstift St. Florian, und er verzichtete auf die Weinabgabe des Klosters Aldersbach in Krems. Von den Mönchen in Zwettl borgte er kurzfristig auch Geld, dreihundert Mark in Silber, das er aber später anstandslos zurückzahlte. Er trachtete danach, die in Österreich liegenden Güter des Deutschen Reiches offiziell in den Besitz des Markgrafen zu überführen, was ihm in Melk, Krems, Tulln, Klosterneuburg und Hainburg auch gelang. Der ökonomische Sinn, die Begabung, erfolgreich zu wirtschaften, ein besonders ausgeprägter Charakterzug der Babenberger, trat auch bei ihm klar zu Tage. Seine friedliche Außenpolitik war am Anfang seiner Regierungszeit schon traditionell nach dem Osten ausgerichtet; er heiratete Maria, die Tochter des Böhmenherzogs Sobieslaw. Die Ungarn waren mit ihren üblichen Thronstreitigkeiten beschäftigt, führten gegeneinander hinter der Theiß einen lokalen Krieg, in den Leopold IV. sich nicht einmischte, dann aber mit dem Sieger, König Béla II. dem Blinden, gute Beziehungen unterhielt.

Im Frühjahr 1138 verschob sich das Schwergewicht seiner Politik eindeutig nach dem Westen, ohne daß er es gewünscht oder gewollt hätte. Die Gefahr bestand, daß das bereits halbwegs unabhängige Land Österreich doch nur eine kurze historische Episode bleibt und für alle Zukunft bayerisches Territorium wird. Denn am 7. März 1138 wurde in Koblenz, keineswegs einstimmig, ein neuer deutscher König gewählt, der damals fünfundvierzig Jahre alte Konrad III., aus der Familie der Staufer, Sohn der österreichischen Markgräfin Agnes, Frau des Heiligen Leopold, aus ihrer ersten Ehe, daher ein Halbbruder des amtierenden Markgrafen Leopold IV. Er hatte mächtige Feinde im Reich, darunter die Familie der Welfen, die auf den deutschen Thron ebenfalls Ansprüche stellte. Sie regierte die Herzogtümer Sachsen und Bayern, und Konrad fand die Machtkonzentration in ihrer Hand viel zu gefährlich.

Im Juni 1193 entzog er das Herzogtum Bayern seinem Widersacher, dem Welfen Heinrich dem Stolzen, und übertrug es auf seinen nahen Verwandten, den verläßlichen Markgrafen von Österreich, Leopold IV. Er war nun Herzog von Bayern, doch seine neu gewonnene Würde bedeutete für ihn eher eine Last: die hohen Herren in Bayern wollten seine Rechte nicht anerkennen, er mußte Truppen sammeln und mit Waffengewalt den Weg zu seiner Residenz Regensburg freikämpfen. Die Partei der Welfen gab sich nicht geschlagen, auch nach dem Tod Heinrich des Stolzen nicht: sie kämpfte nun im Namen dessen zehnjährigen Sohnes, Heinrichs des Löwen gegen Leopold IV. Der erste Babenberger, der einen Herzogtitel trug, hat keinen einzigen ruhigen Tag in seinem neuen Machtzentrum verbracht. Im Frühjahr 1141 kam es zu einer sehr geschickt eingefädelten Verschwörung, Leopold IV. wurde in Regensburg beinahe festgenommen, er ließ die Stadt anzünden und ergriff die Flucht. Er hielt sich noch einige Monate in Bayern auf, wollte aber dann nach Österreich heimkehren, wurde unterwegs von einer nicht näher bezeichneten Krankheit befallen und starb, erst dreiunddreißig Jahre alt, am 18. Oktober 1141 im Kloster Niederaltaich. Nun kam sein älterer Bruder Heinrich II. doch zum Zug: er wurde unverzüglich Herzog von Bayern und Markgraf von Österreich.

Er habe seine Entschlüsse und Gelübde stets mit der immer wiederkehrenden Formel „Ja, so mir Gott helfe" bekräftigt und sei so zu seinem schönen Beinamen „Jasomirgott" gekommen. Jedes Schulkind weiß es. In den zahlreichen Urkunden jedoch, die er unterzeichnet hatte, fehlt der berühmte Satz. Der Beiname tauchte etwa hundert Jahre nach seinem Tod in einer unverständlich-verstümmelten Form „Jasomirgo" auf, die, nach heutigem Stand der Forschung, ein verballhorntes arabisches Wort, eine Erinnerung an die Zeit der Kreuzfahrten sein könnte, aus dem dann der gelehrte Domherr Sunthaym den volkstümlichen Schwur herauslas und zum besten Beinamen aller Babenberger machte.

Herzog Heinrich II. – Herzogtum Österreich, Hauptstadt Wien

Im November des Jahres 1095 rief Papst Urban II., ein Franzose, auf dem Konzil von Clermont, nicht zuletzt, um von den inneren Schwierigkeiten der Kirche abzulenken und den Gegenpapst Clemens III. auszuschalten, alle Christen zum Kreuzzug, zur bewaffneten Wallfahrt ins Heilige Land, zur Befreiung Jerusalems von der schändlichen und demütigenden Herrschaft der Ungläubigen, der Muselmanen auf (die Christen gar nicht gehindert hatten, die heiligen Stätten zu besuchen). Es war eine fabelhafte Idee, und sie zündete sofort. In wenigen Wochen war die Parole „Gott will es!" im gesamten Abendland zu hören. Eine Massenhysterie erfaßte alle Schichten der von wirtschaftlichen und sozialen Krisen heimgesuchten mittelalterlichen Gesellschaft: Geistliche, Ritter, Grundherren, Bettler, hörige Bauern, Mitglieder des hohen Adels, Ministerialen und Diener, ja, sogar Frauen, Kinder und Greise wollten unverzüglich nach dem heiligen Land ziehen. Auf den Sammelplätzen tummelten sich die durch wortgewaltige Prediger fanatisierten bewaffneten und unbewaffneten Pilger, sie trugen auf ihrem Gewand, ob Lumpen oder feinem Tuch, das rote Stoffkreuz, das Zeichen des großen Aufbruchs nach dem irdischen und dem himmlischen Jerusalem.

Es waren gewiß Verrückte und Kranke unter ihnen, auch Abenteurer und Verbrecher, schwer verschuldete Herrschaften und die ärmsten Randfiguren des streng geordneten feudalen Kastensystems, aber auch fromme Eiferer, Idealisten und Schwärmer; manche, die in der sagenhaften sonnigen Ferne den Eingang in das Paradies, und manche, die den Schatz der Kalifen finden wollten. An den oft zweifelhaften Anführern und an den hastig zusammengetrommelten und undisziplinierten Mannschaften lag es dann, daß die Kreuzzüge nach und nach zu Eroberungs- und Raubzügen entarteten und daß die christliche Nächstenliebe in einem bis dahin beispiellosen Mordrausch unterging. Die Zahl derer, die im Namen der befreiten Fußspuren Jesu umkommen mußten, schätzt die moderne Geschichtsschreibung auf etwa drei Millionen. Dennoch kann man die Kreuzzüge nicht einfach als eine finstere „Operation Jerusalem", als ein genau geplantes gigantisches Verbrechen wild gewordener Aristokraten, Soldaten und Priester, die von Anfang an nichts anderes als Mord, Raub und Vergewaltigung im Kopf gehabt hatten, abtun.

Gewiß hatten die Kreuzzüge, die meist in irgendeine Katastrophe mündeten, und im vorgegebenen Dienst von hohen Idealen die niedrigsten Instinkte entfesselten, mehr dunkle, grausame, ja, sinnlose Momente als lichte und konstruktive Seiten; ihre positive Wirkung, die Begegnung mit der orientalischen Lebensart, mit der Wissenschaft und Kunst der islamischen Länder, die Anknüpfung von Handelsbeziehungen, stellte sich erst allmählich ein. Doch nicht alle, die das Kreuz nahmen, dachten bloß an die abenteuerliche Flucht vor ihren drückenden Lasten und Sorgen daheim oder an die kostbaren Stoffe, betörenden Gewürze, edlen Pferde und goldenen Gefäße, die zu erbeuten die Kirche übrigens gar nicht verbot, an die schönen und fruchtbaren Landstriche, in denen man sich als Grundherr oder gar als König festzusetzen hoffte. Itha von Formbach Ratelnberg, die Witwe des Markgrafen von Österreich, Leopold II., Mutter Leopolds III., des Heiligen, eine tief religiöse Frau, die im Heeresverband Wilhelm IX. von Aquitanien und des Herzogs Welf von Bayern das erste österreichische Kontingent in das Heilige Land führte, suchte sicherlich weder Abenteuer noch spekulierte sie auf materiellen Gewinn. Am 15. September 1101 verschwand sie spurlos in der Nähe von Heraklea (heute Ereğli in der türkischen Provinz Konya), als Bogenschützen und leichte Kavallerie des Sultans Kilidsch Arslan die Kreuzfahrer überfielen. Heiliger Schauder mit unterschwelliger Erotik vermischt, bemächtigte sich der mittelalterlichen Chronisten, als sie das Schicksal „einer der schönsten und anmutigsten Frauen ihrer Zeit" vergeblich aufzuklären versuchten. Die Legende will wissen, daß sie, nachdem die edlen Herren sich durch rasche Flucht gerettet, sie aber auf dem Schlachtfeld zurückgelassen hätten, im Harem des Sultans gelandet und Mutter des türkischen Helden Imad al Din Zengi geworden wäre – der allerdings erst sechsundzwanzig Jahre später, 1127, auf die Welt kam, während Itha von Formbach-Ratelnberg, bereits zweimal verwitwet, zur Zeit ihres Verschwindens in Kleinasien mindestens fünfundfünfzig Jahre alt gewesen sein muß.

Ihr Enkel, Markgraf Heinrich II. „Jasomirgott", der damals auch noch den Titel eines Herzogs von Bayern trug, ritt ebenfalls, nicht zuletzt, um seine gesellschaftliche und politische Stellung zu heben, im Sommer 1147 durch die heiße, ausgedörrte Landschaft Anatoliens gegen Jerusalem. Denn das Kreuz zu nehmen wurde in den Kreisen der europäischen Herrscherhäuser und des Hochadels Mode und Pflicht; man konnte sich dadurch profilieren, sich ins Gespräch bringen, seine Person und seine offizielle Würde bedeutend aufwerten, sich das Wohlwollen der Kirche sichern und in beschwerlichen Wochen und Monaten des gottgefälligen Unternehmens nützliche Beziehungen herstellen oder intensivieren.

Heinrich II. reiste mit dem zweiten Kreuzzug in glänzender Gesellschaft; er besuchte vorerst den prunkvollen Hof von Byzanz in Konstantinopel (dies gehörte auch zum Programm der Kreuzfahrten), dann betrat er gemeinsam mit seinem Halbbruder, dem deutschen König Konrad III. (der sich nur äußerst zögernd für das Unternehmen entschloß), mit dem jungen Friedrich von Schwaben – dem späteren deutschen König und römischen Kaiser Friedrich I. Barbarossa, – mit dem Herzog Welf von Schwaben, dem Markgrafen Wilhelm von Monferrat, dem Grafen von der Champagne, dem Grafen von Toulouse, mit Herzog Wladislaw II. von Böhmen und mit den Bischöfen Otto von Freising, Stephan von Metz und Heinrich von Toul, türkisches Territorium. Am 26. Oktober 1147 fand der Vormarsch in der Nähe von Dorylaion, am Fluß Tembris, ein jähes Ende: das Heer des Sultans Mazud I. überrannte und vernichtete die erschöpfte Streitmacht der vornehmen Kreuzfahrer. Die Anführer, unter ihnen König Konrad III., Heinrich II. von Österreich und Bischof Otto von Freising, konnten sich retten. Sie kehrten schleunigst in das schöne Konstantinopel zurück. Hier heiratete Heinrich II. „Jasomirgott" vermutlich noch im Sommer 1148 seine zweite Frau, die erst fünfzehn Jahre alte Nichte des byzantinischen Kaisers, Theodora Kommena. Es war vielleicht eine Liebesheirat, aber es war zweifellos auch eine politische Ehe, sehr klug eingefädelt: Der Markgraf von Österreich war nun mit dem mächtigen Herrscherhaus des Ostens verwandt und konnte mit dessen Unterstützung rechnen.

Die erste Ehe Heinrichs II. war ein mehr oder minder verzweifeltes Manöver gewesen, um das Herzogtum Bayern für sich zu retten. Er nahm, mit Zustimmung der meisten deutschen Fürsten, die im Reich Ruhe haben wollten, seine erbitterte Gegnerin, die abgesetzte Herzogin von Bayern, Gertrude, Witwe des Herzogs Heinrich des Stolzen, zur Frau. Doch, obwohl die Ehe mit der älteren Gertrude unter welchen Umständen auch immer, vollzogen wurde, hatte Heinrich II. kein Glück: sie starb am 18. April 1143 bei der Geburt ihrer Tochter Richardis. Daraufhin brach im Herzogtum Bayern gegen den Markgrafen von Österreich ein immer heftiger werdender Widerstand aus. Heinrich II. setzte österreichische Truppen ein, im Gebiet von Regensburg, Passau und Augsburg wurde auf der einen oder anderen Wiese ein bißchen gekämpft, der Markgraf von Österreich konnte sich aber noch halten. Da verlor er seine Stütze, den deutschen König Konrad III., der sich von den Strapazen des Kreuzzuges nicht mehr erholen konnte und sich nach Bamberg zurückzog, wo er dann am 15. Februar 1152 im Alter von neunundfünfzig Jahren starb. Sein Nachfolger wurde Friedrich I. Barbarossa, der Rotbart, neununddreißig Jahre alt, der dem damals achtunddreißig Jahre alten Heinrich II. trotz gemeinsam erlittenen Hungers und Dursts und manch kriegerischer Abenteuer während des Zweiten Kreuzzugs nicht gerade wohlgesinnt war. Denn Heinrich II., am 2. April 1114 in Klosterneuburg geboren, erwies sich als ein harter und ehrgeiziger Mann, im persönlichen Umgang mit dem bald auch zum römischen Kaiser gekrönten König, einem ebenfalls harten, ehrgeizigen und zielbewußten Herrscher, als hochfahrend und widerspenstig. Er führte gleich nach seiner Machtübernahme verschiedene Fehden, griff Regensburg an und ließ die Stadt gründlich verwüsten. Er mischte sich in die ungarischen Thronstreitigkeiten ein, wohl mit dem Hintergedanken, Preßburg zu erobern, wurde aber von dem ungarischen König, Géza II., der mit dem deutschen König gutnachbarliche Beziehungen unterhalten wollte, an der Fischa in der Nähe von Wien schwer geschlagen.

Siebzigtausend Ungarn plünderten und brandschatzten angeblich das österreichische Grenzgebiet. Die Zahl ist von den Chronisten sicherlich weit übertrieben, die Schäden waren aber arg genug. Wien konnte gehalten werden, der Geschichtsschreiber Otto von Freising erzählt darüber und erwähnt dabei das erste Mal, daß die Stadt einst eine römische Siedlung gewesen wäre, die Favianis geheißen hätte. Da liegt allerdings ein vielleicht gezielter Irrtum vor, denn Wien hieß niemals Favianis (es war Mautern), doch Favianis war der Sitz des legendären Heiligen Severin, mit dem die Kirchengeschichte im V. Jahrhundert n. Chr. auf österreichischem Boden beginnt.

Auch mit der Kirche hatte Heinrich II. „Jasomirgott" zeitweilige Schwierigkeiten, er war in eine erbitterte Fehde mit dem Bischof von Regensburg verwickelt und wurde, als erster regierender Babenberger, exkommuniziert. Seinen, nur vorübergehenden Ausschluß aus der heiligen Kirche hatte auch Papst Eugen III. bestätigt. Auf den Hoftagen des Königs und Kaisers Friedrich I. Barbarossa in Würzburg, in Worms, in Regensburg und in Speyer erschien der Markgraf von Österreich, der noch Herzog von Bayern war, nicht, was als Rechtsbruch und obendrein als eine schwere Beleidigung des Herrschers galt. Heinrich II. „Jasomirgott" hatte anscheinend gute Nerven und ein ausgeprägtes taktisches Gefühl, er wollte Zeit verstreichen lassen und über den Besitz des Herzogtums Bayern zunächst offiziell nicht verhandeln. Er protestierte jedoch scharf, als der erboste König ihm die schöne Abtei Niederaltaich, die als Lehen dem Herzog von Bayern gehörte, einfach wegnahm, um sie dem Bistum von Bamberg zu schenken. Das war kein gutes Zeichen.

Heinrich II. „Jasomirgott", wahrscheinlich die wichtigste Schlüsselfigur im langwierigen Aufstieg der Familie der Babenberger und des Landes Österreich, war kein angenehmer Zeitgenosse; er war rechthaberisch und grob, anmaßend und eitel, aber auch hartnäckig, ein überaus fähiger Politiker, ein Meister der Taktik und ein Mann von persönlichem Mut. Dies beweist immer wieder sein Handeln, aber auch Urkunden, Chroniken und Annalen schildern, wenn auch meist nur bruchstückweise, seinen zweifellos bemerkenswerten Charakter. Friedrich I. Barbarossa hatte kein leichtes Spiel mit ihm. Der Kaiser wollte aber das gesamte Staatsgefüge des Heiligen Römischen Reiches neu ordnen, den unseligen Fehden ein Ende machen, und dazu gehörte auch die Versöhnung mit den noch immer mächtigen Welfen, die Lösung des Problems Bayern, das die Welfen unbedingt zurückerhalten wollten. Auf dem Hoftag von Goslar im Jahr 1154, zu dem Heinrich II. wieder einmal nicht erschien, entzog ihm Friedrich I. Barbarossa endgültig das Herzogtum Bayern und übertrug es auf den jungen Herzog Heinrich den Löwen aus der Familie der Welfen. Heinrich II. nahm den Urteilspruch vorerst, zumindest formell, nicht zur Kenntnis, er unterschrieb seine Urkunden nach wie vor als Herzog von Bayern. Doch gleichzeitig verlegte er sich auf die Geheimdiplomatie, er erklärte sich bereit, über den Konflikt unter Ausschluß der Öffentlichkeit mit dem König und Kaiser zu verhandeln. Vorerst wurden Vermittler eingeschaltet, darunter der treue Herzog von Böhmen, Wladislaw II. Heinrich II. „Jasomirgott" ließ sich noch immer Zeit; er wußte, daß das verlorene Herzogtum Bayern für ihn ein wertvolles politisches Pfand bedeutete. Denn er war nicht mehr der kleine Grenzgraf, den man einfach durch ein königliches Machtwort hätte beiseite schieben können. Byzanz stand hinter ihm, und Heinrich II. wußte, daß das mächtige oströmische Reich in den hochfliegenden politischen Plänen des deutschen Königs und römischen Kaisers eine wichtige Rolle spielte. Der Hof von Konstantinopel zürnte, denn Theodore Kommena war nach ihrer Ehe mit dem Kreuzfahrer aus Österreich immerhin Herzogin geworden, und nun war sie es nicht mehr, sie war bloß zu einer Markgräfin herabgesunken. Und das machte in Byzanz keineswegs guten Eindruck. Auch die Ungarn unter ihrem energischen König Géza II. verfolgten eine gefährliche Expansionspolitik, der Markgraf von Österreich, der mit seinen Gefolgsleuten an der Ostgrenze des Reiches Wache hielt, mußte für den König und Kaiser stets treu und einsatzbereit zur Verfügung stehen.

Friedrich I. Barbarossa war ein glänzender politischer Kopf, der das Kräfteverhältnis im Umfeld seiner geplanten Aktionen bestens einschätzen und seine Anhänger und Gegner durch geschickt dosierte psychologische Mittel nachhaltig beeinflussen konnte. Er schreckte aber auch vor Gewalt nicht zurück, seine Geduld hatte Grenzen. Doch auch Heinrich II. „Jasomirgott" konnte seine Lage nüchtern überblicken, er wußte anscheinend auch genau, wie weit er gehen konnte, und er sah nun ein, daß er keinen Spielraum mehr hatte. Er gab den Widerstand schrittweise auf und ließ sich umwerben. Friedrich I. Barbarossa gewann durch ihn eine im Grunde geniale Lösung, durch eine großzügige Geste, die ihn zwar nichts kostete, die schwer verlotzte Eitelkeit des österreichischen Markgrafen, eine Wunde, die noch recht gefährlich hätte werden können, jedoch voll und ganz geheilt hatte.

Am 5. Juni 1156 fand in der Nähe von Regensburg, an einem geheim gehaltenen Ort, die letzte Verhandlung unter vier Augen zwischen Friedrich I. Barbarossa und Heinrich II. „Jasomirgott" statt. Für den 8. September, das Fest Maria Geburt, das im Mittelalter stets mit besonderer Pracht begangen wurde, lud man die Großen des Heiligen Römischen Reiches zu Hochzeitsfeierlichkeiten des Königs und Kaisers mit der Prinzessin Beatrix von Burgund und zu einem wichtigen Hoftag auf den Wiesen von Barbing vor den Toren von Regensburg. Herzog Wladislaw II. von Böhmen, als eine Art Zeremonienmeister eingesetzt, verkündete feierlich im Namen des Königs und Kaisers die Erhebung der Markgrafschaft Österreichs zum Herzogtum. Heinrich II. „Jasomirgott" übergab Friedrich I. Barbarossa sieben Fahnen, der sie Heinrich dem Löwen, dem Herzog von Bayern weiterreichte. Damit war der Verzicht des österreichischen Markgrafen auf das Herzogtum Bayern offiziell vollzogen. Nun schenkte der deutsche König und römische Kaiser Heinrich II. und seiner byzantinischen Frau Theodora zwei Fahnen, das Symbol ihrer neuen weltlichen Macht, des Herzogtums Österreich. Warum Bayern sieben und Österreich nur zwei Fahnen wert war, darüber berichtet der Augenzeuge der prunkvollen Feier, Bischof Otto von Freising, nicht. Er bemerkte jedoch, daß der König und Kaiser nach der Erhebung Österreichs zum Herzogtum in heiterer Stimmung in die Stadt Regensburg zurückkehrte. Herzog Heinrich II. blieb in seinem Zeltlager auf den Wiesen vor Barbing, er betrat seine ehemalige Residenzstadt, in der nun Heinrich der Löwe regierte, nicht mehr. Über seine Stimmung, die nicht die schlechteste war, gibt es keinen Bericht.

Am 17. September wurde über die Rechtslage des neuen Herzogtums Österreich eine Urkunde ausgestellt, das *Privilegium minus*, das kleine Privileg genannt, im Gegensatz zu der 1359 hergestellten Fälschung Großes Privileg, *Privilegium maius)*. Das Schriftstück ist unangefochten echt, wenn auch kein Original erhalten blieb. Die Abschrift mit dem vollen lateinischen Text findet man in einer Klosterneuburger Chronik, die aus der Mitte des 13. Jahrhunderts stammt. Die Urkunde beginnt im Namen der heiligen und ungeteilten Dreifaltigkeit und endet mit der damals recht ungewöhnlichen Formel, daß „damit unsere kaiserliche Verordnung für alle Zeiten gültig und unerschüttert bliebe, ließen wir die vorliegende Urkunde niederschreiben und mit unserem beigedruckten Siegel zeichnen im Beisein tauglicher Zeugen". Das ist das erste Mal, daß die Erhebung eines Territoriums zum Herzogtum nicht nur durch festliche Handlungen und mündliche Erklärung, sondern auch durch ein Schriftstück, das den Charakter eines Vertrages hat, verkündet und besiegelt wurde. Den Text hat ein königlicher Kanzler namens Reinhold in Vertretung Arnolds, des Erzkanzlers und Erzbischofs von Mainz, noch zusätzlich geprüft und die Schlußformel hinzugefügt: „Gegeben in Regensburg am 17. September, im Jahre der Fleischwerdung unseres Herrn 1156, unter der Regierung des Herrn Friedrich, des Kaisers der Römer und Herrschers in Christus. Glückseligermaßen. Amen. Im fünften Jahr seines Königtums, im zweiten seines Kaisertums."

Die österreichische Herzogswürde war von nun an erblich und dies bezog sich – vermutlich eine klug durchdachte Geste in Richtung Byzanz – auch auf die weibliche Linie, auf die Töchter der Babenberger. Sollte der Herzog keine Kinder haben, so konnte er über die Nachfolge frei entscheiden. Ohne Zustimmung des Herzogs, beziehungsweise der Herzogin, durfte fortan niemand im Gebiet des Herzogtums Österreich die Gerichtsbarkeit ausüben. Die Pflicht der Heeresfolge blieb auf die Grenzen Österreichs beschränkt. Die im Lehnsverhältnis verankerte Forderung, auf den Hoftagen des Königs und Kaisers zu erscheinen, galt nur mehr für das Gebiet des benachbarten Bayern.

Das neue Herzogtum Österreich, mit bedeutenden Vorrechten ausgestattet und von dem Herzogtum Bayern vollständig getrennt, blieb nach wie vor im Staatsverband des Heiligen Römischen Reiches. Herzog Heinrich II. verlegte seine Residenz nach Wien, das damals, wohl unter byzantinischem Einfluß, vorübergehend Windopolis hieß. Das war in der Entwicklung Österreichs der zweite, entscheidende Schritt, den er getan hat, denn das Land hatte nun eine Hauptstadt. Warum der Herzog Wien bevorzugte, darüber besitzen wir keine schriftlichen Aufzeichnungen; man kann daher nur, allerdings recht logische Vermutungen anstellen: er wollte nicht in Klosterneuburg, in einer rein kirchlichen Siedlung, in enger Tuchfühlung mit den von ihm keineswegs geförderten Chorherren bleiben. Vielleicht hatten ihn, den angeblich „wenig geliebten" die Erinnerungen an seine Jugend in Klosterneuburg gestört, oder seine Frau Theodora Kommena, an die Großstadt Konstantinopel gewöhnt, wollte nicht in einem kleinen klerikalen Nest leben. Vielleicht diente ihm das verlorene Regensburg als Vorbild oder, und dies scheint ziemlich wahrscheinlich zu sein, er begriff die Zeichen der Zeit, die Bedeutung einer aufstrebenden Stadt, die als Machtzentrum ungleich besser geeignet war, als eine abgeschiedene Burg. Er ließ, am westlichen Ende von Wien, noch außerhalb der alten, römischen Mauern, am heutigen Platz Am Hof einen befestigten Wohnhauskomplex errichten, die *Curia*, auch Berghof genannt, eine recht weitläufige Anlage, in der auch ein Teil des herzöglichen Verwaltungsapparats Platz fand. Gegenüber dem Sitz des Herzogs bauten irische Mönche, die er aus Regensburg berief und die man in Wien irrtümlich für Schotten hielt und auch Schotten nannte, eine Kirche und ein Kloster und nahmen, vom Herzog großzügig gefördert, im bereits regen Geistesleben der Stadt eine führende Position ein. Ihre Kirche war auch als Begräbnisstätte für Heinrich II., seine Frau und seine Nachkommen bestimmt – eine deutliche Absage an das ungeliebte Klosterneuburg.

Am östlichen Ende der Stadt, ebenfalls noch außerhalb der Mauern, hatte schon 1137 der Bau einer neuen Pfarrkirche Sankt Stephan begonnen, auf einem Grundstück, das infolge eines in der Donaustadt Mautern zwischen dem Markgrafen Leopold IV. und dem Bischof Regimar vereinbarten Tauschgeschäfts ursprünglich der Diözese Passau gehörte. Der spätere Stephansdom wurde in seiner ersten, romanischen Form innerhalb von zehn Jahren fertiggestellt und am 8. Juni, am Pfingstsonntag des Jahres 1147, in Anwesenheit Herzog Heinrichs II. geweiht. Auch mehrere große Lagerhäuser fremder Kaufleute, in erster Linie aus Regensburg und Köln, die Wien als günstig gelegene Zwischenstation des Fernhandels mit Ungarn und Venedig benutzt hatten, befanden sich noch außerhalb der Mauern und bildeten allmählich die ersten Vorstädte. Die heutige Freyung war noch nicht verbaut, sie war ein offenes Gelände, das Am Steinfeld hieß. Durch den Tiefen Graben floß der Ottakringerbach. In den umliegenden Häusern haben sich, mit Genehmigung der Behörden, Dirnen niedergelassen. Der deutsche Chronist, der Abt Arnold von Lübeck, erwähnte Wien im Jahr 1172, noch zu Lebzeiten Heinrichs II., ausdrücklich als *metropolitana*, als Hauptstadt.

Es war eine bereits von zahlreichen Weingärten umgebene Hafen- und Kaufmannsstadt mit etwa sechs- bis achttausend ausschließlich deutschsprachigen Einwohnern. In den frühen Wiener Urkunden tauchen weder slawische noch ungarische Namen auf, man findet die Familiennamen Kurz, Poll, Prunner, Eslarn, später Gunzburger, Slecht, Schwab und Lenbach, als häufigste Vornamen Elisabeth, Heinrich, Johannes, Otto, Gottfried und Konrad. Als einziger mehr oder weniger bloß geduldeter Fremdkörper galt die streng isolierte jüdische Siedlung, das Getto im Stadtkern, in der Gegend des heutigen Judenplatzes. Die schizophrene Einstellung der christlichen Gesellschaft den Juden gegenüber bestimmte auch in den ersten Jahren des Herzogtums Österreich ihr – zwischen einer anderswo seltenen relativen Freiheit und einer amtlich-kirchlich gepflegten Verachtung – in Schwebe gehaltenes Dasein. Denn laut der unangefochtenen Lehre der Kirche waren sie verstockte Gottesmörder und verdienten eine dementsprechende Behandlung. Sie waren aber auch Menschen, Nachbarn, durch die ihnen aufgezwungene, sehr beengte Lebensweise keiner aggressiven Handlung fähig, dafür rasche Denker, gute Rechner und fleißige Kaufleute mit weitverzweigten internationalen Beziehungen. Die Landesfürsten von Österreich und die Bürger von Wien hatten ihre Nützlichkeit zweifellos erkannt, mußten dabei aber naturgemäß mit ihrem christlichen Glauben in Konflikt geraten, da die Juden – und davon waren die Christen felsenfest überzeugt – Jesus gekreuzigt hatten; man strebte daher eine Lösung ohne Lösung an, man hielt die Juden in einem durch Gesetze streng umrissenen Zustand der Rechtlosigkeit, der sich obendrein als brauchbares psychologisches Ventil erwies: Denn auch der letzte getretene und geschundene mittellose Knecht war mehr als ein Jude, einfach dadurch, daß er eben kein Jude war.

Schon das erste Lateranische Konzil (1123) verbot den Christen, für geliehenes Geld Zinsen zu nehmen. Die Wirtschaft in Europa war jedoch gerade im Begriff, vom Zahlungsmittel Naturalien auf Geld umzusteigen. Das Geldgeschäft wurde bereits unentbehrlich. Nun sprangen die Juden, durch religiöse Gebote nicht behindert, in die Bresche, und man hieß sie sowohl am Hofe eines Fürsten als auch im Haus eines reichen Stadtbürgers willkommen, verachtete sie gleichzeitig aber für eine zwar unbedingt notwendige, von der Kirche jedoch verpönte und verbotene Tätigkeit. Die Zinsen, von den Herzogen und Grafen offiziell genehmigt, waren allerdings oft sehr hoch, in krassen Fällen erreichten sie mehr als hundert Prozent, und das führte unweigerlich zu Spannungen zwischen der christlichen Mehrheit und der jüdischen Minderheit.

Die Babenberger schwankten in der Judenfrage von einer vernünftigen, freilich auch gewinnbringenden Milde, die zweifellos überwog, bis zur ebenfalls gewinnbringenden, aber eher selten angewandten nackten Erpressung. In den ersten hundert Jahren ihrer Amtszeit besaßen die Juden, die in der Mark Österreich anscheinend in größeren Gruppen angesiedelt waren, Güter auf dem Land, worauf noch einige Ortsnamen, zum Beispiel Judenau in der Nähe von Tulln, hindeuten. Ab Mitte des 12. Jahrhunderts zogen sie, zum Teil wahrscheinlich schon unter Zwang, zum Teil aber auch, um den Zentren des Handels näher zu sein, in die Stadt, vor allem nach Wien. Zu größeren Ausschreitungen gegen ihre Gemeinde kam es in der Zeit der Babenberger nicht, obwohl die überhitzte Atmosphäre zu Beginn der Kreuzzüge dem Fremdenhaß, der Raub- und Mordlust und auch dem gewalttätigen Antisemitismus im Westen Europas neue, verhängnisvolle Impulse gab. In Wien wurden von durchziehenden Kreuzfahrern erst im Jahr 1196 fünfzehn Juden ermordet, unter ihnen auch der Münzmeister und Pächter der herzoglichen Münzstätte, ein allseits geschätzter Mann namens Schlom.

Herzog Heinrich II. „Jasomirgott" achtete streng darauf, daß Kreuzfahrer in seiner neuen Hauptstadt, falls er sie überhaupt hineinließ, unter Bewachung gestellt, kein Verbrechen begingen. Er hat in seiner Residenz, im Berghof, vornehme Gäste bewirtet, auch der deutsche König und Kaiser, Friedrich I. Barbarossa wohnte, als er Wien besuchte, zwei Wochen lang in den Räumen des Herzogs. Heinrich II., für die Erhebung Österreichs zum Herzogtum dankbar, benahm sich eine Zeitlang dem Herrscher gegenüber als besonders treuer Vasall; die Rechnung Friedrich I. Barbarossas ging also zunächst auf. Heinrich II. kämpfte für ihn, obwohl laut des *Privilegium minus* nicht mehr verpflichtet, auch von den Grenzen Österreichs weit entfernt, vor den Mauern von Mailand. Er zeichnete sich bei der Belagerung mehrerer lombardischer Städte aus; die Chroniken erwähnen seine besondere Tapferkeit. Nach dem Fall und der gründlichen Zerstörung von Mailand widmete sich Friedrich I. Barbarossa dem neu aufgelebten Investiturstreit: Er wollte den allseits beliebten und anerkannten, aber auch zweifellos selbstherrlichen Papst Alexander III. absetzen, ernannte einen Gegenpapst, Paschalis III., traf aber in Oberitalien und selbst in den deutschen Ländern auf erheblichen Widerstand. Die Kirche im Herzogtum Österreich war gespalten, denn die Diözese Passau stand auf der Seite des Königs und Kaisers, die Diözese Salzburg hielt zu Papst Alexander III. Herzog Heinrich II. „Jasomirgott" geriet in eine schwierige Lage. Er versuchte wieder einmal, Zeit zu gewinnen, vorsichtig zu taktieren, er wollte am liebsten Alexander III. unterstützen, mußte aber Paschalls III. anerkennen. Die Folge seiner zwiespätigen Haltung war, daß er das Vertrauen von Friedrich I. Barbarossa verlor. Das Verhältnis zwischen Kaiser und Herzog blieb fortan kühl, nahezu feindselig. Als Herzog Sobieslaw II. von Böhmen im Jahr 1175 mit angeblich sechzigtausend Mann, darunter auch Polen, Russen und Sachsen, das Herzogtum Österreich angriff, mischte sich Friedrich I. Barbarossa, obwohl er die Möglichkeit gehabt hätte, nicht in den Konflikt ein. Der Krieg brach aus, weil Herzog Heinrich II. im heutigen Waldviertel und im Mühlviertel auf böhmischem Territorium Rodungsarbeiten durchführen ließ, um sein Hoheitsgebiet nach Norden auszudehnen. In den wechselhaften Kämpfen gelang es vorerst der böhmischen Übermacht, bis zur Donau vorzudringen, dann unternahm der Herzog von Österreich im Herbst 1176 eine gut vorbereitete Gegenoffensive, das böhmische Heer mußte sich bis Znaim zurückziehen. Der Krieg dauerte noch an, die Kämpfe flammten aber nur mehr sporadisch auf, als am 29. November 1176 Herzog Heinrich II. in der Nähe von Melk mit seinem Pferd durch eine morsche Holzbrücke brach und sich einen komplizierten Schenkelhalsbruch zuzog, an dem er am 13. Januar 1177 im Alter von dreiundsechzig Jahren in Wien starb. Er wurde, seinem Wunsch entsprechend, in der Schottenkirche der irischen Mönche beigesetzt, sein Grab hatte man jedoch, als man es Mitte des 17. Jahrhunderts zu suchen begann, nicht mehr gefunden.

Herzog Leopold V. – Die seltsamen Geschäfte eines Tugendhaften

Herzog Leopold V., der „Tugendhafte", der im Laufe seiner Regierungszeit in manche Handlungen verwickelt war, die man nicht gerade als tugendhaft bezeichnen kann, ritt im tiefsten Winter nach Italien, um sich als Nachfolger seines Vaters, Heinrich II. „Jasomirgott", vom deutschen König und römischen Kaiser bestätigen zu lassen. Friedrich I. Barbarossa empfing den damals zwanzig Jahre alten Herzog am 24. Februar 1177 in seinem Feldlager in Candelare bei Pesaro und belehnte ihn auch formell mit dem Herzogtum Österreich. Er fand anscheinend auch Gefallen an ihm, das Verhältnis der beiden blieb von der ersten Stunde ihrer Begegnung an herzlich und ungetrübt.

Im Juli 1177 söhnte sich der König und Kaiser in Venedig mit Papst Alexander III. aus, Herzog Leopold V. von Österreich war dabei, er wird unter den offiziellen Zeugen des im festlichen Rahmen geschlossenen Friedens genannt. Der Papst ritt auf einem schönen Schimmel auf den Markusplatz, der deutsche König und römische Kaiser ging neben ihm zu Fuß und hielt symbolisch seinen Steigbügel. Er hatte sicherlich kein besonderes Vergnügen daran, aber er mußte sich den Wünschen des Papstes, des einstigen Kardinals von Siena, beugen, wohldurchdachte politische Motive hatten ihn dazu veranlaßt. Denn im Römisch-Deutschen Reich nahmen die meisten mächtigen Fürsten immer mehr für den tatkräftigen, klugen und unbestechlichen Alexander III. Partei und die lombardischen Städte zogen für ihn sogar in den Krieg: Sie schlugen das Heer des deutschen Königs und römischen Kaisers am 29. Mai 1176 bei Legnano schwer. Friedrich I. Barbarossa, der, wenn es für ihn vorteilhaft war, auch die Kunst der Kompromisse fabelhaft handhaben konnte, entschloß sich rasch zu der, vom Papst Alexander III. verlangten prunkhaften Versöhnung, und er stand sie auch glänzend durch. Der Bann wurde unverzüglich gelöst, seine Macht festigte sich wieder.

Nach seiner Rückkehr aus Italien befaßte sich der deutsche König und römische Kaiser nun endlich auch mit der böhmischen Frage: Er setzte den aggressiven Herzog Sobieslaw II. kurzerhand ab und ernannte einen deutschen Edelmann zu seinem Nachfolger, Friedrich von Schwaben, einen entfernten Verwandten der Babenberger. Auf dem Reichstag von Eger, am 1. Juli 1179, verkündete Friedrich I. Barbarossa den Frieden zwischen Österreich und Böhmen; die Grenzlinie wurde neu und genauer festgelegt, sie war von da an mit der heutigen Staatsgrenze zwischen der Republik Österreich und der Tschechoslowakei nahezu identisch. Es wurde auch gleich eine Hochzeit gefeiert: der jüngere Bruder von Leopold V., Heinrich, der den schönen Titel eines Herzogs von Mödling trug – vielleicht, um nicht auf dumme Gedanken zu kommen und einen Machtkampf zu entfesseln – heiratete die Tochter des verstorbenen Herzogs von Böhmen, Wladislaw II. Das freundliche und friedliche Verhältnis zu Ungarn sicherte Herzog Leopold V. später durch die Ehe mit Ilona, der Schwester des Königs von Ungarn, Stephan III., und durch die Heirat seiner eigenen Schwester Agnes, die die Frau des ungarischen Königs Stephan III. geworden war. Auch Byzanz blieb dem Herzog von Österreich, der ja ein Sohn der Byzantinerin Theodora Kommena war, stets wohlgesinnt und hilfsbereit.

Eine konsequente, geschickt gestaltete Friedenspolitik war für Herzog Leopold V. von Österreich ebenso charakteristisch, wie auch sein Sinn und Interesse für die Wirtschaft und seine Begabung, sein Vermögen beträchtlich zu vermehren. Er war schon reich, er war zweifellos der reichste Mann in seinem Herzogtum, aber er hatte anscheinend noch immer nicht genug: Er zog, unter nicht immer ganz klaren Umständen, große Güter verstorbener Adeliger an sich, so im Raum Persenbeug, Melk, Loosdorf, Hainburg und Wien –, und er gewann für sich, schließlich aber für Österreich, die Steiermark.

Der Name Steiermark taucht das erste Mal in seiner lateinischen Form *marchia Stirie* im Jahr 1171 auf; er wird vom Namen der Stadt und der umliegenden Herrschaft Steyr, die eine Zeitlang geistiger und wirtschaftlicher Mittelpunkt der Mark war, abgeleitet. Im 10. und 11. Jahrhundert war das steirische Gebiet, in Grafschaften gegliedert, ein Teil der karantanischen Mark, beziehungsweise des Herzogtums Kärnten und gehörte, ebenfalls wie die österreichische Mark, dem Staatsverband des Römisch-Deutschen Reiches an. Das Territorium, das man noch um das Jahr 1160 Carinthia nannte, wurde von der mächtigen Grafenfamilie der Eppensteiner verwaltet, die ihren Stammsitz in Judenburg hatte. Zeitweilig waren dann Pitten, nördlich des Wechsels, und die Hengistburg bei Wildon das Zentrum der Macht. Graz, auch Gräz und Gradec genannt, eine kleine Siedlung mit einer gemischten, deutschsprachigen und slawischen Bevölkerung, war nur als Pfalz, als ein befestigtes Schloß der Markgrafen bekannt.

Nach einem kurzen Zwischenspiel der Familie Wels und Lambach übernahmen um das Jahr 1055 die Otakare (Ottokare), in den späteren

Geschichtswerken auch als die Familie der Traungauer geführt, aus der Umgebung des Chiemsees eingewanderte Baiern, treue Gefolgsleute des deutschen Königs und römischen Kaisers Heinrich III., die Verwaltung des bereits von der Burg Steyr an der Enns aus regierten und schon als Steiermark bezeichneten Landes. Das Gebiet wurde in mehreren Etappen vergrößert: 1147 kamen die Besitztümer des im Zweiten Kreuzzug gefallenen Grafen Bernhard von Spanheim-Marburg südlich der Mur und an beiden Ufern der Drau hinzu; 1158, nach dem Tod des Grafen Ekbert von Formbach und Pitten, die gesamte Umgebung des Semmerings und der Wechsel. Im Jahr 1180 verlieh der deutsche König und römische Kaiser Friedrich I. Barbarossa dem Markgrafen Otakar V. die Herzogswürde. Doch bald darauf wurde die Zukunft des neuen Herzogtums zu einem schwierigen Problem.

Der junge Herzog Otakar V. war von einer seltenen, vermutlich von heimkehrenden Kreuzfahrern aus dem arabischen Raum eingeschleppten unheilbaren Krankheit befallen. Er litt an Elefantiasis, einer bösartigen chronischen Entzündung der Hautgefäße, in deren Folge vor allem Schenkel und Unterleib auf einen vielfachen Umfang ihres Normalzustandes anschwellen. Daß die Otakare mit ihm aussterben würden, war vorauszusehen. Er selber hat auch weder geheuchelt noch an ein Wunder geglaubt, er wußte, daß er bald sterben werde, und er ging besonnen daran, die Nachfolge für die Steiermark zu regeln. Kandidaten für die Herzogswürde gab es im Römisch-Deutschen Reich genug, aber auch eine Wiedervereinigung mit Kärnten schien eine der möglichen Lösungen zu sein. Die letzte Entscheidung lag freilich bei dem deutschen König und römischen Kaiser Friedrich I. Barbarossa. Herzog Leopold V. von Österreich, der wußte, daß Herzog Otakar V. auch beachtliche Besitztümer besaß, verfolgte die Ereignisse um die Steiermark hellhörig, nahm Kontakt mit dem deutschen König und römischen Kaiser auf, aber auch mit dem todkranken Herzog Otakar V., um seinen Plan durchzusetzen. Er vertrat die keineswegs abwegige Meinung, daß die beste Lösung der bald brennend aktuell werdenden steierischen Frage aus verschiedenen, vornehmlich aus militärischen und wirtschaftlichen Gründen die Vereinigung des Herzogtums Steiermark mit dem Herzogtum Österreich unter Wahrung der eigenständigen Interessen und althergebrachten Rechte der Steirer wäre. Obendrein würde ein größeres, einheitlich verwaltetes Staatsgebilde an der Südostgrenze des Heiligen Römischen Reiches mehr Sicherheit gegen die unberechenbare Expansionspolitik der Ungarn bieten. (Die sich mehr für den Süden, für den Zugang zum Adriatischen Meer, als für die Steiermark interessierten).

Es waren kluge Argumente, Friedrich I. Barbarossa unterstützte die Absichten des Herzogs von Österreich. Der tugendhafte Leopold V. betrieb das Vorhaben emsig. Im August des Jahres 1186 traf er den von der fortschreitenden Krankheit schon schwer gezeichneten Herzog Otakar V. auf dem St. Georgenberg bei Enns. In Anwesenheit hoher Würdenträger der Steiermark und Österreichs wurde ein anscheinend nicht schriftlich festgelegter Erbvertrag ausgehandelt. Die sogenannte „Georgenberger Handfeste" (die Bezeichnung stammt aus einer wesentlich späteren Zeit), eine Urkunde, die am 17. August 1186 ausgestellt worden war, beinhaltet nicht den Vertrag selbst, sondern nur eine Art Zusatzerklärung, in der feierlich verkündet wird, wer das Herzogtum Österreich regiere, solle auch über das Herzogtum Steier herrschen, denn unter einem gemeinsamen Fürsten könne Friede und Gerechtigkeit in beiden Ländern bewahrt, beziehungsweise gefördert werden. Im weiteren befaßt sich die Urkunde mit dem an Herzog Leopold V. übertragenen Grund und Boden, dem persönlichen Besitz des Herzogs Otakar V. und mit den Rechten und Freiheiten der steierischen Ministerialen, die der Herzog von Österreich fortan stets zu berücksichtigen habe. Was Leopold V. vermutlich nicht schwerfiel. Denn er bediente sich eines für die damalige Zeit gewiß als aufgeklärt geltenden Regierungsstils und holte vor wichtigen Entscheidungen die Meinung seiner Ministerialen ein.

Nun hieß es warten. Die Ärzte, ohnehin hilflos, konnten keine genaue Prognose stellen, wann Herzog Otakar V., ein hochanständiger junger Mann, in den Himmel fahren werde. Leopold V. der „Tugendhafte" geriet plötzlich unter Zeitdruck. Denn der deutsche König und römische Kaiser Friedrich I. Barbarossa beschloß, eine siegreiche Kreuzfahrt ins Heilige Land zu unternehmen. Er sammelte ein Heer von angeblich sechshunderttausend Mann, um Jerusalem wieder zu befreien. Die Stadt wurde bereits im Lauf des sogenannten Ersten Kreuzzuges unter dem französischen Anführer Gottfried von Bouillon am 15. Juli 1099 im Sturm genommen. Die fanatisierten Ritter, von einer hysterischen Euphorie befallen, richteten unter der Bevölkerung ein fürchterliches Blutbad an. Sie metzelten dabei wahllos auch Christen und Juden nieder. Am 3. Oktober 1187 gelang es Sultan Saladin, Jerusalem zurückzuerobern und von da an fest in seiner Hand zu halten. Alle weiteren Kreuzzüge bis auf den letzten unter dem französichen König Ludwig IX. dem Heiligen, scheiterten kläglich. Am 8. Mai 1291 ging mit dem Fall Akkons, des letzten Stützpunkts der Kreuzfahrer, die christlich-europäische Herrschaft in Palästina zu Ende.

Herzog Leopold V. schloß sich dem Kreuzfahrerheer des deutschen

Königs und römischen Kaisers Friedrich I. Barbarossa nicht an; er gab vor, Angst vor einem ungarischen Angriff zu haben und schwierige Angelegenheiten in seinem Herzogtum regeln zu müssen, wobei man an ein Aufbegehren seines jüngeren Bruders, des Herzogs von Mödling, denken könnte, der mit seinem winzigen Herzogtum vielleicht nicht ganz zufrieden war. Leopold V. empfing Friedrich I. Barbarossa feierlich in Wien und ließ ihn dann weiterziehen. Er wartete auf die Steiermark. Der deutsche König und Römische Kaiser machte einen äußerst beschwerlichen Feldzug mit, gewann aber vorerst einige Gefechte. Am 10. Juni 1190 wollte er, müde und erhitzt, im Fluß Saleph in Kleinasien ein Bad nehmen, wurde dabei vom Schlag getroffen und ertrank. Er starb im Alter von siebenundsechzig Jahren.

Herzog Leopold V. verlor seinen Schirmherrn, der ihn zwar durchschaut hatte, aber gewähren ließ. Friedrich I. Barbarossas Sohn und Nachfolger, Heinrich VI. mußte sich um das unruhig gewordene Reich und um seine Krönung in Rom kümmern,er interessierte sich für den Herzog von Österreich vorerst nicht. Aber Papst Clemens III. war der Meinung, daß Leopold V. unverzüglich in den heiligen Krieg ziehen sollte, er schickte ihm persönliche Mahnungen und drohte mit schwerwiegenden Konsequenzen. Da gab es kein Zurück mehr. Im August 1190 brach der tugendhafte Leopold V. in Begleitung einer großen Anzahl österreichischer Ritter und Ministerialen gegen Jerusalem auf. Er wußte nicht, daß er dabei das Geschäft seines Lebens machen werde.

Bei der Belagerung von Akkon (heute Akka in Israel, in der unmittelbaren Nähe von Haifa), einer für den Nachschub der Kreuzfahrer überaus wichtigen, stark befestigten Hafenstadt, kämpfte er zusammen mit dem englischen König Richard I. Löwenherz. Aus der zeitweiligen, nicht gerade harmonischen Waffenbruderschaft entstand dann die größte Erpressungsaffäre des Mittelalters.

Der Herzog von Österreich, es könnte ja auch nicht anders gewesen sein, hat tapfer auf heiligem Boden gefochten, seine heldenhafte Gestalt wird in einer populären, bei näherer Betrachtung jedoch recht geschmacklosen Sage auch mit der Entstehungsgeschichte der rot-weiß-roten österreichischen Landesfarben in Verbindung gebracht. Denn Leopold V. soll förmlich in Blut gewatet haben, sein weißes Gewand vom Blut des gottlosen Feindes dermaßen überströmt gewesen sein, daß davon nur ein vom Schwertgurt bedeckter breiter Streifen verschont blieb. Daraufhin habe er beschlossen, dieses, im heiligen Streit für die Ehre Gottes entstandene Muster zu seinem Wappenschild zu machen. Doch die Kreuzritter zogen keineswegs in wallenden weißen Gewändern, sondern, trotz der großen Hitze, in voller Rüstung in die Schlacht. Das rot-weiße Bindenschild taucht das erste Mal um das Jahr 1235 auf den Siegeln des letzten Babenbergers, Herzog Friedrich II. des „Streitbaren" auf. Die Herkunft des Wappens, beziehungsweise die Idee, die der Farbenzusammenstellung zugrunde lag, ist unbekannt.

Nach einem Sturmangriff der Kreuzfahrer fiel die Stadt Akkon am 12. Juli 1191. Der König von England, Richard I. Löwenherz, einer der Anführer der Ritter, damals vierunddreißig Jahre alt, tollkühn, aber auch herrschsüchtig, habgierig und rücksichtslos, soll ein Feldzeichen, eine Fahne oder ein Wappen Herzog Leopolds V. des „Tugendhaften," von einem von den österreichischen Kriegern eroberten Turm heruntergerissen und in eine Latrine geworfen haben. Eine tödliche Beleidigung, die aber in der stets gereizten Atmosphäre der äußerst beschwerlichen Kampfhandlungen im Heiligen Land unter den noblen Rittern fast tagtäglich vorkam. Herzog Leopold V. von Österreich habe sie auch, sollte sich der Zwischenfall tatsächlich ereignet haben (gesichertes Quellenmaterial darüber gibt es nicht), an Ort und Stelle langmütig hingenommen. Doch er habe sie, so die jedem Schulkind in Österreich und jedem Besucher der Ruine Dürnstein in der Wachau geläufige Erzählung, keineswegs vergessen. Als Richard I. Löwenherz nach getaner Kreuzfahrt im Spätherbst des Jahres 1192, nach einem Schiffbruch in der Nähe von Aquileja in Norditalien, die Heimreise auf dem Landweg antrat und dabei österreichisches Hoheitsgebiet überquerte, ließ ihn Herzog Leopold V. festnehmen, auf der Burg seines treuen Ministerialen Hadmar von Kuenring, Dürnstein in der Wachau, in ehrenvoller milder Haft halten – daß der König von England Zeit und Ruhe habe, über sein schlechtes Benehmen nachzudenken. Später schenkte er ihm großzügig, wie es damals unter hochgestellten Herren der Brauch war, die Freiheit gegen ein symbolisches Lösegeld. Soweit die Erzählung.

Richard I. Löwenherz war ein erklärter politischer Gegner des damals erst sechsundzwanzig Jahre alten neuen deutschen Königs und römischen Kaisers Heinrich VI. Er unterstützte im Heiligen Römischen Reich mehrere Parteien, die den Sturz des Herrschers herbeiführen wollten, vor allem aber den für Heinrich VI. äußerst gefährlichen Heinrich den Löwen, Herzog von Bayern und Sachsen aus der Familie der mit den Staufern nach wie vor verfeindeten Welfen. Obendrein war der englische König noch in Palästina in einen undurchsichtigen Mordfall verwickelt: Der italienische Kreuzfahrer Konrad von Monferrat, ein Verwandter des deutschen Königs und römischen Kaisers Heinrich VI., den man mit Zustimmung der deutschen und französischen Ritter zum

König von Jerusalem, das heißt zum Herrscher des gesamten Heiligen Landes ausrief, wurde erdolcht. Der Täter gestand, daß er von Richard I. Löwenherz, der angeblich selber nach dem schönen Titel und den mit ihm verbundenen reichen Besitztümern strebte, angestiftet worden war. Doch man wollte die Aussage eines Meuchelmörders, der vielleicht im Auftrag der Muselmanen gehandelt hatte, um die Kreuzfahrer gegeneinander aufzubringen, nicht als stichhaltigen Beweis gelten lassen. Man war auch unschlüssig, wie man gegen den englischen König, einen ausgezeichneten Heerführer, der unter den Kreuzfahrern trotz seines oft barschen Benehmens äußerst populär war, an Ort und Stelle vorgehen sollte. So betrachtete man, wenn auch mit einem schalen Nachgeschmack, den Mordfall Monferrat als abgeschlossen. Zum König von Jerusalem und des Heiligen Landes wurde allerdings nicht Richard I. Löwenherz ausgerufen, sondern ein von ihm unterstützter junger französischer Graf, Henry de Champagne. Der deutsche König und römische Kaiser Heinrich VI. wiederum, von der Schuld des englischen Monarchen überzeugt, dachte keineswegs an Vergebung; er war vom Schauplatz im Heiligen Land weit weg, er kämpfte gerade um den Besitz von Sizilien, und schob die Vergeltung nur für einen geeigneten Zeitpunkt auf. So gab er in seinem gesamten Machtbereich allen Landesfürsten, Herzögen, Grafen und Stadtbeamten den Befehl, Richard I. Löwenherz, sollte er sich innerhalb der Grenzen des Heiligen Römischen Reiches zeigen, unverzüglich festzunehmen und ihm auszuliefern.

Davon war aber der englische König bereits unterrichtet. Er versuchte sich daher, als sein Schiff vor Aquileja unterging, als Pilger verkleidet, über das Territorium des deutschen Königs und römischen Kaisers durchzuschlagen. Seine Tarnung war anscheinend unzureichend, zeitgenössische Quellen beschreiben ihn als eine königliche Erscheinung, als einen groß gewachsenen, stattlichen Mann mit ebenmäßig-erhabenen Gesichtszügen, mit rotblondem Haar und Bart und schönen klugen Augen. Schon in Friaul wurde er erkannt und beobachtet. Friedrich von Pettau, dem Herrn von Friesach und Kärnten, gelang es, sich einiger Diener des berühmten Reisenden habhaft zu machen. Richard I. Löwenherz entschloß sich daraufhin zu einem Täuschungsmanöver: Anstatt den direkten Weg über Salzburg nach dem Nordwesten zu nehmen, machte er einen Abstecher in nordöstlicher Richtung. Er ging, nur von zwei Dienern begleitet, nach Wien, wurde aber am 21. Dezember 1192 in Erdberg, in einem Dorf in der unmittelbaren Nähe der Residenzstadt des Herzogs von Österreich, erkannt und festgenommen. Ob seine Verhaftung gelang, weil sein Diener in einer Schenke Lebensmitteln kaufte und mit byzantinischen Goldstücken, die in Mitteleuropa nur selten zu sehen waren, zahlen wollte, oder weil man den königlichen Siegelring des angeblichen Pilgers gesehen hatte, als er am Spieß ein Huhn drehte, ist heute nicht mehr zu verifizieren, spielt aber auch, was den wesentlichen Teil der Affäre betrifft, keine Rolle.

Der wesentliche Teil der Affäre war das Lösegeld. Das jedoch nicht, wie oft fälschlich berichtet wird, Herzog Leopold V. der „Tugendhafte" von dem englischen König gefordert hatte, sondern Heinrich VI., der deutsche König und römische Kaiser. Leopold V. verlangte bloß seinen Anteil. Richard I. Löwenherz war reich, er hatte nicht nur in England, sondern auch in Frankreich ausgedehnte Besitztümer, und er besaß schöne Güter im Heiligen Land, schickte aber auch noch während der Kampfhandlungen vollbeladene Schiffe mit erbeuteten Wertgegenständen nach Hause. Heinrich VI. forderte für die Freilassung des englischen Monarchen 100.000 Mark Silber im sogenannten Kölner Gewicht – in heutige Währung beziehungsweise Kaufkraft umgerechnet etwa 50 Milliarden Schilling. Richard I. Löwenherz landete zunächst auf der Burg Dürnstein. Ob in einer tatsächlich ehrenvollen und milden Haft kann man nachträglich nicht mehr feststellen. Er sollte bereits Mitte Januar Heinrich VI. in Regensburg ausgeliefert werden, doch die zähen Verhandlungen zwischen dem deutschen König und römischen Kaiser und dem Herzog von Österreich über die Teilung der Beute zogen sich in die Länge. Leopold V. war nicht bereit, sich mit einem Trinkgeld abzufinden, er forderte die Hälfte des festgesetzten Betrages. Heinrich VI. zögerte, rechnete hin und her, war erbost, aber Leopold V. verfügte über den Gefangenen, und er gab nicht nach. Die Zeit verging, Richard I. Löwenherz, einmal schon nach Regensburg verschafft, wurde wieder nach Dürnstein zurückgebracht und mußte warten. Der deutsche König und römische Kaiser und der Herzog von Österreich sind dann doch handelseinig geworden: Leopold V. sollte fünfzig Prozent des Lösegeldes bekommen.

Die enorme Forderung brachte die Staatsfinanzen des englischen Königreichs ins Wanken: Sondersteuern mußten eingehoben, Kirchenschätze beschlagnahmt, wertvolle Verzierungen von öffentlichen Gebäuden abmontiert und eingeschmolzen werden. Um daheim, wo bereits sein Bruder, John ohne Land, mit französischer Hilfe seinen Platz einnehmen wollte, das Gesicht zu wahren, ließ Richard I. Löwenherz die Transaktion als eine familiäre Angelegenheit zwischen befreundeten Herrscherhäusern darstellen, als die längst fällige Ausbezahlung einer allerdings ungewöhnlich hohen Mitgift für seine Nichte

Eleonore, die den ältesten Sohn Leopolds V. von Österreich, Friedrich, heiraten sollte. Sie heiratete einige Jahre später König Alfons von Kastilien.

Am 28. März 1193 übergab Leopold V. in Speyer Heinrich VI. den überaus wertvollen Gefangenen. Der deutsche König und römische Kaiser hielt nun den englischen König auf der Burg Trifels im Rheinland in milder Haft. Am 29. Juni wurde in Worms zwischen Richard I. Löwenherz und Heinrich VI. ein Vertrag über alle Einzelheiten der Erpressung geschlossen. Der englische König zahlte, und am 4. Februar 1194 ging er endlich frei.

Der deutsche König und römische Kaiser verpulverte das Lösegeld in seinen wiederholten italienischen Feldzügen, im Kampf um Sizilien, das er schließlich erobern konnte, und für die Vorbereitung eines Krieges gegen Byzanz, um die Herrschaft des Heiligen Römischen Reiches auch auf den christlichen Osten auszudehnen. Dazu kam es aber nicht mehr, der Brocken war für Heinrich VI. doch zu groß.

Herzog Leopold V. der „Tugendhafte" hingegen, verwendete den immensen Betrag, der ihm in den Schoß fiel, nicht für sich und auch nicht für unerreichbare Ziele, sondern für das Wohl seines Herzogtums, für das Land Österreich. Wien wurde neu befestigt, beträchtlich erweitert und veschönert, der Graben mit dem umliegenden Straßennetz, der Kohlmarkt und wahrscheinlich auch der Hohe Markt angelegt. In der Residenzstadt des Herzogs wurde eine Münzstätte errichtet, die von einer Körperschaft ehrbarer Bürger, „Hausgenossen" genannt, überwacht, ab 1194 eine eigene, in ganz Europa geschätzte Währung, den Wiener Pfennig, geprägt hat.

Auch Hainburg, die Grenzstadt zu Ungarn, ließ Leopold V. aus dem englischen Lösegeld umbauen und vergrößern. Die Stadt Enns bekam neue Mauern und Bollwerke. Die Befestigungsanlagen von Hartberg wurden verstärkt. Im Wiener Becken gründete der Herzog im Jahr 1194, anstelle von zwei kleinen Dörfern eine neue, befestigte Großsiedlung: Wiener Neustadt. Das Vorhaben wurde, nach eingehenden Beratungen mit seinen Ministerialen, in einer Versammlung in Fischau beschlossen. Die „Neustadt", wie sie vorerst hieß, wurde ebenfalls mit Geldmitteln aus der von Richard I. Löwenherz erpreßten Summe reich ausgestattet. Dieser, an der über den Semmering führenden neu ausgebauten Straße errichtete militärische und wirtschaftliche Stützpunkt war für Herzog Leopold V. besonders wichtig. Denn der Donauhandel brach infolge der unsinnigen, ins Uferlose ausgearteten Zollschikanen so gut wie zusammen: allein zwischen Linz und Wien mußten die mit Waren beladenen Schiffe an siebenundsiebzig Mautstationen, die Grundherren, Klöster oder die herzogliche Verwaltung betreut hatten, anlegen, ihre Ladung visitieren lassen – und zahlen. Die Wirtschaftsbeziehungen mit der bereits mächtig und wohlhabend gewordenen Republik Venedig wurden auf Initiative des Herzogs erheblich intensiviert, die Kaufleute wandten sich immer mehr nach Süden und benützten den billigeren und verhältnismäßig sicheren Transportweg Straße. Eine weitere wesentliche Rolle, die der neu gegründeten Stadt zukam, war die einer politischen und militärischen Basis und Zwischenstation in Richtung Mürz-, Mur- und Ennstal. Denn seit dem 24. Mai 1192 gehörte Leopold V. die Steiermark.

Am 8. Mai 1192 im Alter von neunundzwanzig Jahren war der todkranke Herzog Otakar V. gestorben. Schon zwei Wochen später, am 24. Mai 1192, übertrug der deutsche König und römische Kaiser Heinrich VI. auf dem Reichstag in Worms die Steiermark auf Leopold V. Sie wurde dem Herzogtum Österreich vorerst offiziell nicht angeschlossen, sondern mit ihm gemeinsam verwaltet, das heißt, sie behielt theoretisch ihre für die Steirer schon damals so wichtige und stolz gepflegte Unabhängigkeit. Doch das *Territorium Austria* gewann dadurch in beachtlichem Ausmaß an Grund und Boden, an wirtschaftlichem Potential und an politischer Bedeutung. Durch den persönlichen Besitz des verstorbenen Otakar V., der Leopold V. zufiel, wurde der Herzog von Österreich wohl der reichste Mann in Mitteleuropa, was nicht zuletzt sein Ansehen hob, aber auch seine politische und wirtschaftliche Handlungsfreiheit spürbar erweitert hatte. Der Chronist Magnus von Reichersberg nannte ihn zu dieser Zeit den „mächtigsten Fürsten im östlichen Deutschland". Er förderte weiterhin den internationalen Fernhandel, der seinem Wunsch nach über Österreich oder zumindest teilweise über Österreich abgewickelt werden sollte, und stellte, nun als mächtiger Landesherr, am 9. Juli 1192 den Kaufleuten von Regensburg ein sogenanntes großes Privileg aus, das ihre Tätigkeit in Wien, Tulln, Melk, Mauthausen und St. Pölten entscheidend gefördert hatte.

Leopold V., Herzog von Österreich und Steier (so hieß sein offizieller Titel), hielt sich häufig in der Steiermark, im Mürztal, im Ennstal und in der Umgebung von Graz auf; er schien dort auch auf einigen Widerstand gestoßen zu sein, vor allem, als Papst Cölestin III., ein rüstiger Greis von achtundachtzig Jahren, den tugendhaften Leopold V. wegen der gesetzwidrigen Gefangennahme eines edlen Kreuzfahrers, Richard I. Löwenherz, im Frühjahr 1194 überraschend mit dem Kirchenbann belegte. Der Bann, der mit dem sogenannten Interdikt, mit dem päpstlichen Verbot, in den Ländern des exkommunizierten Fürsten Gottesdienste abzuhalten und Tote nach dem katholischen Ritus zu begraben, verbunden war, ließ Leopold V. zunächst kalt. Der Klerus in Österreich hielt zu ihm, der Herzog hatte ja wiederholt die kirchlichen Institutionen beschenkt, und erteilte österreichischen und steirischen Klöstern großzügige Privilegien. Schriftliche Beweise über die Auswirkung des Interdikts liegen nicht vor, aber es ist anzunehmen, daß man den Befehl des Papstes in den beiden Herzogtümern mehrheitlich ignoriert hat.

Am 26. Dezember 1194 stürzte Leopold V. gleich zu Beginn eines Turniers in Graz vom Pferd und brach sich den Knöchel so unglücklich, daß man sich entschloß, den Fuß zu amputieren. Ein Kämmerer, ein Finanzbeamter der herzoglichen Hofhaltung, der von Medizin einiges zu verstehen glaubte, nahm den Eingriff mittels eines Jagdmessers und eines Hammers vor. Binnen Stunden machte sich eine rasch fortschreitende Blutvergiftung bemerkbar. Der Herzog litt furchtbare Schmerzen und wußte, daß er nicht mehr gerettet werden konnte. Angesichts des Todes wollte er sich mit dem Papst versöhnen. Er gelobte, daß er über die Verwendung des englischen Lösegeldes offenherzig Auskunft geben und den noch verbliebenen Rest, allerdings nur noch 4000 Silbermark unverzüglich zurückzahlen werde. Daraufhin sprach Erzbischof Adalbert von Salzburg den Herzog von Österreich und Steier im Namen des Papstes, der davon aber erst später in einem Brief unterrichtet wurde, vom Kirchenbann frei. Am 31. Dezember 1194 starb Leopold V. im Alter von siebenunddreißig Jahren in Graz. Die Verrechnung über die von Richard I. Löwenherz erpreßten und bereits ausgegebenen 46.000 Silbermark wurde nicht mehr erstellt, und auch die restlichen 4000 Silbermark niemals zurückgezahlt, obwohl Leopolds V. ältester Sohn Friedrich I. vor dem Begräbnis seines Vaters das Gelöbnis zusammen mit zwölf hohen Herren von Österreich und Steier in Anwesenheit des Bischofs von Passau, Wolfger, feierlich wiederholt und bekräftigt hatte.

Bald nach dem Tod des Herzogs von Österreich und Steier, Leopold V., des „Tugendhaften", traten auch die anderen Schlüsselfiguren der Affäre Löwenherz von der politischen Bühne ab: Der deutsche König und römische Kaiser Heinrich V. starb, als er einen neuen Kreuzzug in das Heilige Land führen wollte, am 28. September 1197 im Alter von zweiunddreißig Jahren in Messina in Sizilien, wo er noch einen Aufstand vergeblich zu unterdrücken versuchte, an der Ruhr; Papst Cölestin III. am 8. Januar 1198 an Altersschwäche in Rom; der englische König

Richard I. Löwenherz am 6. April 1199 in Frankreich durch einen Pfeilschuß in einem unsinnigen Privatkrieg, der um die Teilung eines in der Burg Chalus versteckten Goldschatzes gegen seinen aufsässigen Vasallen, den Grafen Guidomar von Limoges ging. Er war zweiundvierzig Jahre alt geworden.

Herzog Friedrich I. –
Nur ein präpariertes Skelett

Herzog Friedrich I., der Katholische, geboren um das Jahr 1175 (genaue Daten stehen uns nicht zur Verfügung) hatte nur dreieinhalb Jahre regiert. Er blieb in der Geschichte der Babenberger eine blasse, schemenhafte Figur, die einige Stifte und Klöster beschenkt hat, darunter die Propstei Ardagger an der Donau, die Klöster Seitenstetten und Wilhering, aber auch das Zisterzienserkloster Walderbach, das nicht in Österreich, sondern in der deutschen Oberpfalz lag. Im Frühjahr 1197 schloß er sich mit einem kleinen österreichischen Kontingent als Nachzügler dem Kreuzzug des deutschen Königs und römischen Kaisers Heinrich VI. an, erreichte Sizilien, traf aber den Herrscher nicht mehr persönlich: er nahm nur an dessen Beisetzung im Dom von Palermo teil. Er wollte noch nach Akkon übersetzen, kehrte aber, da die meisten Kreuzfahrer sich verliefen, doch um und starb auf der Heimreise, vermutlich ebenfalls an der Ruhr, am 16. April 1198 im Alter von etwa dreiundzwanzig Jahren an einem näher nicht genannten Ort in Italien. Bischof Wolfger von Passau brachte sein präpariertes Skelett, das man *morte teutonico*, deutsche Tote nannte, heim nach Österreich und übergab es den Mönchen des Stiftes Heiligenkreuz, wo bereits die Herzöge Leopold IV. und Leopold V, ihre letzte Ruhestätte gefunden hatten.

Herzog Friedrich I., der Katholische, der für die Nachwelt so gut wie keine nennenswerten Spuren hinterließ, war unverheiratet und hatte keine Kinder. So übernahm sein jüngerer Bruder, Leopold VI., der „Glorreiche", im Alter von zweiundzwanzig Jahren die Regierungsgewalt. Schon seit dem Silvestertag des Jahres 1194 verwaltete er die Steiermark, obwohl sein Vater, Leopold V., „der Tugendhafte", sich im Georgenberger Vertrag ausdrücklich für einen „gemeinsamen Fürsten" in beiden Herzogtümern aussprach. Wahrscheinlich dachte Leopold V. jedoch keineswegs daran, sich an seinen eigenen, vom verstorbenen steierischen Herzog Otakar V., aber auch vom deutschen König und römischen Kaiser Heinrich VI. bestätigten Leitsatz zu halten, sondern vielmehr daran, die Herrschaft unter seinen Söhnen zu teilen, um einen möglichen Machtkampf innerhalb der Familie zu verhindern. Mit dem Tod des älteren Sohnes Friedrich I., dem Katholischen, wurde die vom anscheinend besorgten Vater angeordnete, schriftlich aber bewußt nicht festgelegte neue Trennung der österreichischen und der steierischen Landeshoheit stillschweigend wieder hinfällig. Der Georgenberger Vertrag trat, von niemandem angefochten, wieder in Kraft. Heinrich der jüngere Bruder des in Graz verstorbenen Leopold V., des „Tugendhaften", war mit seinem Herzogtum Mödling anscheinend vollauf zufrieden; Wir haben keine Nachricht darüber, daß er je versucht hätte, sich in die Politik Österreichs und der Steiermark einzumischen. Um das Jahr 1180, lange vor der Vereinigung Österreichs mit der Steiermark und der äußerst ertragreichen Affäre Löwenherz, scheint sein Name in einer Urkunde das letzte Mal auf: er kümmerte sich als Schirmherr (Vogt) um das Kloster St. Emeran in Bayern. Was später geschah, weiß man nicht genau, doch das Herzogtum Mödling, um heute nur mehr zur Faschingszeit kurzfristig aufzuleben, verschwand bald von der historischen Landkarte Österreichs.

Herzog Leopold VI. –
Wie ein Finanzgenie glorreich regiert

Nach dem Tod des Königs und Kaisers Heinrich VI. brach im Heiligen Römischen Reich das übliche Chaos aus; der fatale Hang der Deutschen, politische Konflikte mittels nackter Gewalt auszutragen, feierte wieder einmal fröhliche Urständ. Die Welfen und die Staufer bekämpften einander verbittert. Beide Familien hatten einen höchst geeigneten Kandidaten für den Thron, die Welfen Otto IV. von Braunschweig, Sohn des rebellischen Heinrich des Löwen, die Staufer den jüngsten Sproß des im Heiligen Land verstorbenen großen Königs und Kaisers Friedrich I. Barbarossa, Philipp von Schwaben. Die Mehrheit des deutschen Adels unterstützte zunächst das erst neunzehn Jahre alte Mitglied der Familie Staufer, das bereits eine bewegte Vergangenheit hinter sich hatte und in der Tat ein passabler Herrscher hätte werden können: Er war schon kurzfristig Bischof von Würzburg, dann verwaltete er die Toskana, die legendären Mathildischen Güter, und er war mit Irene, Tochter des byzantinischen Kaisers Isaak Angelos, verheiratet. Er wurde am 8. September 1198 in Mainz gekrönt, mußte aber in mehreren deutschen Herzogtümern und in Italien Krieg gegen die ebenfalls zahlreichen Anhänger Otto IV., führen. Die Kirche schwankte hilflos zwischen den Parteien, und Herzog Leopold VI. der Glorreiche von Österreich und Steier, schwankte ebenfalls, aber zielbewußt: er stand weitsichtig und ein wenig abseits immer auf der Seite der Stärkeren. Zuerst war es Philipp, der Staufer, bis er am 21. Juni 1208 während der Hochzeitsfeier des Herzogs Otto von Andesch-Meran mit Beatrix von Burgund in Bamberg von dem Pfalzgrafen Otto von Wittelsbach durch mehrere heftige Schwerthiebe ermordet wurde. Nun trat Otto IV. aus der Familie der Welfen im Alter von siebenundzwanzig Jahren im gesamten Heiligen Römischen Reich die Regierung an. Die Kirche schwankte nicht mehr, Papst Innozenz III., ein besonders selbstbewußter und energischer Mann auf dem Stuhl Petri, krönte ihn am 4. Oktober 1204 in Rom zum Kaiser. Der Preis war die Anerkennung der Oberhoheit der Kirche über die weltliche Macht und die toskanischen Güter der Gräfin Mathilde. Herzog Leopold VI. beeilte sich, den neuen deutschen König und römischen Kaiser anzuerkennen. Als aber Otto IV. seine Versprechungen dem Papst gegenüber nicht gehalten hatte und ein neuer, aussichtsreicher Kandidat, Friedrich II. aus der Familie der Staufer auftauchte, begann Leopold VI., der Glorreiche, den neuen Mann vorsichtig zu unterstützen. Er rechnete richtig, nach dem Tod von Otto IV. im Jahre 1218 wurde Friedrich II., erst vierzehn Jahre alt, vom sanftmütigen und mildtätigen Papst Honorius III. zum römischen Kaiser gekrönt. Von da an hatte der Herzog von Österreich und Steier ein ausgezeichnetes Verhältnis zum deutschen König und römischen Kaiser Friedrich II., nicht zuletzt auch deshalb, weil der Herrscher, in Jesi bei Ancona in Italien geboren, sich vornehmlich um Italien gekümmert und für so fern liegende, kalte Gegenden wie Österreich nur wenig Interesse gezeigt hatte.

Leopold VI., der „Glorreiche", stand zweiunddreißig Jahre hindurch an der Spitze der miteinander schon eng verbundenen Herzogtümer Österreich und Steier. Seine Regierungszeit wird allgemein als „glorreich", als eine glückliche Epoche des Friedens, des Wohlstandes und der kulturellen Reife geschildert. Es gab freilich auch Schattenseiten und Schönheitsfehler, so die erste organisierte Ketzerverfolgung im mitteleuropäischen Raum, die Leopold VI. mit besonderem Eifer betrieb. Er ließ die sogenannten Waldenser in Österreich gnadenlos aufspüren und unbarmherzig beseitigen. Die Zahl der Hinrichtungen ist nicht bekannt. Die Waldenser, nach ihrem ersten Anführer, Peter Valdez, einem reichen Kaufmann von Lyon benannt, verwarfen die Lehre vom Fegefeuer, lehnten die Seelenmesse ab, traten für eine auf die Worte der Bergpredigt aufgebaute Gesellschaftsordnung ein und wollten den Papst nicht als höchste Autorität des Christentums anerkennen.

Zu den Schattenseiten gehören auch die bewaffneten Abenteuer einer kleinen, vom Herzog angeführten Ritterschar in Südfrankreich, wo es um die Ausrottung von Ketzern ging, seine verschärften Strafbestimmungen für eher harmlose Verfehlungen und die harte Durchsetzung der diktatorisch gehandhabten herzoglichen Autorität. Doch die Ursachen dafür lagen zum Teil mehr im Geist der Zeit, in der wieder strenger, ja militant gewordenen ideologischen Ausrichtung der Kirche und in der Verhaltensweise des für theatralische Gesten und Taten schwärmenden Rittertums, als in dem in mancher Hinsicht widersprüchlichen Charakter des Herzogs.

Leopold VI. war, wenn auch in der glänzenden Rüstung eines tugendhaften und tapferen Ritters, in erster Linie ein ideenreicher und risikofreudiger Wirtschafts- und Finanzmann; wahrscheinlich der beste, der Österreich je regiert hat. Er sah die großen Vorteile der geopolitischen Lage seines Landes und wußte sie mit geradezu unheimlicher Intensität zu nützen. Mit einem überfallsartigen Geniestreich, dem Wiener Stapelrecht, erfand er die Ost-West-Drehscheibe, die gesetzlich verankerte Grundlage eines ungeahnten Aufschwunges und einer bis dahin nicht gekannten materiellen Sicherheit der Wiener Bevölkerung, vor allem des aufstrebenden, durch den Zufall der Geburt nicht mehr an ein eng begrenztes, genau vorausberechnetes Dasein gebundenen städtischen Bürgertums.

Das Stapelrecht war ein Teil des vom Herzog erlassenen Wiener Stadtrechtes, das in seiner heute bekannten Form von späteren Autoren redigiert und in Paragraphen eingeteilt wurde. Das Stapelrecht, das erste im deutschsprachigen Raum (Köln: 1259, Leipzig: 1466), ein überraschender wirtschaftspolitischer Schachzug, schrieb zwingend vor, daß fremde Kaufleute, die ihre Waren auf der Donau oder über die Fernstraßen transportierten, diese in der Residenzstadt des Herzogs stapeln, das heißt einlagern und Wiener Zwischenhändlern verkaufen mußten, die also die Preise diktieren und an dem Weiterverkauf, den nur ausschließlich sie betreiben durften, beachtliche Summen verdienen konnten. Der fremde Kaufmann, vornehmlich aus dem Deutschen Reich, aus Köln, aus Regensburg und aus Passau, aber auch aus Ungarn und Böhmen, aus Venedig, aus Byzanz und sogar aus dem sagenhaft fernen Kiew, hatte in Wien knappe zwei Monate Zeit, sein Handelsgut loszuwerden. Fand er keinen Abnehmer, mußte er die Waren nach Errichtung einer ziemlich hohen Ausfuhrgebühr wieder nach Hause führen, was beinahe einem Totalverlust gleichkam. Am Ende der Frist gab es daher fast regelmäßig Panikverkäufe. Die Wiener konnten bei stark herabgesetzten Preisen wertvolle Lagerbestände erstehen. Das alles roch zweifellos nach Erpressung, doch das neue Stapelrecht wurde, da Wien wegen seiner günstigen geographischen Lage kaum zu umgehen war, niemals ernsthaft in Frage gestellt.

Leopold VI.,der Glorreiche, war auch der erste regierende Fürst in Österreich, der seinen Untertanen, den Wiener Kaufleuten, aus eigenen Mitteln Kredite gab, insgesamt 30.000 Silbermark, eine außerordentlich hohe Summe, um ihr Betriebskapital bedeutend zu erhöhen. Über die Zinsen gibt es leider keine Aufzeichnungen, aber der Herzog hat an der Transaktion wahrscheinlich ganz hübsch verdient. Brachten Ausländer der heimischen Wirtschaft klar erkennbare Vorteile, so wurden sie mit großzügigen Privilegien bedacht, wie die in ihrer Kunst damals unübertrefflichen „Flandrenser", flämische Tuchfärber, die im Jahre 1208 in Wien mit Sonderrechten ausgestattet wurden. Neben Waffenschmieden, Rauhwaren-, Wein- und Kornhändlern siedelten sich immer mehr

Handwerker in der Hauptstadt der vereinigten Herzogtümer Österreich und Steier an, die Luxusartikel für den heimischen Bedarf und für den Export produzierten, darunter Kürschner, Goldschmiede und Schneider.

Geschäfte zu machen galt in der Regierungszeit von Leopold VI., dem „Glorreichen", in allen Schichten der Bevölkerung als eine ehrenhafte Tätigkeit. Der merkantile Geist des Hofes erfaßte auch die sonst eher zu Brutalität und dem Ideal des Heldenlebens neigende Ritterschaft: Der Verfasser der zeitgenössischen Lucidarius-Liedersammlung beklagt sich darüber, daß die Ritter, ja sogar die jungen Knappen in Österreich über Weizenpreise redeten und dafür mehr Interesse gezeigt hätten als für das Kriegshandwerk; eine im Grunde gar nicht so abstoßende Erscheinung.

Wien wurde binnen weniger Jahre zu einem mächtigen Handelszentrum und zu einer reichen Großstadt: es hatte nun 21 Kirchen und Kapellen, etwa eintausend Häuser und zwanzigtausend Einwohner. Die Mauern wurden überall verlegt, die besiedelte Fläche mit dem heute noch vorhandenen Muster der Straßen erreichte einen Umfang, den sie bis zur Mitte des 19. Jahrhunderts, bis zum Schleifen der Basteien hatte. Es gab bereits eine Stadtverwaltung, einen Stadtrat, der aus 24 ehrenwerten Bürgern bestand. Der Posten des Bürgermeisters wurde von einem obersten Stadtrichter bekleidet. Der Deutsche Ritterorden ließ sich in der Singerstraße nieder, der Johanniterorden in der Kärntnerstraße, die Minoriten und die Dominikaner bauten je ein Kloster innerhalb der Stadtmauern. Am rechten Ufer des Wienflusses errichtete der Leibarzt des Herzogs, Meister Gebhard, das Heiliggeistspital, das bald zum Zentrum einer neuen Vorstadt wurde. Auf einer Anhöhe am Ottakringerbach ließ ein Bürger, Dietrich der Reiche genannt, die St. Ulrichskirche bauen. Im Jahr 1211 wird die Vorstadt Wieden das erste Mal urkundlich erwähnt. Am Neuen Markt gab es einen vornehmen Gasthof, „Zum Weißen Schwan", am Graben und am Fleischmarkt wurden in offenen Läden – Ladentische genannt – Fleisch und Fisch verkauft. Vermutlich um das Jahr 1225 begann der Bau der späteren Hofburg, einer einfachen, viereckigen Anlage mit einem stark befestigten Hauptturm und drei sogenannte Trabantentürmen.

Die vereinigten Herzogtümer Österreich und Steier und die florierende Hauptstadt Wien hätten wohl auch eine eigene Diözese verdient, sie waren ja noch immer von Passau beziehungsweise Salzburg, aber in erster Linie von Passau abhängig. Herzog Leopold VI. bemühte sich seit 1207, in seiner Residenzstadt Wien ein österreichisches Landesbistum zu errichten. Er verhandelte mehrmals über Gesandtschaften mit Papst Innozenz III., und der Heilige Vater war vorerst gar nicht abgeneigt, den Wunsch des Herzogs zu erfüllen. Er schrieb sogar in einem Brief an den Bischof von Passau, Manegold, daß das Begehren des Landesfürsten Leopold VI. durchaus begreiflich, Wien für den künftigen Sitz eines Bischofs in jeder Hinsicht würdig sei, denn es sei eine Stadt „an einem lieblichen Fluß gelegen und durch eine große Einwohnerschaft ausgezeichnet, nach Köln eine der bedeutendsten im Deutschen Reich". Doch Bischof Manegold von Passau, zu dessen Diözese Wien und ein großer Teil Österreichs gehörte, reiste unverzüglich nach Rom, um Papst Innozenz III. von dem Plan abzubringen; er wollte sich seine Macht und seinen Besitz nicht schmälern lassen. Auch das Gutachten von Erzbischof Eberhard II. von Salzburg fiel negativ aus. Der Papst schwankte, er ermunterte sogar Herzog Leopold VI., den interessanten Gedanken weiterzuverfolgen. Doch das Vorhaben scheiterte schließlich; der Passauer Bischof Manegold leistete, zuletzt mit Wohlwollen des deutschen Königs Friedrich II., für den Österreich und Steier vermutlich auch ohne ein eigenes Bistum schon stark und mächtig genug waren, erfolgreich Widerstand, und überraschend wollten auch die in Wien ansässigen irischen Mönche, die Schotten genannt, sich von der Diözese Passau nicht trennen. Nach acht Jahren vergeblicher Versuche gab Herzog Leopold VI. den Plan endgültig auf. Die Diözese Passau blieb für Wien zuständig.

Der Herzog grollte anscheinend nicht, wenn auch seine Beziehung zu den Schotten in Wien, die in der Frage der geplanten Diözese zugunsten Passaus und ihrer eigenen Sonderrechte einige gefälschte Urkunden angefertigt hatten, merklich abgekühlt war. Um sich mit Passau vollständig zu versöhnen, übertrug Leopold VI. dem Nachfolger von Bischof Manegold, dem neuen Passauer Bischof Ulrich II., verschiedene Mautgebühren und Abgaben, die den Transport von Lebensmitteln auf der österreichischen Donaustrecke betrafen.

Der Herzog diente auch unverdrossen der Kirche und dem Papst, nahm am ersten Kreuzzug teil, der gegen europäische Christen, gegen die Albigenser und Katharer in Südfrankreich geführt wurde, verspätete sich allerdings und machte die Erstürmung der Stadt Béziers, wo deutsche und italienische Ritter, wie einst die Franzosen in Jerusalem, die gesamte Bevölkerung niedergemetzelt hatten, nicht mit. Der heilige Krieg gegen die Albigenser (nach ihrem Zentrum, der Stadt Albi in Südfrankreich benannt) und gegen die Katharer (abgeleitet vom griechischen Wort *katharos* = rein) stellt ein besonders düsteres Kapitel in der Kirchengeschichte des Mittelalters dar. Sowohl die Albigenser als auch die

Katharer waren strenggläubige Christen; sie predigten Enthaltsamkeit und die Rückkehr zur „reinen Lehre Jesu". Sie waren allerdings nicht minder verblendet und fanatisch als die Ritter, die im Namen der Amtskirche und des Papstes gegen sie in den Krieg zogen, um sie auszurotten. Das deutsche Wort Ketzer stammt übrigens aus dieser Zeit, es ist eine Variante von *Gazzari*, der italienischen Bezeichnung für die Katharer.

Herzog Leopold VI. tauchte dann kurz im Krieg gegen die Mauren in Spanien auf, zeichnete sich aber, wie später im gemeinsamen Kreuzzug mit dem ungarischen König Andreas II. im Heiligen Land, wo er sich achtzehn Monate lang aufhielt, durch keinerlei Heldentaten aus. Er war auch bei der vergeblichen Belagerung von Damiette in Ägypten – in der Nähe der Nilmündung – dabei, dann hatte er aber anscheinend genug und kehrte heim. Seine kriegerischen Unternehmen waren weder durch politische Überlegungen noch durch Gewinnsucht motiviert, sondern eher durch seinen Hang – zumindest in seinen jungen Jahren – zu ritterlichen Abenteuern und zweifellos durch die ehrliche Überzeugung, er müsse der bedrohten Autorität der Kirche zu Hilfe eilen.

Seinen großen, in den zeitgenössischen Quellen immer wieder erwähnten Reichtum erwarb Herzog Leopold VI., der „Glorreiche", ohne Blutvergießen, ja ohne einen einzigen Schwertstrich. Er hatte anscheinend viel Geld, er kaufte ausgedehnte Ländereien und ganze Städte, so die Gegend von Ottensheim und Waxenberg nördlich der Donau, Linz mit seiner gesamten Umgebung fast bis nach Passau hinauf, die Städte Wels, Lambach, Raabs an der Thaya und Freistadt im Mühlviertel, verschiedene Güter in Tirol, in Krain und in Friaul, darunter auch den wichtigen Knotenpunkt, die Stadt Pordenone zwischen Venedig und Triest. Er zog auch verwaiste Erbschaften ausgestorbener Adelsfamilien an sich, so den Besitz des Grafen Friedrich von Hohenburg in der Nähe von Horn, die Grafschaft Pernegg-Drosendorf, die Grafschaft Klamm und Klingenberg und das gesamte Gebiet der Familie der Peilsteiner, die Gegend der Pielach, die Strengberge und die Umgebung von Scheibbs. Mit dem Besitz der Grafen von Hohenburg-Wildberg übernahm er angeblich auch ihr Wappen, einen rot-weißen Bindenschild, der auch aus der Horner Gegend stammen sollte. Damit wäre, allerdings nur nach lückenhaft erhaltenen Berichten, Herzog Leopold VI. der Vater der späteren österreichischen Landesfarben gewesen.

Er war, wie bereits erwähnt, Ritter und Geschäftsmann zugleich, in seinen späteren Jahren mehr Geschäftsmann und Politiker. Er ließ, das erste Mal in Österreich, über sein gesamtes Besitztum gründliche

Aufzeichnungen, sogenannte Urbare, anfertigen und auch eine Zusammenstellung seiner Einkünfte. Er beschäftigte damit schon die Bürokratie, ein eigenes Amt, das „Hubamt", das in der unmittelbaren Nähe seines Wiener Hofes logierte. Die Berechnungen des „Hubamtes" waren anscheinend nicht geheim. In einer Zusammenstellung der jährlichen Einkünfte einiger namhafter europäischer Fürsten in der Chronik der Stadt Colmar (1218) steht der glorreiche Herzog von Österreich mit 60.000 Silbermark hinter dem König von Böhmen (100.000 Silbermark) an zweiter Stelle.

Mit fünfundvierzig Jahren sollte Leopold VI. noch einmal in das Heilige Land ziehen, lehnte es aber ab. Er konnte es sich leisten, er war, laut zeitgenössischen Berichten, ein großer deutscher Fürst geworden, der immer mehr, meist als Vermittler, von London bis Kiew in die internationale Politik eingriff, Streitfälle schlichtete und in delikaten Heiratsangelegenheiten geschätzte Ratschläge gab. Seine Außenpolitik war zurückhaltend und eindeutig defensiv, die Handelsbeziehungen nach allen Seiten hin hatten absoluten Vorrang. Die von den Herzögen von Österreich mit steter Umsicht verfolgte Strategie der Eheschließungen sicherte ihn gegen seine potentiellen Feinde ab. Seine Mutter, Ilona, war die Tochter des ungarischen Königs Géza II., Richa, die Frau seines Onkels Heinrich, die Tochter des böhmischen Königs Wladislaw II. Er selbst heiratete eine Byzantinerin, Theodora, die Enkelin des Kaisers Isaak Angelos II. Seine vier Töchter gingen an die Westfront und fanden ihre Ehemänner im Deutschen Reich: Agnes den mächtigen Herzog Albrecht von Sachsen, Konstanze den Markgrafen Heinrich von Meißen, Gertrud den Landgrafen Heinrich Raspe von Thüringen und die älteste von ihnen, die damals schon dreißigjährige Margarete, den Sohn des deutschen Königs und Kaisers Friedrich II., den erst vierzehn Jahre alten Heinrich VII. Diese Ehe erwies sich später als eine glatte Fehlinvestition, denn Heinrich VII. rebellierte gegen seinen Vater, wurde nach Kalabrien in die Verbannung geschickt, wo er im Februar 1242 starb. Margarete zog sich in das Kloster der Dominikanerinnen nach Würzburg zurück.

Im Jahr 1227 prallten wieder einmal die kirchliche und die weltliche Macht aufeinander: Papst Gregor IX. belegte den deutschen König und römischen Kaiser Friedrich II. mit dem Großen Bann, weil er sich geweigert hatte, einen längst gelobten Kreuzzug ins Heilige Land anzutreten. Die mehrmalige Verschiebung und dann der Abbruch des ohnehin lustlos begonnenen Unternehmens diente für den Heiligen Stuhl jedoch bloß als ein willkommener Vorwand. Friedrich II., eine faszinierende

Gestalt der deutschen Geschichte, ein Wissenschafter, Magier und Alchimist auf dem Thron des Heiligen Römischen Reiches, war in gewisser Hinsicht ein Freidenker, der auch manche Dogmen der christlichen Lehre, darunter das von der Unbefleckten Empfängnis, in Frage gestellt, das Gottesurteil aus der Prozeßordnung gestrichen und sich in seinem - auf einem seltsamen, doppelachteckigen Grundriß erbauten Schloß Castel del Monte in Apulien - mit arabischen und jüdischen Gelehrten umgeben hatte. In den Augen des streitbaren, erzkonservativen Gregor IX. galt er als der Antichrist in Person. Herzog Leopold VI. hingegen schien zu dem sonderbaren Friedrich II., der auf die österreichische Politik kaum Einfluß nahm, ein sehr freundliches Verhältnis unterhalten zu haben. Er bemühte sich, mehr auf der Seite des Kaisers als auf der des Papstes stehend, zwischen der römischen Kirche und dem Deutschen Reich einen Ausgleich zustande zu bringen. Im Alter von vierundfünfzig Jahren trat er die beschwerliche Reise nach Foggia in Süditalien an, um gemeinsam mit Berthold, dem Patriarchen von Aquileja, Eberhard II., dem Erzbischof von Salzburg und Herzog Otto von Meranien, als Wortführer einer Friedenspartei persönlich zu vermitteln. Am 23. Juli 1230 wurde in San Germano der mit tatkräftiger Hilfe des Herzogs von Österreich und Steier ausgehandelte Vertrag zwischen Papst Gregor IX. und Kaiser Friedrich II. unterzeichnet. Herzog Leopold VI., von einer „tückischen Krankheit" (wahrscheinlich der Ruhr) befallen, nahm an der letzten, feierlichen Sitzung nicht mehr teil. Er starb am 28. Juli 1230 in San Germano. Sein Skelett wurde nach Österreich gebracht und in dem von ihm im Jahr 1202 gegründeten Zisterzienserstift Lilienfeld bestattet. Die Schotten in Wien, die an Hand einer gefälschten Urkunde das „Erbgruftrecht" hatten, gingen leer aus.

„Am wonniglichen Hof zu Wien"

Das Stift Lilienfeld mit den in seinen weitläufigen Anlagen schon vorhandenen charakteristischen Merkmalen einer aus dem Süden Frankreichs nach Österreich verpflanzten Zisterzienser-Architektur, stellt das bedeutendste, weil in den späteren Jahrhunderten am wenigsten veränderte Bauwerk der Babenbergerzeit dar. In der Stiftskirche von Heiligenkreuz im Wienerwald (Gründungsjahr 1113), einer dreischiffigen Pfeilerbasilika, zog man, erstmals im deutschsprachigen Raum, Kreuzrippengewölbe. Sie weisen ebenfalls auf den nachhaltigen Einfluß der französischen Zisterzienser im Bereich österreichischer Sakralbauten hin. Zu den ältesten, in ihrer Grundgestalt authentischen Baudenkmälern aus der Zeit des zum Staat gewordenen Grenzstreifens Ostarrichi gehören die Klosterkirche von Kleinmariazell (1136), Seckau (1164), Klosterneuburg (1136) und einige Beinhäuser (Karner), wie zum Beispiel das von Eggenburg. Doch in ihrer frühesten Form sind nur wenige Bauwerke aus der Zeit der Markgrafen und Herzöge von Österreich erhalten geblieben, denn sie fielen allzuoft dem Feuer zum Opfer, und noch mehr, sie wurden immer wieder erweitert, umgebaut und dabei der vorherrschenden Stilrichtung der jeweiligen Epoche, in der die Bauarbeiten stattfanden, angepaßt. Der Wiener Stephansdom, im Jahre 1147 als Pfarrkirche außerhalb der Mauern der Stadt geweiht, war ursprünglich eine nicht übermäßig große Basilika mit einem Querschiff; Heidentürme und Riesentor wurden erst Mitte des 13. Jahrhunderts errichtet (Baubeginn etwa um 1230). St. Stephan, ebenso wie die Michaelerkirche in Wien und die um 1200 erbaute und so gut wie unangetastet gebliebene Kirche von Schöngrabern in Niederösterreich, zeigen bereits Elemente eines spätromanisch-normannischen Stils. Slawische, italienische oder byzantinische Einflüsse in der sakralen Architektur des Herzogtums Österreich kann man kaum nachweisen.

Auch die Details der weltlichen Bauwerke, vor allem der Burgen und festen Häuser des Adels, die zumindest teilweise noch stehen (Dürnstein in der Wachau, Rapottenstein im Waldviertel, Pottendorf, Ebreichsdorf usw.) wurden weitgehend durch das großzügige Vorbild der nach fränkisch-deutschen Normen entworfenen Bauten bestimmt; es waren ja meist dieselben Bauleute, die für einen Bischof, für einen Abt und einen Grenzgrafen die Pläne gezeichnet und die Aufträge ausgeführt hatten. Von den in Eigenregie erbauten Behausungen der niederen Volksschichten, der Bauern und Handwerker, die fast ausnahmslos Holz oder Lehm als Material verwendet hatten, blieben nicht einmal Fragmente erhalten; von den Bürgerhäusern nur einzelne Reste (zum Beispiel in Wiener Neustadt: Ungargasse 4, in St. Pölten: Herrenplatz 5, in Tulln: Hauptplatz 21, in Wien: das Kellergeschoß im Heiligenkreuzerhof).

Die Kirche, reich begütert und von den Herzögen und mächtigen Grundherren wirkungsvoll unterstützt, trat nicht nur als größter Bauherr des Landes, sondern gleichsam als ein anspruchsvoller, freilich in eigener Sache bedingungslos engagierter Mäzen und Kulturträger hervor. Sie spielte dabei, mit wenigen Ausnahmen, die mit dem politischen Kampf um die Macht oder mit manchen rückständigen Verordnungen der Päpste zusammenhingen, eine eindeutig positive Rolle. So leistete sie dem Volk bei der Besiedlung weiter Landstriche durch die kostenlose Vermittlung von praktischen Erfahrungen auf dem Gebiet der Bautätigkeit und der Landwirtschaft wertvolle Hilfe; sie schuf auch das erste wohlorganisierte Schulwesen in Österreich, mit den berühmten, zumindest theoretisch für jedermann zugänglichen Dom- und Klosterschulen, wie Salzburg, Kremsmünster, Göttweig, Klosterneuburg und Admont, wo Rhetorik, Grammatik, Dialektik, Astronomie, Geometrie und Arithmetik gelehrt und klassische Autoren, unter anderem Vergil, Horaz, Ovid und Lukian gelesen wurden. Auch die Geschichtsschreibung begann in den Mönchzellen und in den Verwaltungskanzleien der Bischöfe: Die Annalen und Chroniken der Klöster, die frommen Biographien von Kirchenvätern und Heiligen (zum Beispiel die in Göttweig verfaßte „Vita beati Altmanni" und die „Passio Coloman" von Melk) waren die ersten, wenn auch naturgemäß nur zum Teil verläßlichen historischen Werke über die politischen und kulturellen Ereignisse der Vergangenheit.

Die vornehmlich ebenfalls von der Kirche geförderte bildende Kunst der Babenbergerzeit (Wand- und Buchmalerei, Glasfenster, Skulpturen) hatte im engen Zusammenhang mit der sakralen Raumgestaltung stets dekorativen Charakter und war streng an christlich-katholische Themenstellungen gebunden. Die wenigen, oft nur in Bruchstücken erhalten gebliebenen Objekte sind von hoher künstlerischer Qualität, lassen aber keine spezifischen Formen oder Motive einer eigenständig österreichischen Stilrichtung erkennen. Die in der romanischen Burgkapelle von Ottenstein entdeckte Wandmalerei aus der zweiten

Hälfte des 12. Jahrhunderts, der Regierungszeit des Herzogs Leopold V., weist auf byzantinische und auf westeuropäische, namentlich südfranzösische und süddeutsche Beziehungen hin, ebenfalls die in der Johanneskapelle von Pürgg oder in der Pfarrkirche von Muthmannsdorf gefundenen Fresken.

Die bedeutendsten Werke der Buchmalerei, unter anderem die Illustrationen der Riesenbibel von Admont (um 1140, Regierungszeit des Markgrafen Leopold IV.), die großformatigen Initialen in den beiden Exemplaren des „Magnum Legendarium Austriacum" von Heiligenkreuz (um 1190, Regierungszeit des Herzogs Leopold V.), von Zwettl (um 1220, Regierungszeit des Herzogs Leopold VI.), und die Federzeichnungen der sogenannten „Rituale von Lambach" und des „Nonnenbreviers von Seckau" gehen auf die von den französischen und deutschen Schreibstuben inspirierten Pionierleistungen der Salzburger und der Regensburger Schule zurück.

Romanisch-normannische Einflüsse, die über Regensburg weiter nach dem österreichischen Osten gelangt waren, zeigen auch die anmutigen Skulpturen an der Kirche von Schöngrabern, die als treffliche Bauplastik einen organischen Teil der Architektur bilden. Die wunderschönen Holzfiguren aus der Epoche der Markgrafen und Herzöge von Österreich, wie das Kruzifix aus Gaal, die Madonna mit dem Kind aus Freistadt und das Kreuzigungsrelief aus dem oberösterreichischen Ried, stammen vermutlich aus dem schwäbisch-bayrischen Raum. Das älteste, kunstvoll bemalte Glasfenster in Österreich (etwa um 1230, Regierungszeit des Herzogs Leopold VI.) befindet sich in der Kirche des aufgelassenen, im Jahr 1813 zu einem Schloß umgebauten Kanonikatsstiftes Ardegger an der Donau; es stellt in vierzehn Medaillons die Legende der heiligen Margarete von Antiochia und den ersten Propst des Stiftes, Heinrich, dar. Form, Farbe und Anordnung der Bildelemente deuten auf Entwürfe der französischen Zisterzienser-Werkstätten hin. Von einer bodenständigen Weiterentwicklung zeugen schon die prachtvollen Glasfenster im Kreuzgang des Stiftes Heiligenkreuz (etwa um 1240, Regierungszeit des letzten Babenbergers, Friedrich II.); neben den Flechtband- und Blattpalmetten tauchen hier das erste Mal rein geometrische Motive auf. Die würdevoll-naiven Bildnisse einiger Markgrafen und Herzöge von Österreich im Brunnenhaus des Stiftes, darunter die von Leopold III. und Leopold IV., werden noch zur Glasmalerei der Babenbergerzeit gezählt; sie gehören jedoch, da sie wahrscheinlich erst um das Jahr 1290 eingesetzt wurden, einer späteren Periode an.

Von der zeitgenössischen Musik, mit Ausnahme des hochentwickelten Chorgesanges, gibt es kaum Zeugnisse, bloß einige Melodien zu den Sommer- und Winterliedern des Minnesängers Neidhart von Reuenthal, nach denen auch getanzt wurde. Von Musikinstrumenten der Babenbergerzeit hat man nur Abbildungen gefunden: Sie zeigen eine Harfe, eine Trompete, ein der Harfe ähnliches Psalterium und eine Fiedel, eine mittelalterliche Geige.

Neben dem von der Kirche gepflegten und in allen Bereichen des geistigen Lebens und des Alltags benützten lateinischen Schrifttum erscheint ab Ende des 10. Jahrhunderts eine eigenständige deutschsprachige Literatur, zunächst als ein kaum beachtetes Wildgewächs. Das allererste Fragment einer österreichischen Prosa, bereits mit anspruchsvollen Konsonantenklängen und alliterierenden Wendungen durchsetzt, ist der sogenannte Wiener Hundesegen, ein wahrscheinlich auf heidnischen Ursprung zurückgehender Spruch zum Schutz der Hunde, den eine unbekannte Hand zwischen zwei Heiligenpassionen in einem lateinischen Kodex eintrug. Daß am Anfang der österreichischen Literatur ein Hundesegen steht, ist sicherlich ein Zufall, wenn auch ein kurioser. Zum Vergleich die ältesten literarischen Fragmente einiger mitteleuropäischer Länder in ihrer Nationalsprache: Deutschland: Die Merseburger Zaubersprüche über die Fesseln eines Kriegsgefangenen. Polen: Teile einer frommen Predigtensammlung über die Jungfrau Maria. Böhmen: Eine Apostelgeschichte. Ungarn: Eine Grabrede.

Das erste vollständige Werk in deutscher Sprache in Österreich stammt von einer Frau, der Nonne Ava, die als Klausnerin in strenger Abgeschiedenheit in Melk lebte, wo sie am 7. Februar 1127 starb. Mehr weiß man von ihr nicht. Ihr religiöser Gedichtzyklus („Das Leben Jesu", „Die Gaben des heiligen Geistes", „Der Antichrist" und „Das Jüngste Gericht") ist die älteste, von einer Frau verfaßte literarische Arbeit im gesamten deutschen Sprachraum.

Sehr früh klangen in der österreichischen Literatur satirische Töne durch: Ein verdrossener Edelmann, Heinrich von Melk (um 1160), der sich gegen Ende seines Lebens ins Kloster zurückzog, schrieb die kraftvolle, mit Spott und Verachtung für Priester, Richter, Kaufleute und Handwerker gewürzte „Erinnerung an den Tod". Der Stricker, ein Dichter aus dem Stand der Bürger (um 1230), verarbeitet in seinem „Pfaffen Amis" bereits volkstümliche Schwankelemente. Der Minnesänger Neidhart von Reuenthal (um 1240) – ein Ritter, der erst in den letzten Jahren der Babenbergerzeit aus Bayern nach Österreich gekommen war, – machte das Leben der Bauern mittels einer in das Ironische verzeichneten, realistischen Schilderung als literarischen Stoff nicht nur hoffähig, sondern auch zu einer von zahlreichen Nachahmern fleißig weitergeführten Erfolgswelle. Mit derbem Humor beschrieb er die groben Bräuche und Sitten der Bauern und ihr linkisch-lächerliches Streben, höher hinaufzukommen und dabei die Kleidung und die Umgangsformen der Edelleute nachäffen zu wollen. Diese „höfische Dorfpoesie", wie die Literaturgeschichte die Neuentdeckung Neidharts nennt, wirft ein scharfes Licht auf die Lage der Bauern in Österreich gegen Ende der Babenbergerzeit: Sie lebten anscheinend im relativen Wohlstand, aber auch unter dem ständigen Druck latenter Gegensätze zwischen Grundherren und niederem Volk, wobei, wie auch andere Quellen bestätigen, der verspottete Landsmann materiell oft besser gestellt war als viele der verschuldeten, heruntergekommenen Ritter.

Manche der mittellosen Herren, wie Neidhart von Reuenthal, griffen zur Feder und verdienten damit, wenn sie gute Beziehungen und in den höfischen Kreisen Erfolg hatten, nicht schlecht. Neidhart bekam als Geschenk vom Herzoghof ein Haus bei Melk. Der Tannhäuser, ein vermutlich aus Salzburg nach Wien gekommener Minnesänger adeliger Abstammung, der keineswegs so fromm und reumütig war, wie ihn die viel später entstandene Legende schildert, besaß ein Haus in Wien und erhielt, angeblich als Anerkennung für einige schöne Lieder, ein Gut in Leopoldsdorf und ein zweites in Himberg.

Walther von der Vogelweide allerdings (geboren um 1170, vielleicht im Eisacktal oder im Grödnertal in Südtirol), der den aus Südfrankreich über die Lombardei und über Friaul importierten Minnegesang durch einen persönlichen Ton, durch die unmittelbare Frische des Erlebten, durch die duftig geschilderten Farben und Klänge der Natur und nicht zuletzt durch die poetische Einfachheit des Volksliedes zur höchsten, für seine Zeit geradezu erstaunlich modernen Vollendung brachte, erfuhr ein österreichisches Schicksal: Er wurde am „wonniglichen Hofe zu Wien", wo er vom früh verstorbenen Herzog Friedrich I., dem Katholischen, anscheinend noch gern gesehen war, unter Leopold VI., dem „Glorreichen", im Jahr 1198 auf die Straße gesetzt. Ein Versuch, anläßlich der Hochzeit des Herzogs im Herbst 1203 eine gnädige Wiederaufnahme zu erwirken, scheiterte. Aus diesen gewiß bitteren Tagen für den bis dahin verwöhnten Dichter stammt die einzige Urkunde, in der sein Name offiziell aufscheint: In einer Abrechnung des Bischofs von Passau, Wolfger von Ellenbrechtskirchen, steht unter den Eintragungen vom 12. November 1203: „Sequenti die apud zeizemurum walthero cantori de vogelweide pro pellico V. sol. Longos." (Auf deutsch: „Am nächsten Tag bei Zeiselmauer dem Sänger Walther von der Vogelweide für einen

Pelzmantel fünf große Solidi"). Die Reisegesellschaft des Bischofs, an die sich der aus Wien verbannte Dichter wahrscheinlich notgedrungen anschloß, war unterwegs nach Italien. Das Schriftstück, das einzige halbamtliche Dokument über Walthers Leben, wurde erst 1874 in Cividale del Friuli, östlich von Udine, gefunden.

Über das weitere Schicksal Walthers von der Vogelweide findet man die eher spärlichen Hinweise in seinen Gedichten. Er trieb sich, von Heimweh geplagt, in halb Europa umher, hielt sich in deutschen Ländern, in Frankreich, in Italien, an der Ostseeküste und vermutlich auch in Ungarn und in Polen auf, bis der deutsche König und römische Kaiser Friedrich II., der selber Gedichte in italienischer Sprache schrieb, ihm großzügig unter die Arme griff. Walther von der Vogelweide revanchierte sich mit zeitbezogenen politischen Gedichten; er verspottete immer wieder den Papst, der den sonderbaren, allerlei Wissenschaften und den Künsten der Hölle verfallenen Kaiser nun bereits in regelmäßigen Abständen mit dem Großen Bann belegte. Ein Zeitgenosse, Tomasin von Zerklaere, Domherr von Aquileja, ein Gegner Friedrichs II., bemerkte in einer seiner Streitschriften empört: Walthers Lieder hätten tausende Menschen verführt und gegen den Heiligen Stuhl und die Religion aufgebracht. Wobei Walther niemals gegen die Religion, sondern nur gegen die weltliche Machtstellung des Papstes wetterte.

Das Honorar dafür fiel recht großzügig aus: Der Kaiser schenkte dem von ihm hochgeschätzten Walther ein Gut in Würzburg und sorgte dafür, daß der wohl größte deutschsprachige Dichter seiner Zeit nicht mehr „zu kargen Herr'n um eine Gabe flehen" mußte und daß er „im Sommer Luft und im Winter Feuer hatte". Doch er sehnte sich nach dem sonnig-heiteren Österreich, er kam vermutlich noch einmal als wohlhabender und erfolgreicher Fremder zu Besuch und sinnierte in Wien:

„O weh, wo sind verschwunden alle meine Jahr'
Ist mir mein Leben geträumet, oder ist es wahr?"

Walther von der Vogelweide starb um 1230, im Alter von etwa sechzig Jahren in Würzburg und wurde im Lusamgärtlein beim Stift Neumünster begraben. Noch im Jahr 1350 berichtete der bischöfliche Pronotar Michael de Leone, daß die letzte Ruhestätte des „miles dictus von der Vogelweide" bekannt und gepflegt gewesen wäre. Hundert Jahre später fand man das Grab nicht mehr.

Ein typisch österreichischer Dichter, kurioser Ahnherr der späteren Spinner und Narren, war der liebenswürdig-skurrile Ulrich von Liechtenstein (um 1200 - 1274), ein hoher Staatsbeamter – und auch damit

Begründer einer österreichischen literarischen Tradition-, „Landrichter und Landesmarschall der Steiermark, der aber genug Zeit und Muße fand, um, einmal als Venus und einmal als König Artus verkleidet, mit großem Gefolge von Venedig nach Wien beziehungsweise bis zur böhmischen Grenze zu reiten und dabei zu Ehren der von ihm geliebten Damen eine Serie von Turnieren zu veranstalten - oder das Ganze bloß zu erfinden und darüber das erste wahre oder geträumte autobiographische Werk der österreichischen Literatur, den „Frauendienst", zu schreiben.

Seines blutig-grausamen Stoffes wegen, seiner unmenschlich überdimensionierten Helden- und Frauenfiguren, die bereits in den nordgermanischen Edda-Gedichten erschienen, gehört das Nibelungenlied mehr zur deutschen als zur österreichischen Literatur. Er wurde höchstwahrscheinlich vom Notar des Passauer Bischofs Wolfger, dem früheren Pfarrer des Dorfes Großrußbach, Meister Konrad, in den Jahren 1216–1224, in der Regierungszeit des Herzogs Leopold VI., nach der bereits bekannten Vorlage in der bischöflichen Kanzlei in Passau geschrieben, oder an Hand schon existierender Teilstücke neu redigiert und aufgezeichnet, wobei die Handlung in die Donaulandschaft zwischen Passau und Ungarn verlegt wurde. Das spannende Epos, in seinen Details von einer oft lebensnahen, poetischen Dramatik, war in den Häusern des Hochadels und vermutlich auch am Hof des Herzogs in Wien, als zeitgenössische Unterhaltungsliteratur von fahrenden Sängern vorgetragen, besonders gefragt. Dies beweist die ungewöhnliche Tatsache, daß es in mehr als dreißig verschiedenen handschriftlichen Exemplaren erhalten blieb.

Deutsche und französische Einflüsse in der österreichischen Literatur der Babenbergerzeit sind klar zu erkennen, dazu aber so gut wie keine slawischen, ungarischen oder griechischen, obwohl die byzantinischen Frauen der Herzöge von Österreich und Steier mit zahlreichen Begleitern in ihre neue Heimat gekommen waren. Das Paradebeispiel byzantinischen Kulturguts in Österreich findet man im Bereich der Wiener Volkssprache: Das Wiegenlied, „Heidi-pupeidi" (heideu mou paidion: Schlaf, mein Kindchen), das einst griechische Prinzessinen und Dienstmädchen an der Donau gesungen hatten.

Herzog Friedrich II. – Ein streitbarer Demokrat setzt sich durch

Im Sommer des Jahres 1226 kam das letzte Mal eine byzantinische Prinzessin, Sophia Laskaris, die Tochter des Kaisers Theodor von Nikeia, als Braut nach Wien. Doch bereits drei Jahre später mußte sie als geschiedene Frau die Heimreise antreten. Herzog Leopold VI. der „Glorreiche", suchte und fand für seinen jüngsten Sohn und designierten Nachfolger, Friedrich II., den Streitbaren, eine bessere, vor allem aber eine ungleich reichere Gattin: Agnes von Andesch-Meran, Tochter des Herzogs Otto von Meranien und Nichte des Markgrafen Heinrich von Istrien. Ihre beträchtliche Mitgift bestand unter anderem aus dem Gebiet von Krain (dem heutigen Slowenien) und den Herrschaften Ried und Schärding im Innviertel, die damals im Herzogtum Bayern lagen. Auch diese zweite Ehe war unglücklich, sie blieb ebenfalls kinderlos und wurde schließlich durch einen nicht ganz sauberen und kompetenten Schiedsspruch der Bischöfe von Passau und Salzburg ohne Angabe von Gründen aufgelöst. Über die Trennung Friedrich II. von der Byzantinierin Sophia Laskaris wissen wir nichts Genaueres, wenn auch in einigen, allerdings viel später entstandenen Berichten dem Herzog nachgesagt wird, er „habe Weiber gar nicht gern" und fühle sich nur in der Gesellschaft von jungen Rittern wohl. Friedrich II. heiratete nicht mehr, und er hatte auch keine Kinder. Agnes von Andesch-Meran kämpfte eine Zeitlang gegen den Spruch der Bischöfe vergeblich an, dann wurde sie die Frau des Herzogs von Kärnten, Ulrich III. und Mutter von mehreren Söhnen und Töchtern. Die Mitgift bekam sie nicht zurück; Krain, Ried und Schärding blieben fortan im Besitz Friedrich II.

Die Scheidung von Sophia Laskaris verursachte Spannungen zwischen Byzanz und dem Herzogtum Österreich. Außenpolitik wurde damals hauptsächlich über verwandtschaftliche Beziehungen gemacht, wobei das Ehebett oft das wichtigste Instrument war. Es kam nahezu laufend zu peinlichen, ja geradezu tragikomischen Lösungen, vierzehnjährige Knaben heirateten dreißigjährige Frauen und sechzigjährige Herrscher verbanden sich mit sechzehnjährigen Mädchen. Was sich in den Schlafgemächern von Königen, Herzögen und Markgrafen manchmal abgespielt haben mag, darüber berichten die taktvollen kirchlichen Annalen und Chroniken nicht; es gab sicherlich lächerliche oder qualvolle Szenen, doch man nahm sie anscheinend kommentarlos hin, sie gehörten zu den legitimen und anerkannten Vorgängen der hohen Politik.

Der Hof von Byzanz war durch den plötzlichen Hinauswurf von Sophia Laskaris aus Wien äußerst verärgert, und Ungarn war mit Byzanz verbündet: Die Magyaren kamen daher in kleineren Gruppen über die Grenze der Herzogtümer Österreich und Steier und begannen ausgiebig zu plündern. Bald machten es ihnen auch die Böhmen nach; sie drangen wiederholt in das österreichische Waldviertel ein. Die friedliche Außenpolitik des glorreichen Herzogs Leopold VI. brach, wegen der Weigerung seines Sohnes, das Ehebett mit Sophia Laskaris zu teilen, rasch zusammen.

Der alte Herzog hatte mit seinen Kindern wenig Glück. Sein erster Sohn, Leopold, war ein sogenanntes natürliches, das heißt uneheliches Kind – Leopold VI. war ja glorreich, aber nicht tugendhaft – er wird als Leopold von Blumau erwähnt, seine Spur verliert sich aber bald nach dem Tod seines Vaters. Ein legitimer Sohn, ebenfalls Leopold genannt und als Nachfolger vorgesehen, fiel noch als Kind in Klosterneuburg von einem Baum und starb. Sein jüngerer Bruder Heinrich, der in den zeitgenössischen Quellen den inoffiziellen Beinamen „der Grausame" trägt, hat sich mit seinem Vater aus irgendeinem Grund, den wir nicht kennen, entzweit; er wurde aus der Familie ausgeschlossen und starb, unter ungeklärten Umständen, im Jahr 1228. Friedrich II. schließlich, der jüngste Sohn, am 15. Juni 1211 in Nova Civitas – in Wiener Neustadt – geboren, war ein Schwieriger. Die kirchlichen Annalen und Chroniken von Melk, Lambach, Heiligenkreuz und Salzburg entwerfen bruchstückweise das Bild eines begabten Scheusals, eines brutalen Machtmenschen, der seine Ziele hartnäckig verfolgt und dabei vor nichts zurückschreckt. In der zeitgenössischen Chronik des Magnus von Reichersberg wird Friedrich II. als „stets streitsüchtig" genannt, und der ehrenwerte Professor der Theologie, Thomas Ebendorfer, ließ ihn in seinem 1449 erschienenen großen Geschichtswerk „Chronicum Austriacum" als einen ganz und gar verdorbenen, eitlen und geldgierigen Herrscher erscheinen, der zwischen seinen vielen politischen Missetaten noch Zeit fand, eine Bürgersfrau, namens Bernhild, zu vergewaltigen.

Daß die kirchliche Geschichtsschreibung Herzog Friedrich II., dem Streitbaren, feindselig gegenüberstand, ist verständlich. Denn er, ein zweifellos ungestümer junger Mann, der am 28. Juli 1230 mit neunzehn Jahren in voller Rüstung seiner Autorität die Regierung übernahm, versuchte sofort, Reformen durchzuführen. Er wollte die gewiß nicht mehr zeitgemäßen gesellschaftspolitischen Strukturen des Landes ändern, die traditionellen Machtverhältnisse umschichten. Er war, und dies will die österreichische Geschichtsschreibung bis heute nicht begreifen, der erste Demokrat unter den Markgrafen und Herzögen des Hauses der Babenberger, der gegenüber der übermächtig gewordenen Kirche und dem Hochadel auf Seite der Bauern, des städtischen Bürgertums und der kleinen Ritter stand. Friedrich II. war der Kirche nicht gerade wohlgesinnt; er betrachtete sie nicht als einen ebenbürtigen, ja, sogar übergeordneten politischen Partner, sondern als seinen Untertan; er benahm sich ihr gegenüber recht barsch und manchmal gewalttätig, er konfiszierte manche ihrer Güter und Zolleinnahmen.

Auch die Ministerialen spürten bald seine harte Hand – und sie wehrten sich. Schon im Herbst des Jahres 1230, kaum zwei Monate nach dem Regierungsantritt des jungen Herzogs, kam es zu einem Aufstand des Hochadels – zu der allerersten Revolte in der Geschichte Österreichs. Unter der Leitung der mächtigen Kuenringer Heinrich und Hadmar verschworen sich die Falkenberger, die Pillichsdorfer, die Streitwieser und die Ottensteiner gegen Friedrich II. und wollten ihn mit Waffengewalt absetzen. Der Herzog wiederum wollte nicht dulden, daß vor allem die Kuenringer aus ihren schwer befestigten Burgen Weitra im Waldviertel, Dürnstein und Aggstein an der Donau das halbe Land kontrollierten, nach ihrem Gutdünken Mauten und Zölle einnahmen, den Handel behinderten und auf den Straßen und auf dem Fluß Wegegeld und Anteile von Waren forderten. Ein bißchen ordnungsgemäßes und legitimes Raubrittertum war auch dabei, wenn man auch die Kuenringer oder die Falkenberger und Ottensteiner keineswegs als Raubritter bezeichnen kann. Friedrich II. nahm dem Hochadel seine althergebrachten Privilegien und legte ihm außerordentliche Steuern auf. Da brach ebenfalls das erste Mal, ein Bürgerkrieg in Österreich aus und es schien vorerst, daß der Herzog unterliegen könnte. Die Kämpfe dauerten über ein Jahr, und der angeblich ungeliebte, verhaßte Friedrich II. mußte genug Anhänger haben, um eine schlagkräftige Armee aufzustellen und die mächtigen Ministerialen zu besiegen. Er eroberte die Burgen der Kuenringer, Weitra, Dürnstein und Aggstein; dann zeigte er, daß er nicht nur ein verwegener junger Mann, sondern auch ein geschickter Diplomat war: er trat dem rebellischen Hochadel, auf den er sich in der Zukunft stützen wollte, überraschend milde und kompromißbereit entgegen. Die Kuenringer behielten, wenn auch mit Abstrichen, ihre führende Stellung im Land und tatsächlich standen sie fortan auf der Seite des Herzogs.

Was er bald auch recht notwendig hatte. Denn er wollte die Abhängigkeit des Landes Österreich vom Römisch-Deutschen Reich lockern, und dazu mußte er, unter anderem, Frieden in seiner engeren Umgebung haben. Das Verhältnis zu Ungarn, zu Böhmen und auch zu Bayern, das die Güter der Agnes von Andesch-Meran zurückforderte, blieb gespannt, Grenzgefechte flammten immer wieder auf. Der deutsche König und römische Kaiser Friedrich II. wurde auf den Störenfried Friedrich II., den Streitbaren, aufmerksam. Der aufgeschlossene und tolerante Herrscher, der in Apulien lebte, hatte für den Hochmut, für die undurchsichtigen Pläne des Herzogs, Österreich aus dem Verband des Reiches zu lösen, aber auch für seine tatsächlich fast krankhafte Habsucht nur wenig Verständnis. Nach der mißglückten Verschwörung seines Sohnes Heinrich VII., den er in Kalabrien gefangen setzen ließ, interessierte sich der deutsche König und römische Kaiser doch für die politische Lage nördlich der Alpen. Im Frühjahr 1235 verließ er sein geliebtes Italien, um die Auswirkungen der Rebellion Heinrichs VII. im Deutschen Reich an Ort und Stelle zu prüfen und zu neutralisieren. Er reiste über Österreich – ohne militärische Bedeckung und ohne großes Gefolge. Am Neumarkter Sattel traf er den Herzog von Österreich, der ihm weder huldigte noch ihn um seine feierliche Bestätigung bat, sondern ihn sofort bestürmte, für einen großangelegten Krieg gegen Ungarn beachtliche finanzielle Mittel flüssigzumachen und deutsche und italienische Truppen bereitzustellen. Denn in Ungarn gab es wieder einmal Streit um den Thron, und der Herzog spielte mit dem Gedanken, sich zum ungarischen König ausrufen zu lassen und das Land an Österreich anzuschließen. Nach Ungarn sollte Böhmen an die Reihe kommen; Herzog Friedrich II. träumte von einem zweiten siegreichen Feldzug – zu dem er keine Mittel hatte – und von einem triumphalen Einmarsch in Prag. Der Kaiser lehnte zornig ab. Er wollte an der Ostgrenze seines Reiches Ruhe haben, um die deutschen Probleme und die Schwierigkeiten, mit denen er in Italien immer wieder zu kämpfen hatte, ungehindert aus der Welt schaffen zu können. Herzog Friedrich II. reagierte darauf unbesonnen, hochfahrend und verbittert; er versuchte gar nicht, seinen Unmut zu verbergen. Ein offener Bruch zwischen dem damals einundvierzig Jahre alten Lehnsherrn und dem vierundzwanzig Jahre alten Lehnsmann schien unvermeidbar.

Er kam auch bald. Friedrich II. griff, gegen den Rat, ja das Verbot des Kaisers, Ungarn an und erlitt eine schwere Niederlage. Die Magyaren verfolgten ihn bis zu den Toren Wiens und kehrten, wie schon üblich, mit reicher Beute heim. Im selben recht bewegten Jahr erhoben die steierischen Ministerialen, der König von Böhmen, Wenzel I., der Markgraf von Mähren, Przemysl, der Patriarch von Aquileja und die Bischöfe von Bamberg, Freising, Passau und Regensburg schwere Anklagen gegen den Herzog von Österreich: Er breche die Gesetze, sei selbstherrlich und diebisch, achte die althergebrachten Rechte und Privilegien nicht und führe ein Leben, das man nicht gerade als christlich bezeichnen könne. Selbst seine Mutter, die Byzantinierin Theodora, schloß sich seinen Gegnern mit ihren Klagen an: Friedrich II. habe sie ausgeplündert und so lange drangsaliert, bis sie, um ihr Leben bangend, zu König Wenzel I. nach Prag fliehen mußte.

Herzog Friedrich II. wurde im Oktober 1235 zu einem Hoftag nach Augsburg geladen um sich zu rechtfertigen. Er erschien nicht. Der nächste Hoftag, im Januar 1236 in Hagenau, mußte auch ohne den Herzog von Österreich abgehalten werden. Da war das Maß voll. Der König und Kaiser Friedrich II. schrieb beziehungsweise diktierte ein langes Manifest, in dem die Anklagepunkte gegen den Herzog von Österreich aufgezählt wurden, und er verfaßte es keineswegs emotionslos, wie von dem weisen Kaiser Friedrich II. eher erwartet, sondern mit abfälligen Bemerkungen über den Herzog durchsetzt; er sei „schlecht und niederträchtig", er verursache viel zu viel Unbill.

Ende Juni 1236 versammelten sich in Augsburg der König und Kaiser, mehrere Fürsten und hohe kirchliche Würdenträger des Heiligen Römischen Reiches, um über den Fall des Herzogs von Österreich zu urteilen. Friedrich II. erschien wieder nicht. Er wurde am 27. Juni in aller Form geächtet und als Herzog von Österreich und Steier abgesetzt. Dies war zweifellos eine ernste Bedrohung seiner Existenz. Denn die mit der Reichsacht belegte Person wurde aus der politisch-gesellschaftlichen Gemeinschaft ausgestoßen und außer Gesetz gestellt, jeglicher Verkehr mit ihr war verboten. Friedrich II. hätte nun schleunigst die Verbindung mit dem Kaiser suchen, ihm huldigen und die gefährliche Angelegenheit durch gütige Verhandlungen bereinigen müssen. Der Herzog tat es nicht, er nahm den Urteilspruch einfach nicht zur Kenntnis. Daraufhin drangen, mit Genehmigung des Kaisers, vom Norden her böhmische Truppen in Österreich ein, vom Westen die Ritter des Herzogs von Bayern und die bewaffneten Knechte des Bischofs von Passau, vom Süden die des Patriarchen von Aquileja und die vom Bischof von Bamberg aufgestellten Kontingente. Der Herzog gab nicht auf, er setzte sich zur Wehr. Die Reichsacht griff nicht voll und ganz, Friedrich II. hatte noch immer treue Anhänger, denn er konnte, launenhaft und hochbegabt, wie er war, sogar seine Gegner durch seine persönliche Ausstrahlung, durch kluge Maßnahmen gewinnen. Er war zäh und verlor auch in einer aussichtslos scheinenden Lage nicht den Mut; er konnte großzügig sein und nachsichtig, und dies alles bewog eine Anzahl einflußreicher Männer, unter ihnen den steierischen Landmarschall Berthold von Treun, den Ministerialen Konrad von Himberg, den Grafen Liutpold von Plain-Hardegg und den Bischof von Seckau, für ihn zu kämpfen.

Das militärische Übergewicht des Reichsheeres war erdrückend, die Strafexpedition kam rasch voran. In einigen Tagen gingen Schärding und Ried, dann Linz und der österreichische Donauraum verloren, ebenfalls fast die gesamten steierischen Gebiete. Herzog Friedrich II. befand sich nunmehr auf der bewaffneten Flucht: er zog sich nach Mödling, von dort nach Wiener Neustadt und schließlich auf die stark befestigte Burg Starhemberg, südlich der Piesting, zurück, er nahm sein Archiv, seine Urkunden und Briefe und auch seinen Schatz mit. Man belagerte ihn nicht, man dachte vermutlich, er werde seine hoffnungslose Situation überdenken und sich ergeben. Friedrich II. dachte nicht daran, er setzte auf die Zeit, er wartete, und schließlich behielt er recht.

Österreich war besetzt, seine Auflösung als schon halbwegs unabhängiges Land stand bevor. Wien wurde ohne einen Schwertstrich von dem König von Böhmen und dem Herzog von Bayern erobert. Anfang Januar 1237 zog der deutsche König und römische Kaiser Friedrich II. in die ehemalige Residenz des Herzogs ein. Er blieb bis Mitte April und löschte Österreich von der Landkarte der damaligen Welt: das Herzogtum wurde Kron- und Reichsgut, persönlicher Besitz des Kaisers und damit ohne jegliche Einschränkungen Hoheitsgebiet des Heiligen Römischen Reiches. Gleichzeitig proklamierte er Wien zur Hauptstadt des neu geschaffenen Kron- und Reichsgutes, er machte aus ihm eine sogenannte reichsunmittelbare Stadt, die mit Österreich nichts mehr zu tun hatte, sondern dem Kaiser, beziehungsweise dem Heiligen Römischen Reich unterstand. Wien erhielt einen Freiheitsbrief, das heißt, ein neues Stadtrecht, die Steuerlast der Bürger wurde gemindert, die Schule von Sankt Stephan bekam einen dem Herrscher unterstellten Rektor, das vom Herzog Leopold VI., dem „Glorreichen", eingeführte Stapelrecht blieb in Kraft, für die Kriminalfälle wurde ein Stadtrichter zuständig. Die Kriegsdienstpflicht der Wiener wurde angenehm eingeschränkt, die Juden der Stadt bekamen einen kaiserlichen Schutzbrief, ihre Freiheit in Sachen Handel und Geldwechsel wurde erweitert, man schloß sie aber von allen Ämtern, die sie unter den Babenbergern hatten, aus. Das Original des kaiserlichen Freiheitsbriefes blieb nicht erhalten, eine Abschrift fand man im sogenannten Eisenbuch, dem Stadtrechtsbuch von

Wien, das um das Jahr 1350 entstand.

Für den deutschen König und römischen Kaiser Friedrich II. war die Angelegenheit Österreich erledigt und geregelt. An der Spitze der Verwaltung des neuen, noch namenlosen Kron- und Reichsgutes und seiner Hauptstadt Wien stand nun ein kaiserlicher Prokurator (Statthalter), Bischof Ekbert von Bamberg, ein unversöhnlicher Feind des abgesetzten Herzogs Friedrich II. Ihn in seinem Schlupfwinkel, in der Burg Starhemberg aufzustöbern und zu verhaften, schien dem Kaiser anscheinend nicht besonders wichtig, es gibt jedenfalls keine Berichte, die darüber sprachen, daß man Truppen ausgeschickt hätte, um des geächteten Herzogs habhaft zu werden. Und Friedrich II. mußte auch nicht mehr lange in seinem Versteck warten. Papst Gregor IX. kam ihm, freilich unabsichtlich, zu Hilfe. Denn er griff den Kaiser, den „Erzketzer auf dem Thron", erneut an, indem er einen bewaffneten Widerstand der lombardischen Städte, darunter Mailand, Padua, Verona und Brescia gegen ihn organisierte. Italien wurde wieder einmal Kriegsschauplatz. Der Kaiser verließ Wien und zog in Eilmärschen nach Süden. Österreich, genauer gesagt, das gewesene Österreich und sein ehemaliger Herzog Friedrich II. interessierten ihn nicht mehr lebhaft. Die lombardischen Städte waren stark befestigt, gut bewaffnet, und Papst Gregor IX., ein geborener Visconti, italienischer Graf und Patriot, der frühere Kardinalbischof von Ostia, schien unerbittlich. Der Krieg zog sich in die Länge, und als Friedrich II. seinen Lieblingssohn, Enzio, der auch ein sogenanntes natürliches Kind war, zum König von Sardinien ausrufen ließ, war der gesamte Klerus in Italien tief empört, und der Papst verkündete gegen den Kaiser wieder einmal einen neuen, fürchterlichen Bannfluch. Er suchte auch einen Gegenkönig in den deutschen Ländern, fand aber keinen.

Herzog Friedrich II. nützte die neu entstandene Lage gekonnt: er begann eine ebenso sorgfältig vorbereitete wie kühne Gegenoffensive, um sein Land, Österreich, schrittweise zurückzuerobern. Mit Hilfe eines anscheinend immer größer werdenden Heeres aus Bauern, kleinen Rittern und städtischen Bürgern nahm er vorerst Wiener Neustadt, dann Himberg, Mödling und, wie die Heiligenkreuzer Annalen erzählen, noch weitere fünf namentlich nicht genannte Festungen in der Umgebung von Wien. Das Reichsheer war zum Teil abgezogen worden, zum Teil untereinander uneinig, es verlor eine Schlacht nach der anderen. Der böhmische König Wenzel I. war bereit, gegen eine kleine Gebietsabtretung in der Gegend von Laa an der Thaya, die Kämpfe einzustellen und Verhandlungen aufzunehmen. Herzog Friedrich II. erwies sich wieder einmal als erfolgreicher Feldherr und begabter Diplomat zugleich. Im März des Jahres 1238 verhandelte er mit dem Bischof von Passau, mit dem Bischof von Freising und mit Herzog Otto II. von Bayern, erkaufte vermutlich ihre Neutralität und marschierte weiter, ziemlich rasch, kreuz und quer durch österreichisches und steierisches Gebiet und eroberte Linz, Enns, Ybbs, Bruck an der Leitha und Klosterneuburg zurück. Im Juni 1239 stand er vor den Toren und Mauern von Wien.

Der deutsche König und römische Kaiser Friedrich II. mühte sich immer noch in Italien mit den lombardischen Städten ab und ließ Verteidigungsschriften gegen die Schmähschriften des Papstes veröffentlichen. Auf die Nachrichten, Herzog Friedrich II. sei im Begriff, das zum Kron- und Reichsgut erklärte Österreich wiederzuerobern, reagierte er zunächst nicht. Er ist in seiner Politik, was die deutschen Länder nördlich der Alpen betraf, vorsichtiger, aber auch zaghafter geworden. Denn viele hohe kirchliche Würdenträger und auch einige Fürsten stellten sich schon offen auf die Seite des Papstes, der mit seiner schärfsten Waffe, der Exkommunikation, sehr schnell bei der Hand war. Die deutschen Bischöfe, aber auch einige Herzöge und Markgrafen, wollten ein Ende des unseligen Krieges zwischen Papsttum und Kaisertum und versuchten, zwichen den streitenden Parteien zu vermitteln. Herzog Friedrich II. witterte bald die neu entstandene politische Stimmung und versuchte schon während der Belagerung von Wien, über Mittelsmänner, über den Bischof von Passau und den Hochmeister des Deutschen Ritterordens, dem Kaiser eine für beide Seiten befriedigende Aussöhnung anzubieten. Der Kaiser war nicht abgeneigt, das Herzogtum Österreich wiederentstehen zu lassen und Friedrich II. zu vergeben. Er hatte Feinde genug, jeden Tag mehr, er brauchte vermutlich solche entschlossenen und tapferen Anhänger, wie den geächteten Babenberger, den in Österreich niemand mehr aufhalten wollte oder konnte.

Im Dezember 1239 kapitulierte Wien vor dem Herzog. Friedrich II. benahm sich klug, es kam zu keinem Strafgericht unter den Beamten und Gefolgsleuten des Kaisers. Die alten Zustände wurden hergestellt, Wien war keine reichsunmittelbare Stadt mehr, sondern wurde wieder die Hauptstadt des Herzogtums Österreich und Residenz des regierenden Herzogs. Kaiser Friedrich II. nahm die vollendeten Tatsachen zur Kenntis. Die Geheimverhandlungen um eine Versöhnung wurden fortgesetzt. Papst Gregor IX. erfuhr davon und exkommunizierte die Vermittler. Über Herzog Friedrich II. sprach er das Interdikt aus. Die Folgen waren gleich null, denn der Erzbischof von Salzburg und der Bischof von Passau erklärten die päpstlichen Anordnungen einfach für ungültig. Sie waren nun Friedrich II. auch mehr gewogen, denn der Herzog, bis dahin nicht gerade ein Liebling der Kirche, verstand es, sich auch dem hohen Klerus zu nähern. Er versprach nicht nur, daß er die Kirche, aber vor allem das Vermögen der Kirche, ihre Rechte, die Mauten und Zölle voll und ganz respektieren werde, er stellte sich gleich nach seinem Einzug in Wien am Weihnachtstag des Jahres 1239 mit Geschenken ein: das Bistum Seckau, die irischen Schottenmönche, das Heiligengeistspital und der Deutsche Ritterorden erhielten verschiedene Privilegien.

Auch die Bürger der Stadt behandelte er gut, er erweiterte ihre Freiheiten, die ihnen im Stadtrecht des Kaisers zugesichert worden waren. Seine Verwaltung und seine Finanzgebarung funktionierten tadellos. In den leitenden Stellen seines Hofes, der zugleich die Regierung gebildet hatte, bekamen nicht nur Hochadelige, Ministerialen, führende Positionen, sondern auch mittellose Ritter und Bürger. Die heimischen Kaufleute, die mit dem Ausland Handel trieben, wurden von den österreichischen Zollsätzen weitgehend befreit, und auch die Mautgebühren wurden für sie erheblich herabgesetzt. Die Fremden wiederum, die in Österreich ihre Waren anboten, mußten mehr zahlen, am meisten die tüchtigsten und reichsten Venetianer. Es gab auch harte Maßnahmen, die den heimischen Handel fördern sollten, umstrittene Maßnahmen freilich, wie die Grenzsperre gegen Bayern und die Bischofsstadt Salzburg, um kein Getreide aus Ungarn, das man auch in Österreich gerne aufkaufte, weiterzutransportieren. Eine ebenso harte, zum Teil umstrittene Maßnahme war das zeitweilige Einfuhrverbot für ungarische Weine, um die Preise drücken zu können. Die meisten Städte, vor allem das schon damals als „besonders treu" bezeichnete Wiener Neustadt erhielten neue, realistische Markt-, Zoll- und Mautordnungen. Das vom 1. Juli 1244 datierte Stadtrecht für Hainburg ist allerdings eine spätere Fälschung.

Die sogenannten kleinen Leute, *cives et milites*, Bürger und Soldaten, spielten nun in der Verwaltung der Städte wichtige Rollen. Die Juden erhielten einen neuen Schutzbrief, dabei aber auch das eher verhängnisvolle Recht, hohe Zinsen bis zu 174 Prozent im Jahr zu nehmen. Das „alte Judengesetz" des Herzogs aus dem Jahr 1234 trat wieder in Kraft, das unter anderem verfügte, daß im Falle einer schweren Anklage gegen einen Juden die Aussage von christlichen Zeugen nicht genüge; es müssen auch jüdische Zeugen angehört werden. Dieses Judengesetz von Friedrich II. wurde auch von Böhmen und Ungarn übernommen; es war das erste gemeinsame Gesetz, das auf dem Gebiet der späteren Donaumonarchie überall die selbe Geltung hatte.

Der deutsche König und römische Kaiser, gerade damit beschäftigt, in den Kirchenstaat einzubrechen, Rom zu belagern und den Papst gefangenzunehmen, war vermutlich froh, daß in Österreich schon kurz nach der Rückeroberung durch Herzog Friedrich II. geordnete Verhältnisse geherrscht hatten. Er war zu einer offiziellen Versöhnung bereit und er tat auch den ersten Schritt: Im Juni des Jahres 1240 schrieb er einen Brief an den Herzog von Österreich, in dem er, eher aus purer Höflichkeit, oder, um dem Brief eine passende Form zu geben, die schon vom Vater geerbte traditionelle Treue und Ergebenheit Friedrichs II. dem Kaiser gegenüber lobte und auch darüber sprach, daß man den Herzog offensichtlich verleumdet hatte. Die Reichsacht wurde im Schreiben nicht unmittelbar erwähnt, doch der Kaiser versicherte, er wolle den Herzog nicht dauernd aus der Gemeinschaft der Fürsten ausschließen, er wäre ja schon damals dagegen gewesen. Als besonderes Entgegenkommen erlaubte der Herrscher dem Herzog fortan das Kreuz der Kaiserkrone, beziehungsweise dessen Nachahmung, auf seinem Herzogshut zu tragen.

Das war ein voller Triumph des damals erst neunundzwanzig Jahre alten Friedrich II., der nicht nur erfolgreich streitbar, sondern auch ein hervorragender Politiker und Diplomat war. Österreich mit dem Heiligen Römischen Reich eher nur mehr lose verbunden, gehörte wieder zu den florierenden und geachteten Ländern des mitteleuropäischen Raums. Sein Ende kam dann umso überraschender, nicht aber als eine gesetzesmäßige Folgeerscheinung seiner letzten Blütezeit, der wirtschaftlichen Sättigung und der kulturellen Reife. Die Katastrophe wurde, obwohl scheinbar indirekt, durch Ereignisse ausgelöst, die Tausende Kilometer östlich von Wien bereits unaufhaltsam in Gang waren. Der widersprüchliche Charakter des Herzogs Friedrich II., mit einer Kettenreaktion von schwerwiegenden politischen und militärischen Faktoren konfrontiert, trug allerdings wesentlich zu dem plötzlichen Zusammenbruch Österreichs unter den Babenbergern bei.

Das Ende der Babenberger

Im Jahr 1236 schickte der ungarische König Béla IV. den gelehrten Dominikanermönch Julian auf eine Entdeckungsreise nach Asien: Er sollte die Urheimat der Ungarn suchen und mit den dort angeblich verbliebenen Magyaren, die nach vagen Berichten von Kaufleuten nach wie vor ungarisch sprachen, Verbindung aufnehmen. Frater Julian fand hinter dem Ural tatsächlich noch zersprengte Gruppen von Ungarn, die mit Ostjaken, Wotjaken und Tscheremissen zusammengelebt hatten, aber er kehrte mit einem unheimlichen Bericht zurück: Das riesige Reitervolk der Mongolen, dem bisher kein Land, kein Herrscher und keine Armee gewachsen war, brach unter dem Enkel des legendären Dschingis Khan, Batu Khan auf, um das Abendland zu erobern. Der besorgte Mönch schrieb auch einen ausführlichen Brief an den Papst, er zählte eine Reihe von alarmierenden Tatsachen auf, die er zum Teil selber gehört oder gesehen hatte. Doch Papst Gregor IX. schätzte die Gefahr völlig falsch ein; er dachte daran, den Mongolen Missionare entgegenzusenden und sie taufen zu lassen. Denn für ihn stand der ärgste Feind des Abendlandes mitten im Abendland, mitten in Italien: der deutsche König und römische Kaiser Friedrich II., seit dem März 1293 erneut exkommuniziert, der mit seiner schon ein wenig ramponierten Armee, die keineswegs eine Ausgeburt von Disziplin war, bereits in gefährlicher Nähe der Ewigen Stadt sein Lager aufschlug.

Schon im Winter des Jahres 1238 fegten die Mongolen auf ihren kleinen, wetterfesten Pferden über Rußland hinweg; Moskau, Jaroslaw und Twer gingen in Flammen auf. Am 6. Dezember 1240 brannte Kiew, am 13. Februar bereits die polnische Stadt Sandomir. Das Heer des deutschen Königs und römischen Kaisers Friedrich II. näherte sich indessen den Toren Roms. Seine Flotte unter dem Kommando seines Sohnes Enzio, König von Sardinien, jagte vor der toskanischen Küste die Schiffe der päpstlich gesinnten Genuesen, die Bischöfe und Kardinäle aus Spanien und Frankreich – Belastungszeugen für einen gegen den Kaiser geplanten großen Ketzerprozeß – nach Italien transportierten. Enzio scheint ein begabter Kapitän gewesen zu sein, die Genuesen verloren in der Nähe der Insel Monte Christo eine ohnehin lustlos angefangene Schlacht, sie machten kehrt und brachten die hochwürdigen Belastungszeugen zurück nach Hause.

Papst Gregor IX. bereitete sich auf eine bewaffnete Konfrontation mit dem Kaiser vor, Friedrich II. entwarf Belagerungspläne. Das Heer der Mongolen, laut zeitgenössichen Quellen etwa 500.000 Mann stark, teilte sich im Frühjahr 1241 in zwei Kolonnen. Die Nordarmee des Anführers Pataj brach in Schlesien ein und vernichtete am 9. April 1241 bei Liegnitz ein eilig zusammengestelltes, schwerfällig operierendes deutsch-polnisches Ritterheer. Die Südarmee unter dem Kommando des fast siebzig Jahre alten Mongolenfürsten Subutaj zerschlug am 11. April 1241 in der Pußta von Mohi, westlich von Tokaj, die schlecht geführte Streitmacht der Ungarn, die, in einer Wagenburg verschanzt, auf engstem Platz zusammengedrängt, in einem blutigen Chaos unterging.

Der ungarische König Béla IV. versuchte keinen Widerstand mehr: Er floh mit seiner Familie und mit dem Kronschatz nach Österreich. Herzog Friedrich II. nahm ihn auf, aber keineswegs umsonst: Er verlangte für Schutz und Gastfreundschaft drei ungarische Grenzkomitate (Burggrafschaften beziehungsweise Verwaltungsbezirke): Sopron (Ödenburg), Moson (Wieselburg) und Vas (Eisenburg), sowie einen Teil der ungarischen Kronjuwelen. König Béla IV. sagte in seiner Not zu, dennoch mußte er den Hof des Herzogs bald verlassen. Die Mongolen tauchten bei Wiener Neustadt und bei Klosterneuburg auf, sie suchten die Spuren des ungarischen Königs. Denn nach ihrer mythischen Auffassung über den Besitz eines für sie eigentlich immer grenzenlosen Raumes war ein Land so lange nicht erobert, solange sein rechtmäßiger Herrscher am Leben war oder sich zumindest auf freiem Fuß befand und den Mongolen nicht huldigte. Für den ungarischen König schien Österreich nicht mehr sicher genug, und auch Friedrich II. drängte auf eine Abreise. Béla IV. verließ Wien, er floh nach Dalmatien, hinter ihm die beiden, unter Batu Khan wieder vereinigten Mongolenheere. Sie wollten den König töten oder gefangennehmen und dadurch Ungarn, das mit seinen ausgedehnten Ebenen als Winterquartier und Operationsbasis für einen künftigen Vorstoß durch das obere Donautal vorgesehen war, auch *de jure* besetzen. Österreich hatte Glück, es blieb vor weiteren Angriffen der Mongolen verschont.

König Béla IV. fand in der auf einer Insel erbauten Stadt Trogir (Traun), in der Nähe von Spalato (heute: Split in Jugoslawien) eine letzte Zuflucht. Das Meer stellte für die Mongolen ein unüberwindliches Hindernis dar. Sie lagerten monatelang Trogir gegenüber und beratschlagten, wie sie des ungarischen Königs habhaft werden könnten. Die Bürger von Trogir zeigten trotz der wildesten Drohungen und einiger mißglückter Landungsversuche der Mongolen eine entschlossene Haltung und lehnten es immer wieder ab, Béla IV., seine Frau und seine Kinder auszuliefern. Im Frühjahr 1242 erreichte Batu Khan die Nachricht, daß der regierende Fürst der Steppe, Großkhan Ogotaj, in Karakorum gestorben war und die Wahl des neuen Großkhans, der auch Batu heißen könnte, bevorstand. Daraufhin brachen die Mongolen unverzüglich auf und verließen Europa.

Die Erpressung des in schwere Not geratenen ungarischen Königs Béla IV. durch den Herzog von Österreich war gewiß keine ritterliche Tat, es steckte jedoch Realpolitik dahinter, und diese richtet sich nur selten nach moralischen Grundsätzen. Friedrich II. wurde die höchst unglückliche strategische Lage Wiens, einer Stadt, die hart an der Grenze der weiten Ebenen des Ostens liegt, gerade durch den raschen Zusammenbruch Ungarns bewußt. Im Gebiet der drei Komitate Ödenburg, Wieselburg und Eisenburg, die Béla IV. ihm für eine kurze Gastfreundschaft abtreten mußte, wollte er ein neues Vorwarn- und Verteidigungssystem für seine Haupt- und Residenzstadt errichten. Den ungarischen Kronschatz nahm er dem geflüchteten König nicht nur, weil er Kostbarkeiten über alles liebte, sondern auch wegen seines symbolischen Wertes ab: Er brauchte gerade eine achtbare Krone, die durch den Segen der Kirche und durch die aus Legenden geformte Tradition als heilig angesehen war. Die ungarische Stephanskrone, zwar zum Teil aus einem vermutlich in Regensburg hergestellten goldenen Bucheinband und aus einer griechischen Frauenkrone eher dilettantisch zusammengesetzt, war in der Tat sehr schön, war heilig und von Legenden umwoben – sie wäre für seine Zwecke bestens geeignet gewesen.

Denn der deutsche König und römische Kaiser Friedrich II. schlug dem Herzog von Österreich unverhofft ein äußerst günstiges Abkommen vor. Er wollte Gertrud, die Nichte des streitbaren Friedrich II., heiraten, nicht zuletzt, um sich dadurch, falls der Herzog von Österreich kinderlos sterben sollte, was vorauszusehen war, die legitime Nachfolge in dessen Land zu sichern, Österreich nicht durch einen gewaltsamen Fürstenspruch, sondern mittels Ehebetts zu seinem Besitz, zum Kron- und Reichsgut zu machen. Die Verhandlungen begannen zaghaft, und sie zogen sich in die Länge. Als Gegenleistung versprach der Kaiser, Friedrich II. zum König von Österreich zu erheben. Die Hochzeit des zweiundfünfzig Jahre alten Kaisers mit der kaum neunzehnjährigen Gertrud sollte gleichzeitig mit der Proklamierung des neuen Königreichs Österreich am 29. Juni in Verona stattfinden. Schon in der letzten Aprilwoche des Jahres 1245 schickte der deutsche König und römische Kaiser dem Herzog durch einen Vertrauten, dem Bischof von Bamberg, einen Königsring nach Wien. Das sprach sich rasch herum, die Böhmen wurden unruhig, sie hätten auch gerne Gertrud als Braut und mit ihr die Zukunft Österreichs in ihrer Hand gehabt. Auch Herzog Friedrich II. spielte ein bißchen ein Doppelspiel, er war zwar bereit, die Königswürde anzunehmen, wollte aber sein Land nicht ohne einen letzten Versuch, doch noch Nachkommen zu haben, dem Kaiser überlassen: er beschloß, noch einmal zu heiraten, sah sich rasch nach einer Braut um, die aber anscheinend nicht leicht zu finden war. Verhandlungen mit dem Herzogshof von Bayern wurden zwar eingeleitet, denn dort gab es eine Elisabeth, die man eventuell hätte nehmen können, doch man schob das Projekt, da die Baiern nicht hell begeistert waren, auf die lange Bank.

Der Herzog reiste gewiß in Hochstimmung nach Italien ab. Der deutsche König und römische Kaiser Friedrich II. empfing ihn mit besonderer Freundlichkeit. Die Herren warteten. Der für das große Fest bestimmte Tag, der 29. Juni, näherte sich, aber Gertrud, die Nichte des Herzogs, Tochter des verschollenen Bruders Heinrich des Grausamen, erschien nicht. Sie war eine folgsame Anbeterin der Kirche und ließ sich von päpstlich gesinnten hohen Würdenträgern beraten, die ihr nahelegten, der Weg nach Verona führe schnurstracks in die Hölle. Man dürfe den alten Kaiser, einen Mann, der seit Jahren unter der schweren Last der Exkommunikation und in engster Tuchfühlung mit verschiedenen Todsünden lebe, nicht heiraten. Das leuchtete Gertrud ein, sie schickte nicht einmal eine Nachricht, daß sie nicht käme. Nach einigen Wochen vergeblichen Wartens auf die Braut verschob der Kaiser die Verwirklichung seiner Pläne auf einen späteren Zeitpunkt. Er feierte keine Hochzeit – und Österreich wurde kein Königreich. Einen österreichischen König gab es dann im Laufe der gesamten Geschichte des Landes nicht. Die österreichischen Herrscher waren Markgrafen, Herzöge, dann Erzherzöge, Könige von Böhmen und Ungarn, Kaiser des Heiligen Römischen Reiches und später Kaiser von Österreich – Könige von Österreich waren sie nie. Das haben sie Gertrud zu verdanken und in dieser Hinsicht war die junge fromme Dame doch eine bemerkenswerte Person. Einen Versuch, ohne die Hand von Gertrud die Königswürde vom Kaiser zu erhalten, wagte Friedrich II. in Verona nicht. Er kehrte tief enttäuscht nach Wien zurück. Der deutsche König und römische Kaiser heiratete fünf Jahre später, allerdings schon auf dem Sterbebett, seine langjährige Geliebte, Blanka von Lancia.

Der Mißerfolg von Verona war für Herzog Friedrich II. ein schwerer außenpolitischer Schlag; sein Ansehen sank in den Nachbarländern auf den Tiefpunkt. Man lachte auch über ihn, Spottgedichte waren im Umlauf. Die Böhmen wiederholten, nun sozusagen von oben herab, ihren Heiratsantrag, Gertrud mit dem Kronprinzen Wladislaw zu vermählen. Der Herzog lehnte ab. Die Baiern wiederum redeten nicht mehr von einer Ehe, sondern verlangten von Friedrich II. die Burg Obenberg am Inn zurück, die der Herzog hatte widerrechtlich besetzen lassen. Sie griffen die Festung an, die österreichische Besatzung verteidigte aber Obenberg erfolgreich. Im Januar 1246 bewegte sich vom Norden her ein sonderbarer Hochzeitszug nach Österreich: Die Böhmen hatten beschlossen, Gertrud mit Waffengewalt zu holen. Der Winterkrieg war kurz, Friedrich II. siegte am 26. Januar bei Staatz und nahm den Anführer der Expedition, Ulrich, den Fürsten von Lundenburg, gefangen. Die Böhmen gaben ihre Heiratspläne auf.

Die Ruhe an den Grenzen des Herzogtums Österreich dauerte aber nicht lange. Der ehemalige unfreiwillige Gast des Herzogs, der ungarische König Béla IV., war bereits seit vier Jahren wieder daheim und arbeitete energisch daran, die von den Mongolen verursachten Schäden und Verwüstungen – die keineswegs so schwer waren, wie dies die spätere ungarische Geschichtsschreibung behauptete – so rasch wie möglich zu beheben. Er rief fremde Kolonisten, in erster Linie Deutsche, aber auch Franzosen, Griechen und spanische Juden in das Land und siedelte das Steppenvolk der heidnischen Kumanen, das ursprünglich vor den Mongolen geflohen war, zwischen Donau und Theiß, im heutigen Kunság (Kumanenland) an, ließ die Städte, die bis dahin bloß größere offene Dörfer waren, ausbauen und mit Mauern und Bollwerken umgeben, und er stellte ein gut ausgerüstetes, schlagkräftiges Reiterheer auf, das die Mongolen, falls sie wiederkämen, erfolgreich hätte bekämpfen können.

Die Mongolen kamen nicht. Die Nachricht vom traurigen Ende der geplanten Hochzeit von Verona fand auch König Béla recht interessant, vor allem, weil er glaubte, der deutsche König und römische Kaiser, der Herzog Friedrich II. wegen eines neunzehnjährigen Mädchens nicht zum König erhob, ließe ihn nun auch fallen. Das hieße, der Herzog von Österreich stünde nicht nur beschämt, sondern auch ohne Rückendekkung des Heiligen Römischen Reiches da. Das hat auch gestimmt, nicht aber, weil der deutsche König und römische Kaiser den Herzog von Österreich für seine Nichte haftbar gemacht oder ihm gegrollt hätte – er schrieb ihm nach Wien noch einen überaus freundlichen Brief –, sondern, weil er wieder voll und ganz in seine italienischen Angelegenheiten verstrickt war. Zwei uneheliche Söhne, Manfred von Lancia und Friedrich von Antiochia, stellten Ansprüche, die testamentarisch geregelt werden mußten, die lombardischen Städte schickten wieder Truppen aus, und der neue Papst, Innozenz IV., nicht minder streng als sein Vorgänger Gregor IX., setzte den Kaiser auf einer Versammlung in Lyon wieder ab.

Die Fürstenhöfe waren über die politischen Vorgänge in Europa, wenn auch die Nachrichten sie oft nur recht langsam erreichten, stets gut unterrichtet. Im Frühling des Jahres 1246 sah der ungarische König Béla IV. die Lage in Österreich reif, die drei an Friedrich II. abgetretenen Grenzkomitate und die in Wien verbliebenen Kronjuwelen zurückzufordern. Der streitbare Herzog von Österreich, durch den leichten Sieg über die Böhmen wieder einmal überheblich geworden, sagte kurz und bündig nein. Er habe die damalige Abmachung erfüllt, dem ungarischen König Asyl gewährt; daß er weitergereist war, ist nicht seine, des Herzogs Sache. Doch Béla IV. war auch ein starker Mann, eine der bemerkenswerten Persönlichkeiten der ungarischen Geschichte, und er bestand darauf, daß sein Nachbar, Friedrich II., Unrecht habe. Im Frühsommer des Jahres brach ein österreichisch-ungarischer Krieg aus. Die Armee von Béla IV. drang zügig gegen Wien vor. Am 15. Juni 1246 kam es im heutigen Burgenland, in der Nähe von Pottendorf oder Ebenfurth, in der Umgebung des Flusses Leitha zu einer Schlacht. (Über den Ort, wo das babenbergische Herzogtum Österreich schließlich unterging, wurde viel herumgerätselt, die genaue Lage jedoch nicht gefunden.)

Herzog Friedrich II. fiel, wie in den meisten österreichischen Geschichtswerken steht, „siegreich fechtend" in der Schlacht, die die Österreicher angeblich gewonnen hätten. Über das Ende des letzten Babenbergers entstand eine nahezu rituale Betrachtungsweise, die ihn, den früher meist getadelten und geschmähten Herzog, unter einem dichten Lorbeerkranz untergehen läßt. In einem ausgezeichneten, sehr korrekt geschriebenen Buch über Österreich bis zum Ausgang der Babenbergerzeit liest man: „Siegreich fechtend ist der Herzog am 15. Juni an der Leitha von einem Speere tödlich verwundet worden. So ist mit ihm das alte Mark-Herzogsgeschlecht ruhmvoll zugrunde gegangen". In einer modernen Chronik aus unseren Tagen, die Daten zur Geschichte und Kultur Österreichs verarbeitet, steht wiederum: Das Pferd des Herzogs Friedrich II. wird bei der Verfolgung der fliehenden Ungarn tödlich getroffen und begräbt unter sich den Herzog, er wird von einer Anzahl von Feinden umringt und erschlagen. Heinrich von Liechtenstein, der Oberfeldherr, führt die Österreicher anschließend zum Sieg. Der Herzog soll noch während der Schlacht von seinem Schreiber Heinrich gefunden worden sein, nur mehr mit einem Leinenuntergewand bekleidet, doch noch immer mit dem Schwert in der Hand.

Das ist eine schöne Geschichte, nur wirft sie einige ziemlich logische Fragen auf. Wenn der Feind kopflos flieht, wieso hat er Muße und Zeit, beim gestürzten Herzog stehen zu bleiben, ihn ungehindert zu umringen (wo waren die anderen Österreicher?) und ihn zu erschlagen? Wenn der Feind, wie es ja behauptet wird, kopflos floh, wer hat dann die Leiche des Herzogs bis auf das Leinenuntergewand ausgezogen, das heißt, geplündert? Die siegreichen Österreicher? Kaum zu glauben.

Die Ungarn, ursprünglich auch ein asiatisches Reitervolk, die Siege der Mongolen noch vor Augen, griffen in der Schlacht an der Leitha auf ihre alte Kampftaktik zurück: Nach dem ersten Zusammenprall der beiden Heere täuschten sie eine kopflose Flucht vor, um dann plötzlich stehenzubleiben und zu einem blitzschnellen Gegenangriff auszuholen. Das Pferd des Herzogs stürzte wahrscheinlich während der Verfolgung, als aber die Ungarn unverhofft kehrt machten, konnte er nicht mehr aufstehen, seine Begleitung wurde abgedrängt, er selbst tatsächlich von zahlreichen Feinden umringt. Ausgezogen wurde der Tote vermutlich, ja, fast sicher, von plündernden Ungarn.

Über das Ende des letzten Babenbergers gibt es mehrere Versionen: Es heißt, entweder ein einfacher Krieger, ein Kumane, hätte ihn durch einen gutgezielten Pfeilschuß noch während des ersten Sturms getötet, – oder der Graf von Pottendorf, ein Österreicher, dessen Schwester Brünhilde vom Herzog verführt worden sein soll, hätte ihn, um die verletzte Ehre der Familie zu rächen, im Getümmel der Schlacht von hinten erdolcht. Von all den zeitgenössischen Gerüchten und Berichten erscheint jedoch eine Darstellung am wahrscheinlichsten: Jerindo Frangepan von Modrusch-Fiume, ein kroatischer Edelmann im ungarischen Dienst, hätte den am Boden liegenden Herzog erkannt und mit einem Speer tödlich getroffen.

Es ist möglich, daß die Österreicher die Schlacht an der Leitha gewonnen haben. Dennoch bekam der ungarische König Béla IV. die drei umstrittenen Grenzkomitate und die Kronjuwelen zurück. Mit wem er darüber in der Umgebung des toten Herzogs verhandelt hat, wissen wir nicht. Tatsache ist, daß er seine Ziele erreichte und seine Truppen zurückzog. Zwischen Österreich und Ungarn gab es fortan wieder einen vertraglich abgesicherten Frieden.

Herzog Friedrich II., der Streitbare, starb im fünfunddreißigsten Lebensjahr. Er wurde im Kapitelhaus des Stiftes Heiligenkreuz im Wienerwald in einem prunkvollen Hochgrab bestattet. Der Tumbadeckel, mit einem schönen Relief versehen, zeigt ihn liegend, in voller Rüstung. Seine Gesichtszüge sind nicht erkennbar.

Mit seinem Tod ging nach rund zweihundertsiebzig Jahren die Herrschaft der Babenberger, die aus einem schmalen Grenzstreifen ein lebensfähiges, in seinen Grundzügen schon sehr österreichisches Land geschaffen hatten, das aber noch wesentlich kleiner war als die heutige Republik, zu Ende. Eine unbedeutende Grafenfamilie stieg von Stufe zu Stufe auf und wurde mit viel Glück, aber auch mit Umsicht, politischem Feingefühl, selten mit Gewalt, dafür aber mit einer ausgeprägten Begabung, zwischen den Fronten zu lavieren und mit einem untrüglichen Sinn für das erfolgreiche Wirtschaften, zu einer namhaften und geachteten Dynastie. Ihr Verdienst, Österreich geschaffen zu haben, ist noch heute verhältnismäßig wenig bekannt und kaum gewürdigt. Die Babenberger sind, rechnet man die eine oder andere, meist falsche Legende ab, ehrbare Schatten geblieben, in einer fernen Zeit, über der ein dichter Nebel des Unwissens liegt.

Zwischenspiel: Heiratspossen und ein guter König namens Ottokar

Als der letzte Babenberger, Friedrich II. der Streitbare starb, stand das angeblich so finstere, in Wirklichkeit eher farbenfrohe Mittelalter in seiner Hochblüte. Es war die Zeit der bereits ausgereiften und etablierten Formen, die Zeit einer ruhigen Stagnation mit einem sehr langsamen, nur sporadischen Fortschritt. Die Menschen freilich wußten nicht, daß sie im Mittelalter lebten. Der Begriff ist viel jünger, er stammt von einem vollkommen vergessenen Doktor der Theologie und Professor der Geschichte, Georg Horn, der 1620 in Kemnat in der Oberpfalz auf die Welt kam und 1670 in Leiden, wo er an der Universität las, starb und, wie seine dürftige Biographie nebenbei bemerkt, in seinen letzten Jahren „zeitweise geisteskrank" war. Ein anderer, ebenfalls vollkommen vergessener Professor, Christoph Cellarius, der 1707 aus dieser Welt schied, präzisierte die Bezeichnung von Professor Horn auch zeitlich genau: Demnach begann das Mittelalter nach dem Ende der antiken Zeit, mit dem Zusammenbruch des alten Rom und dem ersten Schub der Völkerwanderung um 470 n. Ch., und dauerte bis zur Neuzeit, bis zur Entdeckung von Amerika am 12. Oktober 1492. Die Einteilung ist heute bereits umstritten, der Begriff Mittelalter bleibt aber dennoch ein fester Bestandteil der internationalen Geschichtsschreibung.

Die Menschen wußten nicht, daß sie im Mittelalter lebten, und die meisten von ihnen wußten auch nicht, in welchem Jahr sie lebten oder in welchem Jahr sie auf die Welt kamen. Kalender waren noch Raritäten, Uhren gab es nicht, man wußte auch nicht genau, wie spät es ist, man richtete sich nach der Sonne, nach den Naturereignissen, nach den Sternen. Pünktlichkeit in unserem Sinn war unbekannt. Der technische Fortschritt war nach wie vor sehr langsam, seine Zentren lagen in Frankreich, in Italien und in Norddeutschland, Österreich trottete schon damals gemächlich nach, die Erfindungen des Westens und des Südens übernahm es mit erheblicher Verspätung. Aber es gab, auch noch in der Zeit des letzten Babenbergers, kaum neue Entdeckungen: Das Spinnrad in Frankreich und in Norddeutschland, das aber vielerorts aus unerfindlichen Gründen vorerst verboten wurde; der Trittwebstuhl, der ermöglichte, Textilien schneller und in größeren Mengen herzustellen und der zeitweilig, auch als ein Werk des Teufels, ebenfalls auf die Liste der verbotenen Maschinen kam; der Schubkarren, der zuerst an den großen, kirchlichen Baustellen auftauchte, sowie die Schraubwinde, die die Hebung von schweren Lasten bedeutend erleichterte. Eine europäische Seidenindustrie vor allem in Lucca und in Venedig, begann ihre schönen Produkte zu exportieren; man kleidete sich im angeblich finsteren Mittelalter gerne bunt und verwendete dazu wertvolle Stoffe, nobles Tuch, Pelzwerk, grünen Scharlach und Kamelott. Das Papier erschien, die erste Urkunde, die nicht mehr auf Pergament, sondern auf Papier geschrieben wurde, stammt von dem deutschen König und römischen Kaiser Friedrich II. und wurde im Jahr 1228 für die Nonnen von Goess in der Steiermark ausgestellt. Auch die Republik Venedig verwendete gelegentlich schon Papier, sicherlich Importware aus dem Orient, denn die erste Papiermühle in Europa begann erst 1268 in der kleinen italienischen Stadt Fabriano, in den Marken, zu arbeiten. Der Kompaß, wahrscheinlich eine Erfindung im arabischen Raum, war seit 1190 auch in der europäischen Küstenschiffahrt bekannt. Die Kaufleute, die auch als Bankiers fungierten, reisten immer mehr; 1237 wurde die wichtige Nord-West-Verbindung über die Alpen, die St. Gotthard Straße und der Paß eröffnet, der Handel zwischen den deutschen Ländern und der Lombardei nahm einen raschen Aufschwung. Handelsmessen waren immer häufiger und beliebter, über die Frankfurter Messe gab es die erste, ausführliche Nachricht aus dem Jahr 1240.

Das Schreiben war kaum mehr verbreitet als zu Beginn der Babenberger Zeit, das Rechnen war noch ein Geheimnis, das meist nur die Kaufleute beherrschten. Erst zu Beginn des 13. Jahrhunderts, in der Regierungszeit von Leopold III., erschien in Italien ein Fachbuch über das Rechnen, der „Traktat über das Rechenbrett" von Leonardo Fibonacci, Sohn eines Zolloffiziers, der in Nordafrika lebte und in seinem schon recht beachtlichen Werk die arabischen Ziffern, die wir heute noch benützen, zur Anwendung empfahl – statt des schwerfälligen lateinischen Zahlensystems.

Rechnen wurde immer wichtiger, denn die einfache Naturalienwirtschaft, das Tauschgeschäft und die Bezahlung in Form von Dienstleistungen, glitt langsam, nahezu unmerklich, in die Geldwirtschaft über. Das deutsche Wort Geld stammt von dem Ausdruck *gelt*, das ursprünglich Opfer, aber auch Gültigkeit bedeutet hatte. Gültig war in ganz Europa, vorerst in den Städten, dann immer mehr auch auf dem flachen Land der Silbergroschen, beziehungsweise der Silberpfennig, der zwar in verschiedenen Orten geprägt und mit verschiedenen Zeichen versehen, als internationale Währung angesehen wurde. Goldmünzen gab es zur Zeit der letzten Babenberger im allgemeinen Geldverkehr noch nicht, obwohl der deutsche König und römische Kaiser Friedrich II. für sich, eher für repräsentative Zwecke, als herrschaftliches Geschenk in Apulien das Goldgeld *augustinus* prägen ließ. Auf den Handelsmessen wurden die Waren und die Transportkosten fast ausschließlich nur mehr mit Silbergroschen und Pfennigen bezahlt, am Land gingen auch die Bauern dazu über, ihre Pflichten der Herrschaft gegenüber, wie Robot, Steuer, verschiedene Abgaben, Pacht, Benützungsgebühr für Mühlen usw. in Geld abzurechnen beziehungsweise mit Geld abzulösen. Neben dem Silbergroschen und Silberpfennig, den jedermann akzeptierte, konnte man auf den Handelsmessen mit arabischem Dinar oder byzantinischem Besant zahlen; der Wechselkurs wurde allerdings von Fall zu Fall ausgehandelt. Zinsen durfte ein guter Christ nach wie vor nicht verlangen oder anbieten, zuletzt wurde das Verbot auf dem Konzil von Trient im Jahr 1227 erneuert, aber kaum mehr beachtet. Sogar das Generalkapitel der Zisterzienser erlaubte die Verpachtung von Gütern des Ordens beziehungsweise seine Maut- und Zollprivilegien gegen angemessene Zinsen.

Die Wissenschaft fristete noch immer ein Schattendasein, mit Ausnahme der Theologie, die *domina scientarium*, Herrin der Wissenschaften genannt wurde. Daß sie sich mit keiner ernsthaften Konkurrentin messen mußte, dafür sorgten die höchsten kirchlichen Stellen: Papst Gregor IX. erließ die Verordnung, daß die Bücher des Aristoteles über die Natur nicht gelesen werden dürfen beziehungsweise überprüft und ausgebessert werden müßten. Der Dominikanerorden, der in der Kirchengeschichte auch später eine eher unrühmliche Rolle spielte, verbot schon im Jahre 1228, in der Regierungszeit des Herzogs Leopold VI., des „Glorreichen", seinen Mitgliedern, Naturwissenschaften zu studieren. Dafür wurden die Dominikaner 1232, in der Regierungszeit des Herzogs Friedrich II., des Streitbaren, vom Papst Gregor IX. als Spürhunde und Vollstrecker der verschärften Inquisition bestellt. Sie traten dann, in der Zeit der verheerenden Hexenprozesse in Europa, als besonders eifrige Menschenjäger hervor.

Die Ketzer hatten sich mehr oder minder im Verborgenen gehalten, in der Zeit des letzten Babenbergers hatte die Kirche Ruhe von den Schwärmern und Kritikern. Der Glaube an eine Endzeit verschwand, man war mehrheitlich der Meinung, die Welt werde in der Form, in der sie nun bestehe, ewig bestehen, beziehungsweise bis zum Jüngsten Tag, der aber noch sehr, sehr lange nicht kommen werde. Die ersten Leprafälle, die um 1230 in Europa auftraten, hatten keine Panik verursacht; man sprach auch nicht von dem strafenden Arm Gottes. Das Gefühl der Sicherheit und der Zufriedenheit, für die Jahre 1220-1250 bezeichnend, ging von den immer größer und reicher werdenden Städten aus. Sie wuchsen stetig, Florenz hatte schon 60.000 Einwohner, Mailand gar 100.000. In Wien wohnten in der Regierungszeit des letzten Babenbergers etwa 40.000 Menschen. Der Bürger war angesehen und wohlhabend, das Leben in der Stadt unterhaltsam und verhältnismäßig frei. Die Gesellschaftsordnung hat sich im wesentlichen nicht geändert, ihre unantastbaren Säulen waren der Adel, die Bürger und die Bauern. Doch innerhalb dieser Hierarchie hatten sich die Schichten zersplittert und vermehrt. Zwischen dem Hochadel und dem niederen Adel gab es schon zahlreiche Abstufungen; die Ritterschaft konnte sowohl dem Hochadel als auch dem niederen Adel angehören, ihre Mitglieder waren zum Teil reiche Grundherren, zum Teil arme, fahrende Gesellen, die sich kaum eine Rüstung kaufen konnten, und sie waren zur Zeit des letzten Babenbergers schon in der Überzahl. Auch unter den Bauern gab es freie, ja sogar Großbauern mit einem ansehnlichen Vermögen an Vieh, an Grund und Boden und nicht selten auch schon an gehortetem Geld; dann gab es Halbfreie, durch verschiedene Pachtverträge gebunden, und die rechtlosen Leibeigenen. Die Bürger in der Stadt wiesen auch immer mehr gesellschaftliche Unterschiede auf: Eine verhältnismäßig kleine Gruppe, die meist aus Kaufleuten bestand und aus den in der Stadt wohnenden Ministerialen, hohen Staatsbeamten und Grundherren, deren Felder und Weinberge vor den Stadtmauern lagen und die alle ziemlich reich waren, bildeten das Patriziat, die Führungsschicht der Stadt, die auch die wichtigen Ämter der Gemeinde besetzte. Viele von ihnen gehörten dem niederen Adel an und besaßen ein Wappen. Die Handwerker, die sich schon in Zünften zusammengeschlossen hatten, vor allem die Tuchmacher, die Waffenschmiede, die Kürschner, waren ebenfalls wohlhabend und konnten manchmal in der Stadtverwaltung eine kleinere Position erhalten. Die Ärzte, Apotheker und Advokaten waren in der Regel geschätzt und nicht gerade arm. Ein Großteil der Stadtbürger waren noch Bauern, die in der unmittelbaren Umgebung der Stadt landwirtschaftliche Nutzflächen besaßen und bearbeiteten. Die unteren Schichten bestanden aus Arbeitern der Handwerksbetriebe, aber auch aus Kellnern und Mägden der zahlreichen Schenken und Tavernen, und schließlich gab es eine breite Schicht von Gelegenheitsarbeitern, die sich in den Haushalten oder bei den Handwerkern und den Stadtbauern verdingten.

Die klösterlichen Annalen und Chroniken berichten in der Regierungszeit des Herzogs Friedrich II., des Streitbaren, über keine Hungersnot, kein Elend und keine bemerkenswerte Armut. Die Viehzucht hatte sich in Österreich überall verbreitet, die Felder wurden ausreichend bebaut, es gab in der Stadt und auf dem Land genug Lebensmittel. Die Zisterzienser, die fortschrittlichsten aller Mönche, führten schon die Dreifelderwirtschaft ein, der Ertrag des bereits fast wissenschaftlich gepflegten Bodens wuchs kontinuierlich. Das Los der Bauern verbesserte sich zusehends, es gab unter ihnen immer mehr Pächter und Halbpächter, die finanzielle Not der Ritter, einer langsam absteigenden Klasse, und die Vermehrung der Geldwirtschaft auf dem Land half ihnen auch bedeutend: Viele von ihnen haben ihre Freiheit gegen Geld erkauft, leisteten entscheidend weniger Frondienst als früher – lieber bezahlten sie dafür – und sie konnten die Abgaben für die Kirche und für den Grundherrn in Geld berechnet genauer, das heißt, zu ihren Gunsten leisten. Die zeitgenössichen Berichte, auch die im Ausland verfaßten, erwähnen Österreich als ein wohlhabendes Land mit guter Ordnung, wo der Adel sittsam und gemäßigt, der Bürger fleißig und vermögend und der Bauer frei von Qual und Pein, zufrieden sei. Friedrich II., der Streitbare, war kein schlechter Herrscher. Als er in der Schlacht an der Leitha fiel, war die Bestürzung im Land groß. Die Minnesänger, darunter der Tannhäuser, Ulrich von Liechtenstein und Neidhart von Reuenthal beklagten seinen Tod in teils erschütterten, teils verzweifelten Gedichten. Auch die klösterlichen Annalen lobten, wenn auch ein wenig zurückhaltend, den verstorbenen Herzog – seine Reformen, die die Kirche manchmal hart trafen, waren anscheinend noch immer nicht vergessen.

*

Herzog Friedrich II., der „Streitbare", der zwölfte und letzte regierende Babenberger, starb kinderlos, und er hatte auch das im Privilegium minus verbriefte Recht nicht in Anspruch genommen, einen Nachfolger zu ernennen. Der politische Kampf um das herrenlos gewordene Österreich begann. Die Nachbarn verhielten sich vorerst erstaunlich ruhig, weder die Böhmen noch die Ungarn hatten Anstalten getroffen, das Land zu besetzen oder es unter irgendeinem, freilich fadenscheinigen Rechtsanspruch, an ihr Königreich anzuschließen. In Österreich selbst existierte im Sommer und im Herbst 1246 keine zentral gelenkte Regierungsgewalt mehr, es wurden auch keine Versuche unternommen, einen neuen Herzog zu wählen; es schien wieder einmal, daß das Land, ein wahrhaft schönes Stück Mitteleuropa, rasch auseinanderfallen werde. Anstatt eine Lösung zu suchen, eine Versammlung abzuhalten, Boten zum deutschen König und römischen Kaiser nach Italien zu senden, trachteten die Ministerialen, die Grundherren und Bischöfe danach, ihren lokalen Machtbereich auszubauen, und sie führten dabei oft mit ihrer Hausmannschaft von Burg zu Burg und von Dorf zu Dorf gegeneinander Krieg. Albero von Kuenring bemühte sich, die anderen zu übertreffen, er legte sich den schönen Titel *capitaneus Austriae* zu, konnte aber seine zahlreichen Gegner nicht überzeugen, er wäre der beste Mann, um Österreich zumindest vorübergehend zu regieren. Schon im Winter war die bis zum Tod des Herzogs geradezu beispielhafte öffentliche Sicherheit durchlöchert, die Rechtssprechung hörte auf zu funktionieren oder wurde den lokalen Interessen unterworfen. Der Handel stockte, die Felder lagen teilweise brach, in den Städten wurden Lebensmittel knapp und teuer.

Der deutsche König und römische Kaiser Friedrich II., alt und müde geworden, kümmerte sich kaum noch um die Zustände nördlich der Alpen. Er kämpfte mit dem Papst, mit dem gelernten Juristen und glänzenden Strategen Innozenz IV., dem früheren Bischof von Albenga, der ihn wegen Ketzerei, Kirchenraub, Meineid, Friedensbruch und Heiligenschändung vehement und gekonnt attackierte. In Italien gingen die Truppen der lombardischen Städte erfolgreich gegen den Kaiser vor, im gesamten Römisch-Deutschen Reich riefen planmäßig eingesetzte Scharen von Bettelmönchen die Bevölkerung zum offenen Widerstand gegen den „gekrönten Teufel" auf. In den deutschen Ländern gelang es dem Papst, einen Gegenkönig, den Landgrafen Heinrich Raspe von Thüringen, aufzustellen; dieser starb aber nach eineinhalb Jahren Verhandelns und Nichtregierens, worauf im November 1247 Innozenz IV. einen neuen, ebenfalls erfolglosen Gegenkönig, den Grafen Wilhelm von Holland, installieren ließ. Von seinen geschickt geführten Feinden in Italien zwar schwer bedrängt, mußte der deutsche König und römische Kaiser Friedrich II., der in den deutschen Ländern immer mehr zu einem Mythos, zu einer fast überirdischen Kultfigur wurde, endlich daran denken, von Apulien nach Wien zu reisen und das österreichische Problem durch persönliches Eingreifen zu lösen. Er begnügte sich damit, für die verwaisten Herzogtümer Österreich, Steiermark und Krain Statthalter zu ernennen; für Österreich den schwäbischen Grafen Otto von Eberstein, für die Steiermark und Krain den Grafen Meinhard von Görz. Doch in Österreich war die Lage dermaßen verworren, daß

Statthalter Graf Eberstein sein undankbares Amt schon nach kurzer Zeit zurücklegte. Sein Nachfolger wurde Herzog Otto von Bayern, der aber keine ernsthaften Versuche unternahm, eine annehmbare Lösung herbeizuführen.

Das Privilegium minus, der am 17. September 1156 ausgestellte Vertrag über die Erhebung der Markgrafschaft Österreich zum Herzogtum, schrieb unter anderem vor, daß die Herzogswürde fortan auch von der weiblichen Linie, von den Töchtern der Babenberger, geerbt werden könnte. Nun eilte eine Babenberger Tochter, Margarete, die Schwester des gefallenen Herzogs Friedrich II., dem „Streitbaren", die als Witwe des in der Verbannung in Kalabrien gestorbenen Sohnes des Kaisers Friedrich II., Heinrich VII., immerhin den Titel einer Königin führte, aus dem Nonnenkloster in Würzburg nach Wien, um die Macht zu übernehmen. Ihr Anspruch auf Österreich wurde jedoch von ihrer Nichte Gertrud, Tochter des grausamen Heinrichs, Bruder des gefallenen Herzogs Friedrich II., also auch eine legitime Babenberger-Tochter, die den Kaiser, den Ketzer auf dem Thron, nicht heiraten wollte, sofort in Abrede gestellt. Eine dritte Tochter, ebenfalls eine Schwester von Herzog Friedrich II., Konstanze, mit Markgraf Heinrich von Meißen verheiratet, verzichtete auf ihre – von den österreichischen Ministerialen, die mit dem Auftreten der Frauen nicht gerechnet hatten, ohnehin umstrittenen –Rechte. Margarete, die ältere Schwester, die jahrzehntelang fern von Österreich gelebt hatte, fand anfangs nur wenig Anhänger. Nach einem kurzen Zwischenspiel in Wien, wo sie eifrig, aber eher erfolglos, Verhandlungen führte, zog sie sich nach Hainburg zurück. Gertrud hingegen, als fromme und folgsame Tochter der Kirche, genoß die volle Unterstützung des in den politischen Ränkespielen überlegen manövrierenden Papstes. Doch für kurze Zeit versuchten beide Frauen in Wien, das wieder zur reichsunmittelbaren Stadt proklamiert wurde, gemeinsam beziehungsweise gleichzeitig zu regieren. Dabei kam es auch zu komischen Szenen: Ein gewisser Berthold, ehemaliger Kämmerer des verstorbenen Herzogs, bekam auf dem Kienmarkt in Wien ein Haus mit Dreifaltigkeitskapelle von der Königin und Herzogin Margarete als Geschenk. Einige Tage später schenkte ihm die Herzogin von Österreich, Gertrud, dasselbe Haus und dieselbe Kapelle.

Der österreichische Hochadel nahm die Bewerbung der beiden Damen schon von vornherein nicht ernst. Er wollte keine Frau als alleinige und souveräne Herzogin anerkennen, erklärte sich aber bereit, einen Mann aus einer namhaften, möglichst regierenden Familie, der mit einer Babenberger-Tochter verheiratet wäre, als rechtmäßigen Herrscher zu akzeptieren. Der Papst war mit der vorgeschlagenen Lösung einverstanden, er dachte dabei daran, Gertrud so schnell wie möglich zu verheiraten. Innozenz IV. erklärte sich bereit, für die standhafte Nichte einen frommen, kirchentreuen Mann zu suchen und schickte bereits Boten an den Gegenkönig Wilhelm von Holland. Eine österreichische Delegation ging nach Meißen, um Konstanze umzustimmen und ihren Mann, den Markgrafen Heinrich von Meißen, nach Österreich zu holen. Sie blieb aber unterwegs in Prag hängen und wurde von den Ereignissen überrollt.

Denn König Wenzel I. von Böhmen griff blitzschnell zu: Er ließ seinen Sohn Wladislaw, der Gertrud von allen Herren anscheinend am meisten gefallen hat, nachdrücklich um die Gunst der wertvollen Nichte werben. Die Ehe wurde rasch geschlossen, doch der jungvermählte Prinz starb bald nach der Hochzeit, am 3. Januar 1247, unter mysteriösen Umständen. Gertrud kehrte schleunigst nach Wien zurück und stellte sich wieder unter den Schutz der Kirche.

Indessen suchten auch die der Königin Margarete treu ergebenen Ministerialen und Grundherren, die im Kampf zwischen Papst und Kaiser an der Seite des alten Friedrichs II. standen, unter ihnen Albero von Kuenring, Otto von Perchtoldsdorf und Heinrich von Liechtenstein, fieberhaft nach einem als Herzog von Österreich annehmbaren Bräutigam, zunächst aber ohne Erfolg. Gertrud kam ihnen zuvor, sie warf sich unverdrossen in das politische Ehegefecht: Bereits im Sommer 1248 heiratete sie auf Anraten des Papstes den Markgrafen Hermann von Baden, der dann mit ihrer tatkräftigen Hilfe, aber mehr oder minder völlig erfolglos versuchte, das in Parteien zerfallene, widerspenstige Österreich von Klosterneuburg aus zu regieren. Gertrud schenkte ihm auf Berufung des Privilegiums maius das Herzogtum, der Papst bestätigte am 14. September 1248 die eher ungewöhnliche Transaktion, die im Sinne des Privilegium minus kaum als gültig angesehen werden konnte. Sie schenkte ihm auch in rascher Folge zwei Kinder, Friedrich und Agnes; über die Vaterschaft wurden in machen historischen Werken Zweifel geäußert. Gertrude, von der leider kein Bild, nicht einmal eine nähere Beschreibung ihrer Person existiert – sie muß eine recht interessante Frau gewesen sein – nannte sich *ducissa Austriae*, Herzogin von Österreich, und wohnte, von ihrem Mann zeitweilig getrennt, auf dem *castrum de Calnperch*, in einer Festung, die an der Stelle des heutigen Kahlenbergerdorfes stand. Graf Meinhard von Görz, der vom Kaiser Friedrich II. für die Steiermark eingesetzte Statthalter, übernahm die Aufsicht über ganz Österreich; er nannte sich Capitaneus von Österreich und Steier und war nicht bereit, Hermann von Baden, den Ehemann von Gertrude, als rechtmäßigen Herzog des Landes anzuerkennen. Es wurde hie und da zwischen der Hausmannschaft des Herzogs und der Herzogin und adeligen Aufgeboten des Capitaneus oder eines reichen Grundherren gekämpft. Schriftliche Unterlagen, die Entschädigungsansprüche beinhalten, weisen auf Gefechte in der Umgebung von Horn, bei Röhrenbach und bei dem Kloster Altenburg hin.

Markgraf Hermann von Baden war nicht lange Herzog von Österreich. Am 4. Oktober 1250 wurde er in Klosterneuburg vergiftet. Die Mörder blieben unbekannt. Gertrud heiratet unverzüglich wieder, diesmal den Neffen des ungarischen Königs Béla IV., einen jungen polnischen Fürsten, Roman Rostislawicz von Halicz (Galizien), den Papst Innozenz IV. als Kandidaten für die österreichische Herzogswürde zwar für ein wenig fremd, aber dennoch annehmbar fand.

Doch es war zu spät. Denn Königin Margarete, bereits siebenundvierzig Jahre alt, heiratete ebenfalls: Am 11. Februar 1252 feierte sie mit dem damals dreiundzwanzig Jahre alten Ottokar II. Przemysl, dem zweitältesten Sohn des Böhmenkönigs Wenzel I., in der Burgkapelle von Hainburg Hochzeit. Die meisten Landherren und kirchlichen Würdenträger Österreichs waren damit einverstanden. Auch Papst Innozenz IV. ließ die ungarisch-polnischen Pläne und die brave Gertrud fallen und bestätigte am 6. Mai 1252 die rechtmäßig erfolgte Übergabe des Herzogtums Österreich an Ottokar und Margarete. Der ungarische König Béla IV. unternahm noch einen unzulänglichen Versuch, Roman Rostislawicz und seine Frau Gertrud mit Waffengewalt in Österreich als Herrscherpaar einzusetzen und das Land enger an Ungarn anzuschließen, doch seine von einigen polnischen und bayrischen Rittern begleiteten Truppen wurden in mehreren Gefechten aufgehalten und über die Grenze zurückgeworfen. Fürst Roman verlor die Lust an der österreichischen Sache; er ließ sich von Gertrud scheiden und kehrte nach Halicz zurück. Nun gab auch Gertrud auf. Sie heiratete nicht mehr, lebte noch eine Zeitlang unter dem Schutz der Kirche in Voitsberg und in Judenburg, dann zog sie sich in das Kloster Seuslitz bei Dresden zurück, wo sie am 24. April 1288 im Alter von zweiundsechzig Jahren starb.

*

Ottokar II. Przemysl, Sohn des energischen, für Wissenschaft und Kunst aufgeschlossenen Böhmenkönigs Wenzel I. und der deutschen Prinzessin Kunigunde von Schwaben kam, von starken Truppen begleitet und mit Geschenken beladen, nach Österreich. Er wurde in Wien besonders freundlich empfangen, die Bürger erhofften von ihm mehr Freiheit und Toleranz als von den Beamten der reichsunmittelbaren Stadtverwaltung, und sie wurden nicht enttäuscht. Nur die steierischen Ministerialen glaubten, mit einer ungarischen Lösung besser leben zu können: Sie lehnten den böhmischen Kronprinzen ab und wählten Stephan V., Sohn des ungarischen Königs Béla IV., zum Herzog von Steier. Nach dem Tod seines Vaters, am 22. September 1253, wurde Ottokar II. König von Böhmen. Er regierte nun sein Stammland, einen wohlhabenden, angesehenen Staat, der noch lose mit dem Heiligen Römischen Reich verbunden war, umsichtig und gekonnt: Er förderte den Handel, ließ neue Fernstraßen bauen, Städte gründen, bevorzugte die deutschen Kolonisten, die sich in größeren Gruppen in Böhmen und in Mähren niederließen, schuf ein neues, für die damalige Zeit recht modern anmutendes Gerichtswesen, erweiterte die Freiheiten der Bürger und unterstützte die Anfänge einer Industrialisierung. Die deutsche Sprache war, neben der tschechischen und der lateinischen, als gleichberechtigt anerkannt.

Seine Außenpolitik war durch ein klares, großangelegtes Konzept bestimmt, durch den ersten, in seinen Ansätzen schon gelungenen Versuch, in Mitteleuropa eine Donaumonarchie zu schaffen, in der das vornehmlich wirtschaftliche Interesse der Bevölkerung die nationalen Gegensätze neutralisieren sollte. Die Kirche, von Ottokar II. Przemysl stets respektvoll behandelt, anerkannte ihn voll und ganz, nicht zuletzt auch deshalb, weil er nicht dem bereits traditionell gewordenen deutschen Drang nach dem Süden folgte, keinen Vorstoß nach Italien unternahm und Rom in Ruhe ließ. Zwei Feldzüge hingegen, die ihn unter dem Vorwand der Christianisierung nach Preußen führten, schlossen den bis dahin kaum entdeckten Nordosten Europas in den politisch-wirtschaftlichen Strahlungsbereich der neuen Großmacht Österreich-Böhmen ein. Im Jahr 1255 gründete Ottokar II. Przemysl in Ostpreußen die Stadt Königsberg, 1271 wurde er auf friedlichem Weg, durch Wahl, Generalkapitän von Friaul und Schirmherr des Patriarchats von Aquileja. Für den Handel, für den Austausch von Kulturgütern und für geistige Anregungen, unter anderem auch für die in Österreich und Böhmen schon bewährte Praxis der Verwaltung und Rechtsprechung, stand somit ein weites Gebiet zwischen Nordsee und Adria offen.

Von seiner Frau, der Babenbergerin Margarete, trennte Ottokar II. Przemysl sich mit Billigung des Papstes Urban IV. erst nach neun Ehejahren im Sommer 1261, als sie bereits sechsundfünfzig Jahre alt war und keine Hoffnung mehr bestand, daß sie noch Kinder gebären könnte. Im Sinn der politisch-religiösen Auffassung des Mittelalters sah man einen Herrscher, der keine Nachkommen hatte, als eine von Gott verlassene Figur, als eine Schwachstelle im Staat, als die latente Gefahrenquelle für eine bewaffnete Intervention von außen und für einen blutigen Machtkampf im Inneren an. Dennoch hat die spätere österreichische Geschichtsschreibung und Literatur Ottokar II. Przemysl die „kaltherzige Scheidung" immer wieder entrüstet vorgeworfen. Auch das Gesamtbild dieses tüchtigen, im mancher Hinsicht recht progressiven Königs und Staatsmannes wurde im deutschsprachigen Raum durch tendenziöse Schriften nach und nach gründlich entstellt. Schon zu Beginn des 14. Jahrhunderts dichtete ihm im Auftrag des steierischen Hochadels der Reimchronist Ottokar aus der Geul bösartige Eigenschaften und Taten an. Der Lilienfelder Mönch Chrysostomus Hanthaler setzte im 18. Jahrhundert mit der gefälschten Chronik Pater Pernolds, des Beichtvaters von Königin Margarete, die historische Verleumdung fort, und Franz Grillparzer griff in seinem Habsburg-Huldigungsdrama „König Ottokars Glück und Ende" (1823) bedenkenlos auf beide zurück.

Wohl traf Ottokar II. Przemysl, um die Autorität der zentralen Regierungsgewalt im Herzogtum Österreich wieder herzustellen, mitunter harte und sicher auch unbedachte Entscheidungen. Doch die Hinrichtung des österreichischen Landrichters Otto von Meissau, Anführer einer Adelsverschwörung gegen den König, und der nie restlos geklärte Tod des auf Befehl Ottokars II. Przemysl gefangengenommenen steierischen Grundherren Seifried von Mahrenberg blieben Einzelfälle. Daß die sogenannten hochfreien Geschlechter von Österreich, die den böhmischen Königssohn im November 1251 ins Land gerufen hatten, dies jedoch bald bitter bereuten, trifft nur bedingt zu. Denn viele von ihnen, vor allem die finanziell schwächer gestellten, waren der endlosen Kleinkriege schon müde; sie vermißten die durch die allgemeine Unsicherheit ausgefallenen Zölle, Mautgebühren und landwirtschaftlichen Produkte immer mehr; ihre Privatarmeen verschlangen oft die letzten Reserven und plünderten dann das eigene Haus.

Ottokar II. Przemysl ließ die lokalen Streitkräfte einzelner Hochadeliger nach und nach auflösen, ihre Burgen, falls sie Widerstand leisteten, was aber sehr selten vorkam, durch seine gut ausgebildete und ausgerüstete Armee belagern, zerstören und abtragen. Er stützte sich in Österreich, ebenso wie in seinen Stammländern Böhmen und Mähren, auf die immer zahlreicher werdenden Bürger der Städte, auf die kleinen, meist besitzlosen Ritter, die sich zwischen Grundherren und Bürgertum nur mehr sehr schwer zurechtgefunden hatten, und auf die Bauern, die er gegen die Übergriffe des Hochadels immer wieder in Schutz nahm. Das Rechtswesen wurde auch in Österreich konsolidiert, das aus der Babenbergerzeit stammende, zum Teil schon veraltete Landrecht erneuert und ergänzt, Handwerk und Verkehr im internationalen Maßstab gefördert, das kulturelle Erbe der Markgrafen und Herzöge von Österreich bewußt gepflegt, zum Teil nach Böhmen und Mähren verpflanzt und auch weiter nach Osten getragen.

Ottokar II. Przemysl regierte sechsundzwanzig Jahre lang in Österreich, dem – von 1269 bis 1276, auch das erste Mal in seiner Geschichte – das unabhängige Herzogtum Kärnten auf Grund eines Erbvertrages zwischen Herzog Ulrich III. von Kärnten und dem böhmischen Königshaus angeschlossen war. Er regierte gerecht und ideenreich, seine Popularität stieg mit den Jahren ständig, er war in Österreich, besonders aber in Wien beliebt, man betrachtete ihn nicht als einen fremden Herrscher, sondern als würdigen Nachfolger der von der Geschichtsschreibung Babenberger genannten Markgrafen und Herzöge von Österreich.

Auch die Steierer wandten sich an ihn, als die „ungarische Lösung" für sie immer unerträglicher wurde. Der zum steierischen Herzog gewählte ungarische Kronprinz Stephan V. war ein harter Herr. Er regierte die Steiermark, als wäre sie ein ungarischer Burgbezirk; die althergebrachten Rechte und Privilegien der Steierer wurden überhaupt nicht beachtet. Die Ungarn traten als Besatzungsmacht auf, sie verstanden die Mentalität der Bevölkerung nicht. Die Sprachschwierigkeiten gaben den Rest. Kaum drei Jahre nach der Trennung von Österreich brach in der Steiermark ein Aufstand aus. Die Ungarn versuchten vergeblich, die Empörung zu unterdrücken; sie fanden sich in den Bergen, Tälern und Schluchten militärisch nicht zurecht, ihre Reiterei versagte in den dichten Wäldern und auf den steilen Berghängen ebenso wie ihre Fußsoldaten. Ottokar II. Przemysl griff ein, seine mit den aufständischen Steierern vereinigten Truppen drängten die Ungarn schrittweise aus dem Land. Der steierische Adel wünschte nun die Vereinigung mit dem Herzogtum Österreich und wählte Ottokar II. Przemysl zum Landesfürsten.

Die Ungarn räumten die Steiermark, gaben sie aber im Gedanken noch nicht auf. Sie führten weiterhin entlang der gesamten österreichischen Grenze Krieg. Im Frühsommer des Jahres 1260 versuchten sie über die Ebene des Marchfeldes Wien zu erreichen, erlitten aber am 12. Juli bei Groißenbrunn, südlich von Marchegg, eine schwere Niederlage; sie sollen, laut zeitgenössischen Berichten, mehr als 15.000 Mann verloren haben. Durch die Vermittlung des Papstes Urban IV. wurde im März 1261 in Wien ein Friedensvertrag ausgehandelt: Die Ungarn verzichteten feierlich auf die Steiermark, Ottokar II. Przemysl verlobte sich mit Kunigunde von Halicz, der Enkelin seines Gegners König Béla IV. Die Ehe, die dann auch zustande kam, sollte beide Parteien vor weiteren Zusammenstößen sichern, aber auch die juridische Grundlage für eine spätere mögliche Vereinigung der zwei mitteleuropäischen Mächte, entweder unter böhmisch-österreichischer oder ungarisch-polnischer Führung liefern.

Doch die starke Hand des ungarischen Königs, eines zielbewußten und erfahrenen Politikers, damals fünfundfünfzig Jahre alt, war schon teilweise gelähmt: Die in der Tiefebene zwischen Donau und Theiß angesiedelten Kumanen ließen sich nicht integrieren; sie lebten mitten in Ungarn in einem eigenen, heidnischen Nomadenstaat und überfielen immer wieder ungarische Dörfer und Städte. Der Hochadel lehnte sich zunehmend gegen die harten Maßnahmen des Königs auf, mit denen er das von Mongolen heimgesuchte Land binnen weniger Jahre wiederaufbauen und dabei seine eigene Macht, die unbestrittene Zentralgewalt, krisenfest abschirmen wollte. Der Sohn des Herrschers, Stephan V., der als Herzog der Steiermark völlig versagt hatte, rebellierte gegen den Vater, besiegte ihn in einer offenen Feldschlacht und richtete sich in Siebenbürgen ein eigenes Königreich ein. In seinen letzten Jahren zog sich der tief enttäuschte Béla IV. zu seiner Tochter, der später selig gesprochenen Margarete, einer Dominikanerin, in das für sie gebaute Nonnenkloster auf der Haseninsel (heute Margareteninsel in Budapest) zurück und regierte, schon völlig desinteressiert, aus einer für ihn eingerichteten Mönchszelle. Dort starb er auch am 3. Mai 1270. Sein Nachfolger wurde sein mit ihm verfeindeter Sohn Stephan V. Die Getreuen des verstorbenen Königs und auch seine Schwester Anna flohen nach Österreich. Stephan V. forderte ihre Auslieferung, Ottokar II. Przemysl stellte sie unter seinen persönlichen Schutz. Das war für den neuen ungarischen König ein willkommener Vorwand, Österreich anzugreifen, um die Steiermark wieder zu erobern. Doch der Krieg brachte ihm nichts, im Frieden von Wien, der am 14. Juli 1271 geschlossen wurde, verzichteten die Ungarn abermals auf die Steiermark und anerkannten auch die Vereinigung Kärntens mit Österreich. Von Osten her drohte dem zu einem veritablen Staat gewordenen Herzogtum keine Gefahr mehr.

Auch im Westen herrschte Ruhe. König Ottokar II. Przemysl hatte im Heiligen Römischen Reich, das heißt in den deutschen Ländern, keinen bedeutenden Gegenspieler. Der sonderbare Kaiser Friedrich II. war schon am 13. Dezember 1250 im Alter von fünfundfünfzig Jahren in Fiorentino in Apulien an der Ruhr gestorben. Er schrieb noch ein Buch über die Falkenjagd, seine letzten Tage verbrachte er in der Gesellschaft der italienischen Minnesänger Pier della Vigna, Giacomo da Lentini und Guido Guinizelli, der als erster in italienischer Sprache Liebeslyrik im *dolce stil nuovo*, im „süßen neuen Stil" schrieb. Die Leiche des Kaisers transportierte man nicht nach Deutschland, sondern bestattete sie unversehrt und einbalsamiert im Dom von Palermo. Des deutschen Königs und römischen Kaisers Nachfolger, sein Sohn Konrad IV., schon im Alter von sieben Jahren Herzog von Schwaben, mit neun Jahren römischer König, regierte unter Anleitung des Bischofs von Mainz, Siegfried, bereits als Kind im Namen seines Vaters die deutschen Länder, mußte sich aber laufend mit Gegenkönigen und aufständischen Herzögen herumschlagen. Als Kaiser Friedrich II. starb, war Konrad IV. erst zweiundzwanzig Jahre alt, und er entging knapp einem Attentat, das der Bischof von Regensburg umsichtig gegen ihn vorbereitet hatte. Daraufhin verpfändete er sein Herzogtum Schwaben, kaufte sich eine Armee und zog nach Italien, um dort noch einmal zu versuchen, das Zentrum eines mytisch-heiligen römischen Kaisertums zu errichten. Er war erfolgreich, eroberte Verona, Capua und am 10. Oktober 1253 Neapel, starb aber am 21. Mai 1254 im Alter von sechsundzwanzig Jahren an „einem Fieber" im kleinen Ort Lavello bei Melfi. Sein Sohn, Konradin, der letzte Hohenstaufer, unternahm im Alter von sechzehn Jahren einen theatralischen Kriegszug nach Süditalien, fiel aber in die Hände der päpstlich gesinnten französischen Anjous, Grafen der Provence, die sich in Süditalien festgesetzt hatten,und wurde ebenfalls unter theatralischen Begleitumständen, die deutsche Literaten des 18. und 19. Jahrhunderts zu einer Reihe von längst vergessenen, mittelmäßigen Dramen und Epen inspirierten, am 29. Oktober 1268 in Neapel enthauptet. Sein junger Freund und Waffengefährte, der erst neunzehn Jahre alte Friedrich, Markgraf von Verona, Sohn des Markgrafen Heinrich von Baden und der vielgebliebten Babenbergerin Gertrud, wurde ebenfalls hingerichtet. Mit ihm starb die männliche Linie der Babenberger genannten Familie aus. Die weibliche Linie endete mit Agnes, Gräfin von Heunburg, Tochter des Markgrafen Heinrich von Baden und Gertrud, die zwar zweimal verheiratet war, aber keine Kinder hatte; sie starb als allerletzte der Familie der Markgrafen und Herzöge von Österreich um 1295 im Alter von etwa sechsundvierzig Jahren in Kärnten. Mit ihrem Tod fand die bewegte Geschichte der Babenberger ihren endgültigen Abschluß.

Ein neuer Anfang – Das Haus Habsburg erobert Österreich

Im Römisch-Deutschen Reich amtierten indessen, meist von ihren wankelmütigen Anhängern vertreten, bevormundet und auch geplündert, Scheinkönige und Gegenkönige: Graf Wilhelm von Holland, der im Kampf gegen die Friesen samt seinem Pferd in einem Sumpf versank und erst vierunddreißig Jahre später gefunden wurde; Alfons X. von Kastilien, ein Spanier, mit dem Beinamen „der Astronom", ein feiner Herr, Gelehrter und Dichter; er kämpfte gegen die Mauren, eroberte Medina und Cadiz, verbesserte die Ptolemäischen Planetentafeln, gab eine spanische Gesetzessammlung heraus und ließ die Geschichte seines Landes schreiben. Den Boden des Heiligen Römischen Reiches, die deutschen Länder und Italien betrat er nie. Sein Nachfolger wurde der englische Graf Richard Cornwallis, ein gescheiterter Kreuzfahrer und Besitzer von äußerst ertragreichen Blei- und Zinngruben, der sich im Reich meist durch irgendeinen Hochadeligen vertreten ließ. Obwohl alle drei den Päpsten keine Schwierigkeiten machten, hatten sie die römische Kaiserwürde nicht erhalten. Ottokar II. Przemysl beschäftigte sich mit dem Plan, deutscher König und römischer Kaiser zu werden – und wenn man ihn mit den wahrhaft possenhaften Königen Wilhelm, Alfons und Richard vergleicht, war sein Anspruch gerecht und realistisch gewesen. Nur die deutschen Fürsten wollten ihn nicht. Sie wollten keinen Herrscher, der sicherlich versucht hätte, das Reich in Ordnung zu bringen, die korrupten lokalen Mächte zu beseitigen und den Beutezügen innerhalb des eigenen Landes ein Ende zu machen. Sie lehnten Ottokar II. Przemysl geschlossen ab.

Doch „die kaiserlose, die schreckliche Zeit" war gar nicht so schrecklich. (Das oft fälschlich als zeitgenössische Klage angeführte Zitat stammt aus der Ballade „Der Graf von Habsburg" von Friedrich Schiller aus dem Jahr 1804.) Denn gerade in den siebzehn Jahren des zweifellos verworrenen Interregnums schlossen sich manche deutsche Städte, die in vielen Fällen demokratisch-republikanische Verwaltungsformen eingeführt hatten, in gut funktionierende Interessengemeinschaften zusammen. Die Kirche hatte Ruhe, der erbitterte Kampf zwischen Papsttum und Kaisertum hörte vollkommen auf. Die Teilstaaten der großen Landesfürsten, wie Meißen, Thüringen und Brandenburg, blieben von den ohnehin nur sporadischen Wirren völlig verschont, der wirtschaftliche und kulturelle Aufschwung zwischen Rhein und Elbe hielt unvermindert an und wurde mit neuen, meist von den Städten ausgegangenen Impulsen bereichert.

Der Ruf nach einer starken Hand ertönte nicht (im Gegensatz zu den vornehmlich im 19. Jahrhundert entstandenen Schilderungen). Als Richard von Cornwallis, der letzte der machtlosen Monarchen, am 2. April 1272 starb, suchten die sieben Kurfürsten, die im Sinne des im Sachsenspiegel, im ältesten deutschen Rechtsbuch (1220-1235) vorgeschriebenen Verfahrens allein berechtigt waren, unter dem Vorsitz des Erzbischofs von Mainz einen deutschen König zu wählen, nach einem kompromißbereiten Hochadeligen, der ihre Machtstellung und ihre gewaltig vermehrten Einnahmequellen nicht ernsthaft hätte gefährden können. (Kurfürst heißt Wahlfürst nach dem mittelhochdeutschen Wort küren: wählen). Papst Gregor X., ein weiser Taktiker, war mit der Absicht der Kurfürsten einverstanden: Denn nicht nur einmal hatte sich ein begabter und ehrgeiziger deutscher König und römischer Kaiser als unbeugsamer Gegner des Heiligen Stuhls entpuppt.

So wählten die sieben Kurfürsten, der Erzbischof von Mainz, der Erzbischof von Köln, der Erzbischof von Trier, der Herzog von Bayern, der Herzog von Sachsen, der Markgraf von Brandenburg und der Pfalzgraf von Rhein, auf den Vorschlag Werner von Eppsteins, des Erzbischofs von Mainz und Friedrichs von Zollern, des Burggrafen von Nürnberg, am 29. September 1273 einen außerhalb der deutschen Länder bis dahin so gut wie unbekannten, wenn auch nicht, wie es in den späteren Legenden hieß, politisch völlig bedeutungslosen Kandidaten: einen damals bereits fünfundfünfzig Jahre alten Grafen aus dem südwestdeutschen Raum, Rudolf von Habsburg.

Die Familie des neuen deutschen Königs hatte sich nach der Habsburg (oder Habichtsburg), einem kleinen, befestigten Schloß auf dem 513 Meter hohen Wülpersberg am Ufer des Flusses Aar, in unmittelbarer Nähe der Stadt Brugg, etwa auf dem halben Weg zwischen Basel und Zürich, im heutigen Schweizer Kanton Aargau „von Habsburg“ genannt. Der historisch nachweisbare Ahnherr der Habsburger, Graf Guntram der Reiche (etwa 950 n. Chr.), stammte aus dem Elsaß, aus dem späteren deutsch-französischen Grenzgebiet. Graf Rudolf von Habsburg, am 1. Mai 1218 auf Schloß Limburg im Breisgau geboren, hatte die alten Familiengüter am Ufer des Rheins, zwischen dem Bodensee und den Höhenzügen der Vogesen in der Hand, dazu noch ertragreiche Ländereien, Städte und Dörfer in der Umgebung von Zürich, Luzern,

Schwyz und Basel. Die Tatsache, daß der im Jahr 1250 in Apulien verstorbene deutsche König und römische Kaiser Friedrich II. sein Taufpate war, widerspricht der weitverbreiteten Auffassung, wonach die sieben verschlagenen Kurfürsten die Krone des Heiligen Römischen Reiches absichtlich einem namenlosen Adeligen aus der Provinz angeboten hätten. Der Druck Ottokars II. Przemysl, der sich weiterhin ernsthaft bemühte, gewählt zu werden, war allzu spürbar, um ihm einen unbedeutenden, mittellosen Popanz entgegenzustellen.

Die sieben Kurfürsten wußten genau, daß Rudolf von Habsburg in den ständigen Kleinkriegen, die er um verschiedene Güter im Gebiet des heutigen Südwestdeutschland und der nördlichen Schweiz führte, zäh und geschickt vorging, daß er es verstand, seine Feinde von gestern zu seinen Verbündeten von morgen zu machen. Sie wußten auch, daß er, obwohl wegen bewaffneter Auseinandersetzungen mit dem Bischof von Basel und dem Bischof von Straßburg schon zweimal kurzfristig exkommuniziert, als frommer Christ niemals eine direkte Konfrontation mit dem Papst suchen würde. Friedrich von Zollern, der Burggraf von Nürnberg, der ihn dem Wahlkollegium vorschlug, war sein Schwager; er warf wohl die positiven Charakterzüge des Habsburgers in die Waagschale: Im Umgang höflich und freundlich, mitunter auch betont bescheiden, schon durch sein vorgerücktes Alter erfahren und abgeklärt, doch keineswegs ein Zauderer, mit einem ausgeprägten Sinn für die im Mittelalter so wichtigen theatralischen Gesten, die er aber stets unter Kontrolle hatte, ebenso wie seinen auch als politische Waffe eingesetzten schlagfertigen Sarkasmus. Daß er, wie es in den im Laufe der Jahrhunderte über ihn entstandenen Geschichten immer wieder hervorgehoben wurde, seine abgetragenen Kleider selber geflickt, seinen verbeulten Helm mit eigener Hand zurechtgeklopft hätte, ist kaum wahrscheinlich. Er war jedoch in der Tat sehr sparsam, beinahe geizig und streute gern Gerüchte über seine Armut aus, die in der luxusgewohnten Umgebung von Ottokar II. Przemysl in Prag und in Wien zu völlig falschen Reaktionen, zu der verhängnisvollen Geringschätzung der gegnerischen Kräfte geführt hatten. So soll er, als er bereits als gewählter deutscher König, gegen Wien zog, von einem Ritter namens Klingen gefragt worden sein: „Herr, wer ist der Hüter Eures Schatzes?" Die angebliche Antwort Rudolfs von Habsburg lautete: „Ich habe nicht Schatz noch Geld, nur fünf Schillinge in schlechter Münze".

Ottokar II. Przemysl weigerte sich, den „armen Grafen" als deutschen König anzuerkennen, ihm zu huldigen, die Belehnung mit den Herzogtümern Österreich, Steier, Kärnten und Krain von ihm bestätigen zu lassen. Rudolf von Habsburg aber bestand darauf, daß alle Landesfürsten des Heiligen Römischen Reiches ihre Länder formell von ihm erneut in Empfang nehmen sollten. Die Kurfürsten, ein wenig überrascht und befremdet, fügten sich. Ottokar II. Przemysl widersetzte sich und beschwerte sich beim Papst. Rudolf von Habsburg schöpfte nun im Fall Ottokar II. Przemysl alle ihm, dem gewählten und bereits auch gekrönten deutschen König zustehenden Rechtsmittel in der vorgeschriebenen Reihenfolge aus, gleichzeitig führte er eine wohldurchdachte diplomatische Offensive gegen seinen zweifellos viel zu selbstsicher gewordenen Rivalen. Nachdem Ottokar II. Przemysl die Einladungen, vor dem deutschen Reichstag in Nürnberg und in Würzburg zu erscheinen, brüsk zurückgewiesen hatte, wurde über ihn die Reichsacht und nach Ablauf der letzten Frist die Aberacht verhängt, die endgültige Form der Reichsacht, die, zumindest theoretisch, von Amts her bereits die sichere Todesstrafe bedeutet hatte. Am 24. Juni 1275 wurde er der österreichischen Länder verlustig erklärt, er sollte sie nun räumen und sich nach Böhmen zurückziehen. Ottokar II. Przemysl blieb in Österreich, er suchte und fand Verbündete, sogar in den deutschen Ländern: Der Markgraf von Brandenburg und der Herzog von Niederbayern, für die König Rudolf von Habsburg bereits viel zu selbstherrlich regierte, unterstützten ihn. Vertreter des steierischen Adels allerdings, darunter der Graf von Neunburg, Otto von Liechtenstein und Friedrich von Pettau beschlossen im Stift Rein in der Nähe von Graz, Rudolf von Habsburg, der den Hochadel besonders bevorzugte, als Herrn des Herzogtums Steier anzuerkennen. Auch die Bischöfe von Salzburg, Passau und Regensburg wandten sich nach und nach gegen Ottokar II. Przemysl. Der österreichische Adel, voran der Landmarschall Heinrich von Kuenring und die Bevölkerung von Wien unter der Führung eines reichen Bürgers, Paltrams, vor dem Stephansfreithof blieben ihm jedoch treu. Der Papst Gregor X. unterstützte den deutschen König nun offen, da Rudolf von Habsburg, die Grenzen seiner Möglichkeiten klar vor Augen, sich bereit erklärte, auf die Reichsgebiete in Italien zu verzichten. Die Bettelmönche agitierten auch in Österreich gegen Ottokar II. Przemysl, was dem deutschen König hie und da auch beim niederen Volk eine gewisse Zuneigung eintrug. Er verdankte dem Heiligen Stuhl auch eine überaus wichtige Verbindung zu Ungarn, zu einem damals erst sechzehn Jahre alten ungarischen König, dessen zerrissene Persönlichkeit im Aufstieg des Hauses Habsburg eine entscheidende Rolle spielte.

László IV., mit dem Beinamen der Kumane, war ein Enkel des Königs Béla IV., seine Mutter, Erzsébet, eine vornehme Frau aus der Sippe des noch heidnischen Kumanenfürsten Köteny. Schon als frühreifes Kind fühlte er sich nur unter Kumanen wohl; er wohnte mit ihnen im Zelt, bewunderte ihre heidnischen Bräuche und lebte später mit mehreren Kumaninnen in wilder Ehe. Der ungarische Klerus war entsetzt, der katholisch gesinnte Hochadel aufs höchste empört. Ottokar II. Przemysl bot Hilfe an, eine böhmische Vormundschaft für den labilen, widerspenstigen, aber auch von Höllenangst und Gewissensbissen geplagten jungen Mann zu übernehmen. Mutter Erzsébet stellte sich jedoch vor ihren Sohn, und Papst Gregor X. schob die Exkommunikation unter der Bedingung auf, László sollte mit den Kumanen brechen, in seine Residenz auf die Burg Buda zurückkehren und Ungarn in den Dienst der neuen mitteleuropäischen Politik Roms stellen.

László IV. der Kumane, beugte sich; er gelobte Besserung, und als Rudolf von Habsburg im Herbst des Jahres 1276 mit schwäbischen und bayrischen Rittern und Truppen des Erzbischofs von Salzburg in Österreich einrückte, drangen seine Krieger gegen Südböhmen vor. Ottokar II. Przemysl geriet zwischen zwei Fronten. Am 10. Oktober erreichte Rudolf von Habsburg Linz, am 15. Oktober zog er in Enns ein, am 18. Oktober stand er vor Wien. Die Stadt öffnete ihre Tore nicht. Ottokar II. Przemysl lagerte mit einem Teil seiner Armee am Marchfeld, fühlte sich aber nicht stark genug, Wien zu entsetzen, weil in seinem Rücken die Ungarn operierten und er auch eine alarmierende Nachricht von einer Adelsverschwörung in Prag erhielt. In seiner bedrängten Lage schickte er den Bischof Bruno von Olmütz zu Rudolf von Habsburg und bot Verhandlungen an. Am 21. November wurden, vor den noch immer geschlossenen Toren von Wien, das sich gegen Rudolf von Habsburg erfolgreich verteidigt hatte, die Einzelheiten eines scheinbar dauerhaften Friedens festgelegt. Am 25. November 1276 huldigte Ottokar II. Przemysl, auf der Donauhaide vor Wien, dem deutschen König Rudolf von Habsburg, verzichtete feierlich auf die Herrschaft über Österreich, die Steiermark, Kärnten und Krain und ließ sich formell mit Böhmen und Mähren belehnen, das heißt, seine tatsächliche Macht in seinen Stammländern von seinem Lehnsherrn, dem König des Heiligen Römischen Reiches, bestätigen. Doch durch den für ihn gewiß demütigenden Frieden und durch die vermutlich recht bittere Huldigung wollte er sich bloß eine Atempause verschaffen, um sich auf den Kampf für die Wiederherstellung der Großmacht Böhmen-Österreich vorbereiten zu können.

Er gewann neue Verbündete, darunter Polen und das Herzogtum Bayern, wo man dem tatkräftigen und zweifellos auch machtbesessenen deutschen König Rudolf von Habsburg bereits feindselig gegenüberstand. In Wien, wo Rudolf von Habsburg erst am 30. November 1276 einzog, wurde eine Verschwörung gegen ihn entdeckt. Der österreichische Adel war von dem neuen Herrscher enttäuscht, weil er eine hohe Grundsteuer einführte, die auch die Kirche zahlen mußte – die Bischöfe murrten, die Mönche wünschten den „guten König Ottokar" zurück. Ungarn schien zu dieser Zeit, im Sommer des Jahres 1277, als Verbündeter des Habsburgers ausgeschaltet zu sein; König László IV. verschwand erneut in den Zelten der Kumanen. Rom mahnte vergeblich, der ungarische Adel suchte bereits nach einem neuen König.

Von all den für ihn günstigen Nachrichten ermuntert, zog Ottokar II. Przemysl im August des Jahres 1278 gegen Wien. Sein böhmisch-mährisches Heer war mit Rittern aus Polen, Schlesien, Thüringen und Brandenburg verstärkt. Die Streitmacht des deutschen Königs Rudolf von Habsburg bestand aus kleineren Gruppen österreichischer und steierischer Adeliger, aus Kriegern seines besten Verbündeten, des Grafen Meinhard II. von Tirol, aus Bewaffneten der Erzdiözese Salzburg, des Bistums von Basel, der Burggrafschaft von Nürnberg und aus einigen Rittern der alten habsburgischen Güter im Elsaß, in Schwaben und in der Umgebung von Zürich. Die deutschen Kurfürsten schickten keine Hilfe. Der von ihnen zum König gekürte süddeutsche Graf, der gerade dabei war, in den österreichischen Ländern eine solide Basis für seine Macht auszubauen, erschien ihnen zu eifrig, zu hart und auch zu erfolgreich. Sie wollten daher abwarten, wobei sie auch an eine spätere Verständigung mit Ottokar II. Przemysl dachten – Anmerkungen in den zeitgenössischen Annalen und Chroniken lassen zumindest darauf schließen. Doch László IV., der Kumane, mit dem Großen Bann bedroht und vom ungarischen Hochadel vorübergehend festgenommen, gelobte wieder einmal Besserung und versprach, seine Sünden durch eine glänzende Waffentat vergessen zu machen. Er rückte mit etwa zwölftausend leichten Reitern, fast ausschließlich Kumanen, in Richtung Wien vor und vereinigte seine Armee, die sich ohne Troß sehr rasch bewegen konnte, noch rechtzeitig mit den Truppen des deutschen Königs Rudolf von Habsburg.

Am 26. August 1278, an einem Samstag, prallten die beiden bunt zusammengewürfelten Heere auf dem Marchfeld, zwischen Dürnkrut und Jedenspeigen, an einer verhältnismäßig kurzen, der heutigen Bundesstraße Nr. 49 entlang verlaufenden Frontlinie aufeinander. Rudolf von Habsburg hielt, entgegen den als ehrenvoll angesehenen Spielregeln der mittelalterlichen Ritterschlacht, ein starkes Reservekorps zurück und ließ es erst nach Stunden in den noch unentschiedenen

Kampf eingreifen. Die von den Kumanen immer wieder ungestüm angegriffenen und schon erschöpften Ritter des böhmischen Heeres konnten dem Stoß der frisch in die Schlacht geworfenen Abteilungen des deutschen Königs nicht mehr standhalten. Der Anfangs geordnete Rückzug, von der Nachhut unter dem Kommando des böhmischen Adeligen Milota von Dieditz nur unzulänglich gedeckt, wurde zur Flucht. Ottokar II. Przemysl fiel; ob in einem der letzten Gefechte jenseits der March oder schon als wehrloser Gefangener, unter den Schwerthieben des Ritters und Grundherrn Berthold von Emmersberg oder anderer Verwandter des einst auf seinen Befehl getöteten Adeligen aus der Steiermark, Seifried von Mahrenberg, wie einige Berichte erzählen, wird wohl kaum mehr zu klären sein; einen verläßlichen Augenzeugenbericht über seinen Tod gibt es nicht. Er starb im Alter von fünfundvierzig Jahren.

Die Entscheidungsschlacht bei Dürnkrut und Jedenspeigen wurde mit der Zeit zu einer der größten Reiterschlachten des Mittelalters hochstilisiert. Doch die Entfernung zwischen den beiden Ortschaften, die etwa zwei Kilometer westlich der March liegen, beträgt nicht ganze vier Kilometer, und so müssen die Angaben, vor allem was die Zahl der an der Schlacht teilgenommenen Krieger betrifft – man spricht meist von 60.000 Mann – schon wegen des Platzmangels auf der historischen Walstatt stark bezweifelt werden. Daß Ottokars II. Przemysl erste Frau, die verstoßene Königin Margarete, am Vorabend des mörderischen Kampfes am Marchfeld erschienen wäre, um, von humanitären und patriotischen Sorgen gelenkt, einen Frieden zwischen dem böhmischen und dem deutschen König zustande zu bringen, gehört ebenfalls ins Reich der Fabel beziehungsweise der Dichtung (Grillparzer). Denn Margarete, die unter dem Schutz ihres geschiedenen Gatten, Ottokar II. Przemysl, in Krems und auf der Burg Krumau im Waldviertel als wohlhabende und geachtete große Dame lebte, war bereits 1266 gestorben, also rund zwölf Jahre vor der Schlacht.

Rudolf von Habsburg erwies sich als ritterlicher Gegner: Er ließ den Leichnam Ottokars II. Przemysl im Wiener Stephansdom in Prunkgewändern aufbahren und dann nach Prag bringen. Er übernahm nun auch formell im Namen des Heiligen Römischen Reiches die Macht in Österreich, das seine Nachkommen, die Mitglieder des Hauses Habsburg, sechshundertvierzig Jahre und zwei Monate lang regieren sollten. Das aber ist schon eine andere Geschichte.

Bibliographie

Daniels, Emil: *Geschichte des Kriegswesens.* Berlin 1986.
Dhont, Jan: *Das frühe Mittelalter,* Frankfurt 1968.
Dopsch, Alfons: *Die ältere Wirtschafts- und Sozialgeschichte der Bauern in den Alpenländern Österreichs.* Wien 1930.
Drabek-Häusler-Schubert-Schulpfarrer-Vielmetti: *Das österreichische Judentum.* Wien 1974.
Fasoli Gina: *Le incursioni ungare in Europa nel secolo X.* Firenze 1945.
Fichtenau, Heinrich: *Das Urkundenwesen in Österreich vom 8. bis zum frühen 13. Jahrhundert.* Wien 1971.
Görlich, Ernst Joseph: *Kleine österreichische Kirchengeschichte.* Linz 1951.
Gutkas, Karl: *Geschichte des Landes Niederösterreich.* St. Pölten 1974.
Györff, György: *István király és müve.* Budapest 1977.
Györff, György: *Magyarország története.* Budapest 1973.
Hageneder, Herta: *Die Beziehungen der Babenberger zur Kurie in der ersten Hälfte des 13. Jahrhunderts.* Wien 1967.
Hantsch, Hugo: *Die Geschichte Österreichs.* Wien 1969.
Jungwirth,Johann: *Die Babenbergerskelette im Stift Melk und ihre Identifizierung.* Wien 1971.
Klebel, Ernst: *Die Fassungen und Handschriften der österreichischen Annalistik.* Wien 1928.
Kleindel, Walter: *Österreich – Daten zur Geschichte und Kultur.* Wien 1978.
Kleindel, Walter: *Österreich – ein Herzogtum.* Wien 1981.
Lalik-Rutkowski-Skowronek: *Das tausendjährige Polen.* Warschau 1974.
Lechner, Karl: *Die Babenberger.* Wien 1976.
Le Goff, Jacques: *Das Hochmittelalter.* Frankfurt 1965.
Lhotsky, Alphons: *Ostarrichi.* Wien 1947.
Lhotsky, Alphons: *Privilegium maius. Die Geschichte einer Urkunde.* Wien 1957.
Mayer-Kaindl-Pirchegger-Klein: *Geschichte und Kulturleben Österreichs.* Wien 1965.
Mitis, von Oskar: *Studien zum älteren österreichischen Urkundenwesen.* Wien 1912.
Oldenburg, Zoé: *Die Kreuzzüge.* Frankfurt 1967.
Palacky, František: *Geschichte von Böhmen.* Prag 1867.
Patzelt, Erna: *Österreich bis zum Ausgang der Babenbergerzeit.* Wien 1946.
Perger Richard: *Herzog Leopold VI. von Österreich und die Stadt Wien.*- Wien 1971.

Pirchegger, Hans: *Geschichte der Steiermark.* Graz 1936.
Röhrig, Floridus: *Leopold III., der Heilige,* Klosterneuburg 1985.
Schwarz, Ignaz: *Geschichte der Juden in Wien.* Wien 1914.
Schuster-Ringhauser-Tebbe: *Quellenbuch zur Kirchengeschichte.* Frankfurt 1970.
Srbik, von Heinrich: *Die Beziehungen von Staat und Kirche in Österreich während des Mittelalters.* Innsbruck 1904.
Vajda, Stephan: *Felix Austria – Eine Geschichte Österreichs.* Wien 1980.
Wegener, Wilhelm: *Böhmen, Mähren und das Reich im Hochmittelalter.* Wien 1958.
Zöllner, Erich: *Geschichte Österreichs.* Wien 1974.

PRACHT-BILDBÄNDE

Ein nostalgischer Spaziergang durch das alte Wien. Die Straßen, die Kaufhäuser, die Kunstdenkmäler und Menschen. All das was man heute oft nur mehr erahnen kann, wird in diesem Buch mit 260 Bildern aus der „guten, alten Zeit“ dokumentiert.

224 Seiten, 260 Abbildungen,
mit beigelegter vierfarbiger Karte Wiens,
(Faksimile nach einem Plan aus dem Jahre 1860).
Preis öS 560,–, DM 78,–

Was dieses Buch besonders interessant und reizvoll macht, ist, daß es uns nicht nur die letzten photographisch festgehaltenen Segelschifftypen der Zeit der alten Monarchie präsentiert, sondern auch das Leben der Seeleute von damals. Detailzeichnungen altösterreichischer Segelschiffe ergänzen den prächtig ausgestatteten Band.

224 Seiten, 440 Abbildungen,
zahlreiche Zeichnungen
Preis öS 560,–, DM 78,–

Die schönsten Originalphotographien alter österreichischer Dampfschiffe aus der Zeit von 1836 bis 1918. Ergänzt wird der Band durch einige hundert aufschlußreicher Detailzeichnungen.

224 Seiten, 300 Bilder, zahlreiche Zeichnungen,
Preis öS 560,–, DM 78,–

In jeder Buchhandlung

ORAC

Hasbach 18.9. 84,
S 98.–